Die perfiden Spiele der Narzissten

Dr. med. PABLO HAGEMEYER

Die perfiden Spiele der Narzissten

Der nette Narzissmus-Doc klärt auf

Eden BOOKS

Drei Dinge im Leben, die man schwer aussprechen kann:

Es tut mir leid.
Ich brauche Hilfe.
Worcestershiresoße.

»Bevor ich ihn kennengelernt habe, war ich eine starke, selbstständige und temperamentvolle Frau. Er hat mich von sich abhängig gemacht. Am Ende hatte er mich so weit, dass ich überzeugt davon war, ich sei ein Nichts ohne ihn.«

»Mit viel Liebe hätte ich ihn vielleicht heilen können. Aber meine Liebe war schlicht nie genug.«

»Du bist für dich, dein Glück, deine Seele verantwortlich. Nicht dein Kerl. Nicht dein Therapeut. Niemand.«

»Das war keine Liebe, sondern Abhängigkeit. Ich war süchtig. Hatte Angst, alles zu verlieren. Wollte das alles wiederhaben.«

»Der Kerl tat mir leid. Ich dachte, ihm helfen zu können, zu heilen.«

»Die Abhängigkeit kommt durch Manipulation. Du willst das Tolle wiederhaben, das nur noch dann passiert, wenn du dich vollkommen unterwirfst.«

»Der große Irrtum ist, dass Narzissten nur sehr selbstbezogene Menschen seien. Die meisten Narzissten sind freundlich, geben sich uneigennützig, gern in hilfsbereiten Berufen. Und teilen dennoch aus. Das kapiert niemand. Ein Narzisst: Da stecken zwei drin!«

»Das Problem ist nicht der Narzissmus, sondern die Misshandlung!«

»Bei Misshandlung nichts überstürzen. Das macht Angst und Stress. Angst lähmt. Cool bleiben und aussteigen.«

»Und an sich arbeiten. Nicht an der eingebildeten Schuld. Sondern am Selbstwert. Am Respekt vor dir selbst!«

»Narzissten haben sich selbst verloren, sie können sich selbst nicht lieben.«

»Narzisstisches Verhalten ist eine Abwehrgeste, ausgelöst durch Unsicherheit, Bedrängnis oder Beschämung. Leicht reagieren wir extrem gekränkt, beleidigt oder wütend, wenn wir in unserem Selbstwert bedroht werden. Logisch, wer nicht?«

»Der Narzissmus anderer ist oft so anziehend, weil er verspricht, unsere eigenen inneren Löcher zu deckeln. Es lohnt, sich selbst zu reflektieren: Warum sehne ich mich nach jemandem, der mir die Welt zeigt, mich führt, der mir versichert, dass ich besonders und besser bin als andere? Eine Illusion, unsere eigene!«[1]

Inhalt

Narzissmus ist kein Schimpfwort. Narzissmus ist eine Form, wie wir Menschen funktionieren.

Narzissmus und narzisstischer Missbrauch sind zwei Paar Schuhe. Wer sich mit dem Thema Narzissmus auseinandersetzt, konfrontativ oder aufklärend, findet sich schnell in einem Spannungsfeld zwischen Opfern narzisstischen Missbrauchs und narzisstischen Tätern wieder.

Ich möchte niemals verharmlosen, was den Opfern narzisstischen Missbrauchs passierte und passiert. In meinem Bemühen, die ganze Breite des Themas zu erfassen, die unterschiedlichen narzisstischen Verhaltensmuster, die gelegentlich anspringen, oder die gefestigten narzisstischen Muster, die dauerhaft und zerstörerisch auf menschliche Beziehungen wirken können, wird mir von Aktivistinnen vorgehalten, *Victim Blaming*, Täter-Opfer-Umkehr und sogar den »Gaslicht-Effekt« zu nutzen. Das trifft mich, und es trifft nicht zu. Zumal ich selbst aktiv in der Opferhilfe engagiert bin und in der Aufklärung über toxische Führungskräfte auch wissenschaftlich arbeite. Was wiederum deren Widerstand auslöst, weil sie sich ertappt und wiedererkannt fühlen in den Veröffentlichungen, die meine Fachkollegen und ich verfassen, wenn wir über *Toxic Leaders* berichten. In einem Fall entanonymisierte sich sogar eine Führungskraft und attackierte die wissenschaftliche Abhandlung mit einem Klageverfahren.

Es gibt also Tretminen an beiden Fronten. Denn wir leben in einer merkwürdigen Zeit, in der einzelne Interessengruppen sich stark selbst legitimieren und das bekämpfen, was den Zusammenhalt der eigenen Gruppe – der Opfer und der Täter – gefährdet. Meinungen und Fakten werden gleichermaßen aus dem Weg geräumt, statt den Dialog zu suchen. In einer westlichen, demokratischen und wissenschaftlich denkenden Welt muss es jedoch möglich sein, so differenziert wie nur möglich über das komplexe Thema Narzissmus zu arbeiten, auch in Form von Anekdoten, Fallvignetten, Berichten, Abhandlungen und Büchern wie diesem, ohne von der einen oder der anderen Seite unter Beschuss zu geraten.

Allem voran stehen für mich die Aufklärung, Information und eine Kultur guter Kommunikation. Auch und besonders vor dem individuellen Leid, der Erfahrung und Wahrheit des Einzelnen. Sonst setzt sich die Spaltung fort zwischen den Lagern, wird tiefer, radikaler und degeneriert mehr und mehr zu einem Weltbild, wie ein Narzisst es sieht: aufgeteilt in zwei, die sich bekämpfen, weil sie unterschiedliche Meinungen haben, nur ihre Fakten sehen, verschiedene Rechtsansprüche geltend machen, alles einteilen in Gut und Böse, in Richtig und Falsch und in Schwarz und Weiß.

Das wirklich Böse aber liegt, wie Hannah Arendt sagte, im Banalen. Heute mehr denn je in der Verwirrung durch bewusst gestreute Halbwahrheiten und Unwahrheiten, die die größte Gefahr für unsere Gesellschaft darstellen. Schauen wir also genauer auf das Gewöhnliche in uns und wie wir miteinander umgehen; jede und jeder, soweit es zumutbar ist.

Um erlittene Verletzungen zu heilen, gibt es mittlerweile sehr gute Behandlungskonzepte, für Opfer narzisstischen Missbrauchs und auch für die Täter, von denen sich eine immer größere Zahl bewusst für einen korrigierenden Weg entscheidet.

Missbrauchsopfer werden leicht »getriggert«, und Narzissten reagieren »hyperallergisch«, wenn sie mit ihrer seelischen Verletzbarkeit konfrontiert werden. Es herrschen große Lagerkämpfe um Begriffe, die einer Seite zugehörig sind und der anderen zugeschrieben werden. Dabei muss uns bewusster werden, dass ein narzisstischer Täter oder ein Opfer narzisstischer Gewalt nicht synonym zu verwenden ist für stark selbstbezogene narzisstische Muster, die hin und wieder auftauchen, ohne einen deutlichen Wiederholungscharakter zu zeigen. Beide Lager müssen sehr behutsam mit ihrer Wortwahl umgehen, um nicht unfair zu sein, auch wenn sie selbst großes Unrecht erfahren haben.

Die Wissenschaft[2] ist sich heute einig, dass Narzissmus kein starres Phänomen ist, sondern sich von einem »Stil« (maladaptive Akzentuierung) mit noch guter Verträglichkeit und vielen positiven Aspekten bis zu einer sehr seltenen, schweren Störung (Persönlichkeitsstörung) erstreckt und die Grenze zur Psychopathie (leicht bis schwer ausnutzend-impulsiv) überschreiten kann. Von der Norm abweichend betrifft uns alle ein narzisstisches Verhaltensmuster, das je nach Situation, eigener Not, genetischer Ausstattung und Hirnfunktion mehr oder weniger stark ausgeprägt ist.[3] Wer narzisstisch ist, kann auch eher histrionisch (narz-/histriotypische Kombination bei Leuten wie mir!), paranoid, antisozial oder borderline sein. Dabei unterscheiden sich gesunde und selbstbewusste Verhaltensweisen der Selbstbehauptung von grenzüberschreitender Selbstbezogenheit, die zerstörerisch für andere ist. Am Narzissmus leiden also meist die anderen, dem Narzissten selbst geht es für gewöhnlich prima damit. Narzissmus ist sichtbar oder verdeckt, großartig (grandioser, dickhäutiger Narzissmus) oder verletzlich (vulnerabler, dünnhäutiger Narzissmus), männlich und weiblich, erfolgreich, erfolglos und gescheitert.[4, 5, 6]

In der populären Narzissmus-Debatte sollten wir daher sehr darauf achten, in welche Kisten wir andere Menschen packen, denn wer der Voreingenommenheit unterliegt und stigmatisiert, wird sich schwertun, eigens vorgenommene Kategorisierungen wieder aufzugeben oder zu korrigieren. Es ist die Aufgabe der Wissenschaft und deren geduldiges Streben, komplexes menschliches Verhalten in Fakten aufzuschlüsseln. Bringen wir also Geduld auf, denn es gibt berechtigte Hoffnung für beide Seiten, dass Therapie hilft und es eine Zeit nach der narzisstisch-missbräuchlichen Phase gibt, in der sich Opfer und Täter neu begegnen können.

Narzissmus-Typen: Die Wissenschaft ist sich fast einig – Narzissmus gibt es als Verhaltensmuster in vielen Variationen. Mal mehr, mal weniger. Allen gemeinsam ist die Hauptmotivation, irgendwie und ständig an Anerkennung zu kommen, egal ob sie sich dafür großartig, verletzlich oder selbstaufopfernd zeigen müssen. Richtig leiden kann nur die narzisstische Persönlichkeitsstörung (NPS), und diese ist damit die einzige Diagnose. Die NPS ist daher auch sehr selten, weil die meisten Narzissten kaum Leidensdruck spüren.

Kapitel 1

Das Spiel an sich

Jeder manipuliert. Mit Worten, mit Geschichten, mit seiner Persönlichkeit. Mit dem ganzen Wesen. Wer von sich behauptet, nicht zu manipulieren, lügt. Denn Manipulation ist Teil unserer Kommunikation. Sie ist sogar eine ziemlich normale und wirksame Strategie, um eigene Bedürfnisse zu erfüllen und persönliche Ziele zu erreichen.

Einfache Manipulationen sind leicht zu erkennen, etwa wenn das Kleinkind auf die Süßigkeiten an der Kasse zeigt und sagt: »Kennst du die? Die sind lecker, ich mag die total gern«, und sich davon erhofft, dass Sie zugreifen.

Je komplexer die Manipulationen sind, desto undurchschaubarer werden sie, und mitunter bleiben die Absichten dahinter verdeckt. Solche vielschichtigen Strategien nennen sich manipulative Spiele, deren verborgene Zwecke meist nutznießerisch sind. Sie werden missbräuchlich und gefährlich, wenn sie unmoralischen Zielen dienen und die manipulierende Person Fragen verfolgt wie: Wie schaffe ich es, einer Person das Geld aus der Tasche zu ziehen? Wie bringe ich jemanden dazu, für mich zu arbeiten? Wie gelingt es mir, Menschen wie Marionetten zu steuern? Ganze Bevölkerungsgruppen zu verführen?

Es gibt aber auch liebevolle Manipulationen, die dem Gegenüber nutzen, indem sie Antworten finden auf zugewandte Fragen wie: Wie bringe ich eine Person dahin, besonders großes Vergnügen zu spüren? Oder wie gelingt es mir, dass jemand bis zum Ende der Geschichte im Kinosaal sitzen bleibt?

Narzissten sagt man nach, dass sie Meister der Manipulation sind. Et voilà. Hier sind wir wieder.

Zur Manipulation gehören immer mindestens zwei Personen. Die eine, die das manipulative Spiel spielt, und die andere, die sich spielen lässt. Solange diese Spiele die Bedürfnisse der manipulierten Person ansprechen und befriedigen und sie nicht gewaltsam unterwerfen, ist nichts dagegen einzuwenden.

Was aber, wenn irgendwann die Nachteile überwiegen, das Unbehagen größer und größer wird, Leidensdruck entsteht? Na, dann beendet die betroffene Person das Spiel und gibt die Beziehung zum Manipulator auf. Oder nicht? So würde man denken. Erstaunlicherweise geschieht das jedoch nicht immer bzw. viel zu selten.

Es gibt Fälle, in denen manipulierte Personen in der Partnerschaft zu einem Narzissten verbleiben, obwohl sie massiv gegen ihre eigenen Bedürfnisse handeln und nur noch wie fremdgesteuert existieren. Manch eine betroffene Person erkennt sogar ihre eigene Abhängigkeit vom Gegenüber, vermag es aber trotzdem nicht, etwas an ihrer Situation zu verändern.

Menschen lassen sich oft den Kopf von den perfiden Spielchen narzisstischer Personen so sehr verdrehen, dass ihre Moral, ihre Werte und das, was sie einmal als Persönlichkeit waren, aufgeben, sich selbst verlieren und für ihre Angehörigen und Freunde nicht wiederzuerkennen sind. Andere umzudrehen in ihrer inneren Haltung und gefügig zu machen für die eigenen Zwecke – das sind die bösartigsten aller manipulativen Spiele.

Ihnen dabei zu helfen, sich vor diesen zerstörerischen Spielen zu schützen und sie nicht mitzuspielen, ist die Absicht dieses Buches. Aufzuzeigen, an welchen Stellen manipulative Narzissten ansetzen und welche Hebel Sie nutzen können, um sich dagegen zu wehren.

Denn der Narzisst ist gut darin, sich in die Spalten und Furchen der Seele seines Opfers einzuklinken. Hat er erst mal Zugang zu den inneren psychischen Konflikten, kann er sie aktivieren und durch ständiges Wiederholen seiner Manipulation am Laufen halten. Und dann spielt der Narzisst sein Spiel. Und Sie sind sein Spielball.

Der Narzisst nistet sich ein über eine überzeugende, stark emotionale, herrliche und fantastische Liebesbeziehung mit fantastischem Sex, die sich schleichend in die Hölle auf Erden verwandelt. Er erzeugt diese besondere Form der Intimität durch seine scheinbare, schillernde Größe, die im ersten Augenblick ein Faszinosum ist, dem die Opfer anheimfallen. Das wahre Gesicht zeigt sich erst später. Bis dahin lieben betroffene Frauen ihren Partner so sehr, dass sie alles Weitere in Kauf nehmen, voller Sehnsucht nach den tollen Momenten der Anfangszeit. Doch so groß die Hoffnung auch sein mag, dass sich eines Tages alles wieder zum Guten wenden wird – die großartigen Momente werden immer weniger und sind schließlich ganz vorbei.

Die wechselseitige Beeinflussung zwischen unterwürfigem Mitspieler und dominantem Spielmacher ist kompliziert, denn manchmal fordert die im Spiel unterlegene Person die zerstörerischen Absichten des Narzissten buchstäblich heraus, nicht absichtlich, sondern weil sie die im Narzissten wirksamen Mechanismen nicht kennt. So kann eine emotionale SMS oder eine »quengelige« und/oder unterwürfige Geste den Angriffsimpuls des Narzissten wecken, was keine Schuldzuweisung ist, sondern eine Tatsache, die es zu begreifen gilt, wenn man das Spiel stoppen will. Und manchmal, leider, provoziert auch der mutige Widerstand eine heftige narzisstische Täterreaktion, was in eine ungute Spirale des Vermeidens (Toleranz aufseiten des

Opfers) und Gewalt führt. Das passiert auch souveränen Personen, die selbstbewusst im Leben stehen!

Heftige emotionale Regungen im Opfer narzisstischer Manipulation sind nachvollziehbar und verständlich, auch wenn sie die betroffene Person nicht selten als psychisch instabil erscheinen lassen. Obschon die Wut auf den Narzissten berechtigt ist, erscheint das Opfer in seiner ausgeprägten Reaktion Dritten plötzlich als völlig unglaubwürdig, und es ist nicht ungewöhnlich, dass nur sehr vertraute Personen die Wahrheit kennen. Doch selbst Anwälte der Opferseite oder Psychotherapeuten sehen sich oft mit einem Glaubwürdigkeitsproblem konfrontiert, wenn sie sich in einem Rechtsstreit für die Rechte und für die Gesundheit des Klienten einsetzen. Tatsächlich ist das Problem der Glaubwürdigkeit der Opfer so riesig, dass es hierzu weder solide Gesetze noch eine einheitliche Rechtsprechung, valide psychologische Tests oder eine Erfolg versprechende Strategie gibt.

Schlimmer noch, vor lauter Ahnungslosigkeit rückt lediglich das Offensichtliche und Einfache in den Fokus: eine Person, die schnell verwirrt ist, überfordert, nervös oder viel zu ruhig und still; ein psychisch kranker Mensch mit Boderlinemuster, chronischer Depression, Suchterkrankung, Dissoziation mit dem Auseinanderfallen psychischer Funktionen oder ganzer Persönlichkeitsanteile (Dissoziative Identitätsstörung – Näheres erfahren Sie in Kapitel 9: Das Spiel um Liebe und Sexualität), dessen Worte und Schilderungen größtes Misstrauen verursachen. Am Ende entscheiden mächtige Personen wie Richtende, Politiktreibende oder Führungskräfte aus einer Gemengelage aus Fakten, Meinungen, Annahmen, Einflüsterungen und subjektiven Gewissheiten, was das vermeintlich Beste für das Opfer eines narzisstischen Spieles ist (mehr dazu finden Sie in Kapitel 4: Das Spiel um Macht). Viel zu häufig wird dabei übersehen, dass hinter einem unglaubwürdigen Zeugen möglicherweise ein Mensch steckt, der das Opfer des zerstörerischen Spieles eines Narzissten ist.

Zwar gibt es Sachverständige, die vor Gericht aussagen und die die zugefügten Schäden beim Opfer als solche erkennen könnten, doch verfügt längst nicht jeder ausgewiesene Experte über den notwendigen Sachverstand. Was fehlt, ist eine Fortbildungspflicht in den Themen Narzissmus und Traumafolgestörungen. Wer die Literatur der letzten zehn Jahre nicht kennt, sollte als Sachverständiger nicht bestellt werden dürfen. Wer keine aktuelle Fortbildung in diesem Bereich vorzuweisen hat, fällt als Gutachter aus. Punkt.

Ich gehe sogar noch weiter und fordere ein Traineeprogramm für alle Personen, die in der »Versorgungskette« narzisstisch-traumatisierter Menschen arbeiten. Neben Psychiatern, psychologischen Psychotherapeuten, ärztlichen Therapeuten auch Sozialarbeiter, Polizei- und Kriminalbeamte, Anwälte, Staatsanwälte, Richtende, Politiker, Jugendamt-, Gesundheitsamt-, Arbeitsamtmitarbeitende, Angestellte in sozialen Einrichtungen, Lehrer, Betreuende, Schulpsychologen, Seelsorgende, Pfarrer, Eltern und Angehörige und so weiter und so fort. Es geht uns alle an. Ich könnte mir vorstellen (Achtung: Manipulation!), dass selbst Führungskräfte in Unternehmen und Personalwesen zwingend eine Fortbildung bräuchten!

Perfiderweise werden Sachverständige heute massiv in ihrer Glaubwürdigkeit angegangen, müssen penible Minimalvoraussetzungen ihrer Gutachten erfüllen, um die Gelegenheit zu erhalten, ihren Sachverstand fundiert darzulegen. Damit wird etwas zunächst Gutes, den Sachverstand von Experten einzuholen, durch den Angriff der gegnerischen Partei zerstört oder erschwert. Statt einen Konsens zu finden, geht es mittlerweile immer mehr darum, den anderen so schlecht und inkompetent wie nur möglich darzustellen, und längst haben sich die narzisstischen Schlachtfelder auf viel mehr Mitspielende als nur die anfänglichen zwei erweitert.

Für all diejenigen, die Opfer einer perfiden Einflussnahme sind, ist dieses Buch. Denn leider erwachen sie meist viel zu spät (wenn überhaupt) aus der Narkose, weil sie daran gewöhnt sind, von anderen geführt zu werden. Lange Zeit haben sie keine Ahnung, dass sie bösartig manipuliert werden, und tragen schwere seelische Verletzungen davon. Das darf nicht weiter geschehen. Es muss endlich Schluss sein mit zerstörerischen Worten und Taten und mit emotionaler, psychischer, körperlicher und sexualisierter Gewalt!

Die Würde des Menschen ist unantastbar. Also, verändern wir, verändern **Sie** die Spielregeln!

Die Wirkmächte in unserem Inneren

Wem hinreichend klar ist, dass die menschliche Psyche einem Bauplan aus Bedürfnissen und Befürchtungen folgt, der ist auf eine eventuelle Einflussnahme durch einen narzisstischen Einflüsterer besser vorbereitet.

Dazu muss man wissen, dass in jedem von uns ein Wollen unserer Fähigkeiten und Begabungen, sich zu zeigen, steckt. Neugierde und Notwendigkeiten wollen sich realisieren. Diesen Kräften diametral entgegengestellt sind häufig viel lautere Befürchtungen und Sorgen, Ängste vor möglichen oder unwahrscheinlichen Bedrohungen. Wirkmächte, die unsere eigenen Bedürfnisse bezweifeln, zerstören und unmöglich machen, sodass wir uns selbst sabotieren, auch ganz ohne äußere Einflussnahme. Weil wir oft große Angst entwickeln vor den notwendigen Veränderungen, die uns richtig und wichtig erscheinen.

Anhand acht typischer narzisstischer Spiele erläutere ich Ihnen, wie der manipulierende Narzisst diese psychologischen Wechselspiele, die in jedem von uns wirken, für seine Zwecke nutzt. Außerdem zeige ich Ihnen, was Sie dagegen unternehmen können, um sich daraus zu befreien und Ihr „Selbst-Bewusst-Sein" zu stärken.

Wenn Sie mit einem Narzissten zusammenleben, kennen Sie das vielleicht: Sie fühlen sich in Ihren Reaktionen oftmals wie ferngesteuert. Er sucht gezielt Situationen, in denen er sich besser darstellen kann, als er ist. Er nimmt Kritik und Feedback nur an, wenn es ihm passt. Er vermeidet es regelmäßig, schlecht wegzukommen, und er bestreitet jeden seiner Fehler. Zudem sagt oder tut Ihr Narzisst regelmäßig Dinge, um Sie abzuwerten; er sieht Sie mit diesem bestimmten Blick an, macht eine gewisse Handbewegung, und schon klickt in Ihnen ein Schalter, und Sie reagieren, wie Sie immer reagieren – ob Sie wollen oder nicht.

Wichtig: **Sie können nichts dafür!**

Jeder von uns entwickelt im Laufe seines Lebens Verhaltensmuster und Reaktionsweisen, um mit Stress und Problemen umzugehen. Der Narzisst hat seine narzisstischen Muster, und Sie haben Ihr dazu passendes Verhalten entwickelt. Beides wird geübt, durch Versuch und Irrtum, bis es funktioniert, und es funktioniert bis heute. Für beide gleichermaßen! Manchmal auch gegen den eigenen Willen, so sehr sind diese antrainierten Verhaltensweisen in unser Alltagsverhalten übergegangen.

Diese lang gelebten Muster sind Notfallprogramme, kleine und größere Überlebensstrategien, um emotional und psychisch durchzukommen. Man könnte auch sagen, sie sind wie ein Spiel, das jeder von uns spielt. Und der Narzisst spielt seins sehr überzeugend! Anstatt neue, heutige Probleme, wie sie JETZT auftreten und JETZT da sind, mit neuen und besseren Verhaltensmustern, neuen Spielregeln sinnvoll und vernünftig zu lösen, reagieren wir oft mit den alten, in uns gespeicherten Reaktionen, die früher bestens funktioniert haben, nur leider mit dem gegenwärtigen Stress nicht kompatibel sind, nicht immer helfen und uns sogar schlimmstenfalls nur erschöpfen oder blockieren. Weil wir darin wie gefangen sind. Eine sich ankündigende Bestrafung oder Druckerhöhung erinnert an vorherige traumatische oder zumindest sehr belastende Erfahrungen und löst das alte Notfallprogramm aus.

Werden diese alten Verhaltensmuster von jemandem gezielt losgetreten, arbeiten unsere eigenen Programme plötzlich gegen uns – ein Spiel, das der manipulierende Narzisst bestens beherrscht. Er beobachtet Sie, studiert Ihre Verhaltensweisen und beginnt früher oder später damit, die entsprechenden Knöpfe zu drücken (ein konkretes Fallbeispiel finden Sie in Kapitel 3: Das Spiel um Versorgung). Spielt der Narzisst erst auf, dann rührt das auch an körperlich gespeicherte Erinnerungen. Manchmal sogar an uralte Körperreaktionen, die mehr schaden als helfen. Denn eigentlich gibt es bessere Lösungswege, die Ihnen bloß nicht einfallen wollen, weil das gewohnte Muster so fest und tief in den Knochen sitzt. Die alten Verhaltensweisen verhaften Sie in der Vergangenheit, obschon Sie sich in der Gegenwart befinden. Das verwirrt. Macht Sie verrückt. Und spielt dem Narzissten in die Hände.

Unser Körper ist eine Stressbewältigungsmaschine.

Ein wahres Wunder! Das Gehirn löst ständig Probleme, es denkt und nimmt wahr, trifft Entscheidungen und handelt. Allerdings funktioniert der bewusste Verstand nur, wenn die Hirnrinde aktiv ist, beim Problemlösen vor allem die Bereiche des vorderen Stirnhirnes.

Leider schaltet sich dieser Bereich in Hochstressphasen der Furcht aus, und das tiefer gelegene animalische Gehirn, das sogenannte limbische System, übernimmt die Regie und aktiviert zutiefst ursprüngliche Prozesse wie Erstarren, Kampf, Flucht,

Totstellreflex und Ohnmacht. Sinnvolle Reaktionen, wenn man in bedrohliche Situationen gerät und es Leib, Leben und Psyche zu schützen gilt.

Ein drittes System, das in der modernen Psychotherapie immer mehr Bedeutung findet und sich um die unbewussten Vorgänge in unserem Körper kümmert, ist das vegetative Nervensystem, bestehend aus Sympathikus und Parasympathikus. Letzterer ist für die Entspannung zuständig und schaltet sich, Sie kennen das, jeden Mittag nach einer kalorienlastigen Mahlzeit ein. Der Sympathikus hingegen ist für die körperliche Aktivität zuständig und zündet Ihren Tatendrang.

In diesem zweigeteilten vegetativen Nervensystem sind die körperlichen Reaktionsweisen, die sich in der Vergangenheit bewährt haben, eingespeichert und laufen automatisch ab, um Energiereserven zu aktivieren oder um Energie zu sparen, was Ihnen dabei hilft, stressige Situationen zu meistern – ganz gleich ob der Stress von einem manipulativen Narzissten oder von einem Tsunami ausgelöst wird. Treffen katastrophale Dinge ein, folgen die körperlich und psychisch eingespeicherten Reaktionen immer demselben Pfad und speichern sich, wenn der Stress langfristig besteht und niemals nachlässt, tief in diesem »Körpergedächtnis« ein.

Beispiel eins: Ihr Parasympathikus wird verjagt.

In Ihren Leben ist vieles gemütlich betäubt und angenehm. Sie ruhen in sich. Eine provozierende Nachricht trifft ein, eine SMS von Ihrem Lieblingsnarzissten, deren Inhalt das alte Stressbewältigungsprogramm in Ihnen auslöst. Eine innere Stimme wird laut und sagt Dinge wie: »Ich bin schuld, ich schaffe es nicht, was soll ich nur tun ...« Ihr Puls beschleunigt sich, Unruhe steigt in Ihnen auf, Ihre Muskeln verspannen sich. Der Sympathikus springt an und treibt Sie in Maximalstress. Sie machen sich sofort daran, dem Auftrag der

SMS zu entsprechen, in Ihrem Kopf kreisen die Gedanken, Sie werden fahrig und spüren Impulse, denen Sie kopflos nachgeben.

Wenn das ständig geschieht, werden Sie irgendwann verzweifeln und ausbrennen.

Beispiel zwei: Ihr Sympathikus wird betäubt.
Sie sind flott unterwegs in Ihrem Leben, treiben viel Sport, erledigen Ihre Aufgaben pünktlich. Sie sind sehr kommunikativ. Es macht Ihnen Spaß, aktiv zu sein. Auch Sie erhalten eine provozierende SMS Ihres Lieblingsnarzissten. Sofort beenden Sie Ihre Aktivitäten und verfallen in eine Schreckstarre. Ihr Parasympathikus fährt hoch. Hinein in eine Schwere und Langsamkeit. Eine bleierne Müdigkeit legt sich über Sie, und Sie verspüren weder Freude noch Interesse an irgendwas. Stattdessen herrschen völlige Lustlosigkeit und Apathie in Ihnen. Durch Ihr Gehirn schwirren ängstliche Gedanken. Sie fürchten sich davor zu scheitern, zu versagen, ausgestoßen oder verlassen zu werden. Nachfragen von Arbeitskollegen und Freunden lassen Sie verhallen. Oder Sie beschwichtigen und wiegeln ab. Der Gedanke, erledigt zu sein, beherrscht Sie.

Geschieht Ihnen das regelmäßig, werden Sie genauso verzweifeln und depressiv.

Beide Beispiele zeigen, wie unterschiedlich Personen auf Stress und Druck reagieren, entweder durch Hyperaktivierung oder durch Selbstbetäubung. In beiden Fällen reagiert Ihr Stresssystem automatisch, sodass Sie lernen müssen, damit umzugehen, um ein gutes Mittelmaß in Ihrer Reaktion zu finden.

Bei einer Überforderung psychisch zu erstarren, kann sinnvoll sein, um sich zu orientieren, um nicht aufzufallen oder um den Stress auszuhalten, wenn sich die Situation augenblicklich nicht verändern lässt.

Viele von uns kennen solche Hochstressphasen, die nur mit Erstarrung bewältigt werden können, aus der Kindheit, und hat sich diese Reaktion damals als Überlebensstrategie bewährt, lähmt Sie dieses alte Muster der Erstarrung bis ins Erwachsenenalter und lässt dem Narzissten freie Bahn, alles mit Ihnen zu machen, was er oder sie will.

Befreien Sie sich, indem Sie sich klarmachen, dass in so einem Augenblick nur Ihr altes, wenig kompetentes Muster anspringt. Sobald Sie die narzisstischen Verstrickungen, in denen Sie stecken, erkennen und kluge Gegenmaßnahmen ergreifen, schaltet sich Ihre Hirnrinde wieder ein und löst Sie aus dem kunstvoll gewobenen Netz.

Was Sie brauchen, ist ein neues Verhalten, passgenau zugeschnitten auf die aktuelle Situation. Fast jeder ist in der Lage, seine alten Muster zu durchbrechen und neue zu etablieren. Das geschieht auf mehreren Ebenen: kognitiv durch Gedanken der Akzeptanz und Einsicht, emotional durch Bereitschaft und Willenskraft und körperlich, also tiefer im Psychovegetativum, durch gelebte Erfahrung. Das ist das Ziel jeder guten Psychotherapie – holen Sie sich Hilfe auf diesen drei Ebenen Ihres Lebens! Denken, fühlen und handeln! Veränderung der erlernten Verhaltensmuster im Umgang mit alten Geschichten ist möglich!

Die gedanklichen, emotionalen und körperlichen Gegenmaßnahmen zum perfiden narzisstischen Spiel finden Sie in diesem Buch. Am Ende, so hoffe ich, sind Sie besser vorbereitet und verfügen beim nächsten Mal, wenn der Narzisst versucht, Ihr Notfallprogramm auszulösen, über ein paar mehr Handlungsmöglichkeiten, als nur zu erstarren. Es wird Ihnen gelingen, ein für sich gesünderes Handeln zu finden, der manipulative Narzisst wird an Einfluss verlieren und immer weniger lenken und beeinflussen können, was Sie seiner

Meinung nach tun und lassen sollen. Langfristig wird der narzisstische Einflüsterer keinen Ansatzpunkt mehr in Ihnen finden. Sie werden Ihr Selbstbewusstsein stärken. Sie werden frei und Sie selbst sein.

Sie entscheiden, wann das Spiel aus ist. Denn es ist erst aus, wenn es aus ist.

Kapitel 2

Das Spiel um Autonomie

Seit dem Erfolg meines Buches *Gestatten, ich bin ein Arschloch* plagte mich eine gewisse Sorge, dass Carlota und ich als Paar die dort beschriebene narzisstische Art, miteinander zu leben, beibehalten müssten. Die Lesenden erwarteten es von uns. Noch verdrehter, wir *dachten,* dass sie es von uns erwarteten. Und verhielten uns dementsprechend. Ständig kokettierten wir damit, wer narzisstischer wäre. Narzisst. Klang wie ein Schimpfwort. Immer noch. Dabei wollte ich mit *Gestatten, …* doch eigentlich die Schattenseiten dieser Charaktereigenschaft beleuchten.

Trotzdem spielten wir das Spiel weiter, wer toller sei. Kaum entdeckte Carlota etwas großartig Narzisstisches an mir, benannte sie es, und ich fühlte mich immer wieder ertappt. Als Reaktion provozierte ich gewisse Dinge, um umgekehrt sie als verkappte Narzisstin zu überführen. Sie konterte: Das habe sie alles von mir gelernt, sie treffe keine Schuld, und sie kümmere sich nun um sich selbst, statt sich ihren Kopf über mich zu zerbrechen. Es gehe ihr gut damit.

Da war es wieder. Sie stahl sich aus der Verantwortung, wies sämtliche Schuld von sich, schob alles *mir* in die Schuhe. Immerhin konnten wir darüber lachen und die Anspannung ableiten, die dabei entstand. So lief unser Spiel, und irgendwie machte es Spaß.

Zu meinem Glück kam 2020 die Pandemie, und der Ehe-Vertiefungskurs bei Johannes, unserem Paartherapeuten, fiel aus. Bis auf Weiteres keine Termine mehr. Das tat mir irgendwie gut, obschon ich wusste, dass noch mal in so eine Nabelschau zu gehen, sinnvoll gewesen wäre, um endlich abzugleichen, wie ich *dachte* zu wirken und wie ich *wirklich* wirkte.

Stattdessen betrachtete ich wie gewohnt nur die Menschen um mich herum. Meine Klienten. Meine Kollegen. Auch meine Frau. Pardon, die Frau an meiner Seite. Ich meine es nicht so besitzergreifend, wie es klingt. Es ist die Sprache, ich bin frei von Schuld! In jedem von uns gibt es dieses Bedürfnis nach Bindung an einen anderen Menschen. Narzissten missverstehen das. Sie nehmen sich Menschen und machen sie sich zu eigen, Menschen gehen in ihren Besitz über. So stillen sie ihre Sehnsucht nach Anerkennung. Allerdings verwechseln sie das Objekt ihrer Bindungssehnsucht mit etwas Verfügbarem. Narzissten merken nicht, dass Menschen in ihrem Umfeld lebendig und eigenständig sind oder zumindest sein wollen oder können. Das schafft Probleme.

Wie im Fall von Anna.

Anna und die Nähe

Anna war jung, hübsch und fand an einem regnerischen Herbsttag zu mir in die Praxis. Sie wirkte ratlos und verwirrt, hängte ihren Mantel zunächst in der Garderobe auf, um ihn dann doch mit ins Sprechzimmer zu nehmen, wo sie ihn über ihren Knien ausbreitete, um an den Ärmeln herumzuspielen. Sie sprach leise und zögerlich. Ihr Blick huschte durch den Raum oder klebte an ihren Händen, die auf ihrem Schoß gefaltet auf ihrem Mantel lagen.

Es war offensichtlich, dass sie eine Schutzmauer aus Angst und Scham um sich errichtet hatte, durch die ich nicht sofort drang. Ich gab mich vertrauensvoll, empathisch und sagte, sie könne sich hier geschützt und willkommen fühlen.

Es dauerte, doch schließlich fing sie an, von ihrer Beziehung zu erzählen, deren desaströser Verlauf sie zu mir geführt hatte.

»Es fing toll an, mein neuer Freund Andreas hofierte mich regelrecht, holte mich mit einem geliehenen Sportwagen von zu Hause ab, zum Champagner- und Kaviarfrühstück. In einer überfüllten Pizzeria stellte er sich plötzlich auf seinen Stuhl und verkündete laut: ›Schaut her, schaut euch diese tolle Frau an! Das ist Anna, meine Freundin – ist sie nicht großartig!?‹« Ein kleines Lächeln huschte über Annas Gesicht, als sie daran zurückdachte. Rasch verschwand es wieder.

Nach einer Weile habe Andreas begonnen, auch ihre Mutter zu umgarnen. Er umwarb sie mit Blumen und Komplimenten, dachte sich ständig etwas Neues aus, gab den perfekten Schwiegersohn.

»Er war wie eine Sprungfeder, die immer in Bewegung ist und nicht ruhig sein kann.«

Irgendwann zogen sie zusammen, renovierten die neue gemeinsame Wohnung. Er ließ ihr freie Hand bei der Gestaltung, es wurde hübsch. Alles war perfekt.

»Aber das blieb es nicht«, stellte ich fest, als das Leuchten, mit dem Anna von dieser Zeit erzählt hatte, aus ihrem Gesicht verschwand und sie mehrmals tief seufzte.

Sie schüttelte den Kopf. »Nein. Blieb es nicht.«

Andreas stellte Anna seinen Kumpels vor, präsentierte seine hübsche Freundin und nahm sie mit zu den gemeinsamen Aktivitäten.

»Wir waren so viel unterwegs, dass keine Zeit für meine eigenen Freunde blieb. Aber ... ich wollte Andreas nah sein und meine Zeit mit ihm verbringen. Also vernachlässigte ich meine Freunde. Hing nur mit seinen herum.« Sie knibbelte am Saum ihres Mantels. »Irgendwann hab ich mich doch mal wieder selbst verabredet. Andreas kannte ihn, einen ziemlich attraktiven Kommilitonen, mit dem ich früher manchmal was unternommen habe. Wir hatten uns lang nicht gesehen, und ich hab mich abends allein mit ihm getroffen, um mal wieder zu quatschen. Als ich nach Hause kam und Andreas davon erzählte, brüllte er mich an und zerschlug vor lauter Wut einen Stuhl. Ich ... ich hab mich so erschrocken, dass ich mich tatsächlich mit keinem anderen Mann mehr getroffen habe, obwohl das Treffen ja völlig harmlos war. Auch mit meinen Freundinnen hab ich mich nicht mehr verabredet, er mochte die nicht so, also haben wir uns nur mit Leuten aus Andreas' Clique getroffen, und immer gemeinsam. Mir ist das zuerst gar nicht so aufgefallen, aber ... na ja. Zu vielen von meinen eigenen Freunden habe ich dadurch den Kontakt verloren.«

»Was ist mit Ihren Hobbys?«, fragte ich, eine Vermutung im Hinterkopf, die sich sogleich bestätigte.

»Meine Freizeit verbrachte ich mit den Aktivitäten der Clique, eigene Hobbys vernachlässigte ich.« Anna zuckte mit den Schultern, als wolle sie sich entschuldigen. »Ich wollte vieles in Ruhe machen, musste mich aber immer beeilen, weil Andreas so viel vorhatte. Ständig gab es neue Termine, Pläne, wie der Abend laufen sollte. Anfangs hab ich auch manchmal etwas vorgeschlagen, aber jedes Mal hatte Andreas dann schon eine andere Idee. ›Lass mich mal machen‹ – das war einer seiner Lieblingssätze. Das ging die ganze Zeit so. Ich hatte total Sozialstress und wollte und konnte mir keine Gedanken zu mir selbst machen. Oder zu dem, was *ich* gern gemacht hätte.« Wieder ein Schulterzucken und Geknibbel am Mantel. »Das merkte ich aber erst später.« Sie erzählte von einer Bronchitis, die sie gehabt habe, mit Schmerzen in der Lunge, weshalb sie eine Abendunternehmung absagte. »Andreas wollte unbedingt, dass ich mitkomme, aber ich konnte einfach nicht und bat ihn, bei mir zu bleiben, damit wir den Abend für uns hätten. Er war total sauer und ist allein gegangen. Und ich hatte ein megaschlechtes Gewissen.«

»Weil Sie das Gefühl hatten, ihn zu enttäuschen?«

Anna nickte. »Ja. Ihm sind die Verabredungen mit seinen Freunden absolut wichtig. Und auch, dass ich mitkam. Das hatte ich ihm an dem Tag aber ruiniert.«

»Sie waren krank.«

Anna schwieg.

In einer kommenden Sitzung streiften wir ihr Sexualleben, und das Muster, das sich bereits deutlich abgezeichnet hatte, setzte sich fort – um ihrem Freund zu gefallen und ihn bei Laune zu halten, verleugnete Anna eigene Bedürfnisse.

»Andreas hatte so bestimmte sexuelle Wünsche«, formulierte sie es. »Na ja, ich steh da heute noch nicht drauf. Aber für ihn und für die Beziehung hab ich es getan, obwohl ich gern was anderes probiert hätte.« Sie seufzte. »Einmal hat er nicht so gekonnt, wie er wollte, da habe ich kurz gelacht. Das hat ihn sehr beschämt, und er war total wütend auf mich. Ich hab versucht, ihn zu trösten, aber er schob mich weg.«

Ich wollte wissen, was sie mit »wegschieben« meinte, und fragte, zugegebenermaßen recht suggestiv: »Hatten Sie Angst vor Andreas?«

Anna wirkte nachdenklich. Zögerte.

»Wissen Sie, Anna«, sagte ich, nachdem sie zu keiner Antwort ansetzte. »Männer haben große Angst davor, von Frauen ausgelacht zu werden.« Ich ließ eine kleine Pause. »Frauen hingegen fürchten sich davor, von Männern totgeschlagen zu werden.«

Annas Blick kehrte sich nach innen, und es dauerte eine Weile, bis sie murmelnd das Thema wechselte. »Irgendwann fing er an, darauf zu bestehen, dass ich sexy Kleider trug, die er für mich aussuchte. Komische goldene Röcke und so was. Ich hätte so eine tolle Figur und müsse das zeigen, alle Frauen wären neidisch auf mich. Also trug ich Miniröcke und enge Oberteile, in denen ich mich unwohl fühlte, und war selbst neidisch auf die anderen Frauen, die Jeans anhatten. Am Ende wusste ich gar nicht mehr, was mein eigener Stil war.« Annas Stimme war nur noch ein schamvolles Flüstern. Und als dürfe sie das Gesagte nicht so stehen lassen, weil es ihren Freund in einem fragwürdigen Licht zeigte, fügte sie hinzu: »Aber bei der Vorbereitung auf meine Abschlussprüfung war Andreas eine riesige Hilfe! Er war richtig gut und trieb mich voran, am Lernstoff zu bleiben und mir einen Job zu suchen.«

Unvermittelt brach sie in Tränen aus und schluchzte. Ich reichte ihr eine Box mit Papiertaschentüchern und ließ sie ein paar Minuten einfach weinen.

Bei den folgenden Terminen erzählte Anna, wie ihr Leben an Andreas' Seite sich entwickelte. Sie fand einen Job in einer Unternehmensberatung, mit starrer Hierarchie und vielen, vielen selbstbewussten Männern, die rasch erkannten, wie leicht sich Anna lenken ließ. Trotzdem lebte sie für den Job, verbrachte die Freizeit mit Andreas' Freunden und zahlreichen Partys. Die Tage folgten festen Ritualen, die er vorgab. Trafen sie sich mit anderen, bestimmte er das Gespräch.

»Ich habe nie gefühlt, was *ich* will«, resümierte Anna. »Was *ich* bin. Wozu *ich* Lust habe. Ich habe nicht mal gemerkt, dass ich aus der Beziehung rauswollte. Wenn ich etwas falsch machte, war er gleich wütend. Außerdem gab er mir ständig zu verstehen, dass er sich Frauen geradezu aussuchen könne, wenn es mit uns nicht funktioniere. Da hatte ich totale Angst, ihn zu verlieren. War völlig betäubt. Ferngesteuert. Es war nicht *mein* Leben.«

Die Gefühle, die Anna beschrieb, sind typisch für Beteiligte an narzisstischen Beziehungen. Der Narzisst übernimmt die Regie, und die Partnerin (oder umgekehrt) übergibt sich dieser Steuerung aus dem Bedürfnis heraus, die Nähe des Partners nicht zu riskieren. Angst, in diesem Falle Angst vor Abwendung, ist eine starke Triebfeder, die eine eigenständige Befreiung dauerhaft blockieren kann.

Anna hatte Glück. Ihr kam der Zufall zu Hilfe. Bei einem Musicalbesuch mit einer Freundin aus Andreas' Clique lernte sie einen Schlagzeuger kennen und war sofort »blitzverliebt«, wie sie es nannte. Als Andreas kurze Zeit später für zwei Wochen beruflich unterwegs war und sie nicht mehr täglich mit Ritualen und vorgegebenen

Verabredungen an sich binden konnte, kehrte das Leben in Anna zurück, und sie traf sich mit dem Schlagzeuger.

»Als Andreas zurückkam, hab ich ihm das sofort gesagt. Ehrlichkeit ist wichtig für mich«, sagte sie. »Ich hätte ihn nie anlügen können.«

Zähneknirschend erlaubte Andreas seiner Freundin ein weiteres Treffen mit dem netten Trommler. »Ich sollte ihm aber nicht zeigen, was ich für den anderen trug, und schnell verschwinden.«

»Was zogen Sie an?«

»Was ich wollte, keine Ahnung. Vielleicht war es sogar eine Jeans.« Anna lachte und fuhr fort: »Ich verbrachte einen Abend mit dem Schlagzeuger, der mich auf einen Zitronentee zu sich einlud, was dazu führte ... na ja, dass ich bei ihm landete und wir Sex hatten.«

Um fünf Uhr in der Früh klingelte und hämmerte es an der Wohnungstür Sturm. Draußen stand Andreas, der Anna mit Schimpfwörtern überhäufte, kaum dass sie geöffnet hatte.

»Du kommst sofort nach Hause«, brüllte er als Letztes, bevor er auf dem Absatz kehrtmachte und davonrauschte. Als sie eine Weile später in der gemeinsamen Wohnung eintraf, setzte er sie vor die Tür. Sie kam bei einer Freundin unter.

»Mit dem Schlagzeuger wurde es nichts«, sagte sie. »Ich war allein.« Und dann schob sie rasch hinterher: »Was ich super fand! Ich hatte viel Energie. Die Freude kam aus mir raus, ohne dass etwas passierte. Ich hatte ein wahnsinniges Freiheitsgefühl!«

Eine Zeit lang geschah nichts, aber bald rief Andreas an, schrieb ihr SMS, die oft mit »Weißt du noch ...« begannen und all die schönen Erlebnisse aufzählten, die beide miteinander verbanden. Er schickte Grußkarten, überschüttete Anna mit Komplimenten, beteuerte, wie sehr er unter der Trennung leide. Gleichzeitig setzte er ihr Ultimaten und ließ sie wissen, wo sie ohne ihn sei: nirgendwo, denn ihren Job zum Beispiel verdanke sie ja lediglich ihm. Genauso wie ihr gutes Aussehen, ihre Beliebtheit im Freundeskreis, schließlich hänge alles von seiner Beratung ab.

Dieses »Ohne mich bist du nichts« in Kombination mit »Schau, wie schön wir es hatten, komm zurück!« nennt man populärwissenschaftlich »Hoovering«,[7] ein gängiges Verhalten von verlassenen Narzissten, die hoffen, ihre Ex-Partnerin auf diese Weise an sich zu binden und neu von sich zu begeistern. Denn nichts fürchtet der Narzisst mehr, als für die Ex bedeutungslos zu sein und einen Fan zu verlieren.

Als Anna nicht darauf reagierte, tauchten Andreas' Freunde auf, die Anna fragten, ob sie allen Ernstes glaube, jemand Besseren zu finden als »den Andreas«.

»Jetzt mit Ende zwanzig wird es allmählich knapp«, warfen sie Anna an den Kopf. »Bis du mit jemand anderem so weit bist, kannst du die Familiengründung vergessen. Dann bist du zu alt.« Und: »Du kannst froh sein, dass er dich überhaupt noch nimmt.«

Weil er spürte, dass ihm die Macht über Anna entglitt, schickte Andreas seine Freunde und Bewunderer los, um seine Ex zu bearbeiten und zu einer Rückkehr zu bewegen. Auch diese sogenannten Flying Monkeys[8] sind typisch für das Umfeld eines Narzissten. Wie das Opfer selbst überzeugt er sie, es wert zu sein, damit sie ihm zu Diensten sind und in seinem »ehrenvollen« Namen die »Drecksarbeit« erledigen. Meist verbreitet der Narzisst Lügen über seine Ex, die sie nie erfährt, und stellt sich selbst als leidtragendes, hilfloses Opfer dar, damit der Freundeskreis für ihn in die Bresche springt. In Andreas' Fall gelang ihm das äußerst einfach, denn immerhin war ja Anna die »Böse«, die ihn mit dem Schlagzeuger so fies hintergangen hatte. Großzügig wie er war, würde er ihr verzeihen, wenn sie nur zurückkehrte.

Trotz allem blieb Anna standhaft und kehrte nicht zu Andreas zurück, obwohl sie aufgrund ihres Nähebedürfnisses besonders anfällig war für die Manipulationen durch männliche Narzissten und solchen immer wieder unterlag.

Als sie zu mir in die Therapie kam, war es wichtig für sie, ihre Geschichte zu erzählen und damit eine Grenze zu ziehen. Die Geschehnisse mussten bezeugt werden. Bezeugung ist etwas, das Traumatherapeuten für Opfer missbräuchlicher Beziehungen notwendig für die Heilung erachten. Die Ungeheuerlichkeit muss erzählt, benannt und von anderen Menschen bestätigt werden. Ja, es ist wirklich passiert, und ja, nun ist es abgeschlossen und liegt in der Vergangenheit.

Der Konflikt um Autonomie und Bindung

Um zu verstehen, wie Anna und andere Menschen überhaupt zum Opfer narzisstischer Manipulation werden, muss man die verschiedenen psychischen Konflikte betrachten, die in uns allen mehr oder weniger intensiv arbeiten. In diesem Fall geht es um den Konflikt »Autonomie oder Bindung«, der das fein austarierte Spannungsfeld bezeichnet, das zwischen dem Bedürfnis nach Freiheit und Selbstverwirklichung auf der einen Seite und der Sehnsucht nach Zugehörigkeit und Nähe auf der anderen herrscht. In jedem von uns steckt beides, und wer starke Bedürfnisse nach Autonomie hat, der unterdrückt zugleich die ebenfalls in ihm angelegten Bindungswünsche nach Familie, nach Partnerschaft oder Freunden. Wer wenig Interesse an Selbstständigkeit verspürt, verdrängt umgekehrt sein Streben nach Freiheit und Losgelöstheit von anderen Menschen. Solche Personen suchen die engere Bindung zu anderen und ziehen daraus Vorteile, beispielsweise weniger Verantwortung für das eigene Leben übernehmen zu müssen oder weniger Angst zu spüren vor der großen Freiheit.[9]

Angst bestimmt immer die Richtung, in die Konflikte gelebt werden. Das gilt für alle Konflikte in uns. Die meisten schlummern und sind ausgeglichen. Sie sind halt da, gehören zu unserer menschlichen Psyche und sind ein lebensbestimmendes Thema.

Problematisch wird es erst, wenn ein starker äußerer oder innerer psychischer Druck diese Konflikte aktiviert. Wenn es also darum geht, sich entscheiden zu müssen, weil das feine Gleichgewicht bedroht wird, weil die Lebenssituation sich verändert oder weil ein bösartiger Narzisst seine Spielchen spielt und die Gewichtung in uns verschiebt. In Annas Fall: Vernachlässige ich meine Freunde und eigenen Hobbys, um Zeit mit Andreas zu verbringen? Kleide ich mich nach seinen Wünschen und ignoriere dafür meinen eigenen Stil? Erfülle ich seine sexuellen Bedürfnisse, ohne darauf zu achten, was mir selbst gefällt?

Annas Bindungswunsch war so stark ausgeprägt, dass sie weit ging, um ihn zu erfüllen, dass sie ihre eigene Persönlichkeit beschnitt und quasi betäubte, um Andreas nah zu sein. Dies ist die gefährliche Gabe des überzeugend wirkenden Narzissten: Nicht selten gelingt es ihm, dass sich die betroffene Person sogar existenziell bedroht fühlt, wenn sie sich gegen ihr eigenes Bedürfnis wendet, um wieder mehr sich selbst zuzulassen. Es entsteht eine so große Angst durch die Vorstellung vor einem möglichen Ende der Bindung mit den ganzen furchtbaren Konsequenzen, dass die Person sich freiwillig in eine Abhängigkeit begibt – sogar zu einem Menschen, der ihr nicht guttut. Die Bedrohung ist einfach zu groß. Die Angst vor der Imagination, allein und verlassen zu sein, ist in solch einem Fall größer als die Angst, in einer Bindung zu eben diesem Menschen zu bleiben, der schädlich ist. Damit erklärt sich, warum wir in toxischen Beziehungen verharren, obwohl sie uns schaden.

Die Alternative zur Bindung an einen schädlichen Menschen scheint für abhängige Partner undenkbar und fühlt sich schlimmer an als das bisher Erlebte an der Seite des »ab und an mal schwierigen« Menschen. Partnerinnen von Narzissten winken gern ab. »Ach, ihr wisst ja, wie er ist.« Sie verweisen auf seine schwierige Seite, die sich nun mal nicht ändern lässt.

Gleichzeitig versteht es der Narzisst, den Finger beständig über dem Angst-Knöpfchen kreisen zu lassen und bei Bedarf draufzudrücken, wenn das Bedürfnis nach Freiheit der Partnerin (oder des Partners) doch mal zu groß wird. Bevor dem Drang nach Selbstbestimmung und Autonomie nachgegeben werden kann, erinnert der Narzisst sie oder ihn an die eigene Lebensunfähigkeit. Das geht den Narzissten so nebenbei von der Hand. Eine kleine Geste, ein Nebensatz, ein Augenaufschlag oder ein strenger Blick, sobald sich ein kleines Autonomiestreben im Partner zeigt.

»Schatz, du weißt doch, allein schaffst du das nicht.« Zack, der Bohrer ist aus der Hand genommen und das Regal rasch selbst an die Wand genagelt. Ob's am Ende tatsächlich besser hängt, ist unwichtig. Der Beweis der eigenen Unzulänglichkeit jedoch ist erbracht.

Eine solche Beeinflussung durch den narzisstischen Partner bestätigt die eigene Suche nach einer Abhängigkeit erzeugenden Beziehung. Tatsächlich ist das in uns Menschen angelegte Bedürfnis nach Zugehörigkeit stärker als das nach Autonomie. Evolutionspsychologisch ist dieser Umstand gut zu erklären.

Männer halten sich an die von Frauen aufgestellten Grundregeln für eine langfristige Beziehung, und beide kommen in den Genuss vieler Vorteile: sexuell, familiär und gesundheitlich.[10] Evolutionspsychologe David M. Buss bestätigt, dass eine gute Bindung unser aller Überleben garantiert. Sich allein durch die Wildnis zu schlagen, ist potenziell gefährlicher, als sich mit anderen zusammenzurotten, gemeinsam rund um das Lagerfeuer zu hocken und sich eine Höhle zu teilen. Selbst wenn es in der Höhle auch ein paar unangenehme Mitbewohner gibt. Diese Erfahrung ist so tief in uns eingepflanzt, dass sie uns nahezu beherrscht. Wir sind *süchtig* nach Bindung und Nähe. Wir alle haben sogar einen eigenen Botenstoff im Gehirn dafür – das Kuschelhormon Oxytocin. Wir schütten es aus, wenn wir uns berühren. Wenn nackte Haut auf Haut trifft.

Bindung ist existenziell für den Fortbestand der eigenen Art. Wie sonst würden wir Nachkommen zeugen können, wenn nicht durch die Intensivierung von Bindungsverhalten? Um die Bindung sofort nach der Geburt zu fördern, legt man das Neugeborene, oft noch an der Nabelschnur hängend, der Mutter an die Brust. Wir geben uns die Hände, wenn wir uns begegnen. Zumindest taten wir das bis März 2020. Bis Corona fielen wir uns um den Hals und gaben uns Bussi, Bussi auf die Wangen, und während der Pandemie missachteten viele von uns lang genug die Abstandsregeln, weil uns Berührung wichtig und Distanzwahren fremd ist. Bis uns der Abstand wegen der hohen Inzidenzzahlen diktiert wurde. Wenn wir uns authentisch berühren, dann berühren wir auch unsere Seelen. Dahinter steckt eine große Sehnsucht, die alles andere in den Wind schlägt, und niemand kann heute ermessen, was das radikale Zurückschrauben dieser elementaren Gesten während der Coronapandemie gesellschaftlich und individuell mit uns machen wird.

Der geschickt manipulierende Narzisst jedenfalls schwingt sich an diesem Punkt auf und nutzt das natürlich im Partner angelegte Grundbedürfnis nach Nähe und Bindung für seine eigenen Zwecke, um ihn an sich zu binden. Abhängig von der Art des Narzissten, ob leicht akzentuiert als übertrieben-nerviges Verhalten oder psychopathisch als missbräuchliche Traumabindung, kommuniziert er diese Unterwerfung mehr oder weniger offen: »Du bist doch von mir abhängig, Mädchen.« Für die betroffene Person bleibt die Abhängigkeit meist verdeckt, und nur Außenstehende erkennen und benennen sie hinter vorgehaltener Hand: »Die kann ohne ihn gar nicht leben.«

Partner von Abhängigkeit spendenden Narzissten beschreiben sich oft als Herdentier, das sich in der Gruppe als eines von vielen wohlfühlt. Die Herde kann dabei der Freundeskreis sein, der sich wie ein Bündel um den Narzissten gebildet hat und die eigene Abhängigkeit zum Narzissten verstärkt. Die große Angst und Sorge, dass die Bindung kaputtgehen könnte, hemmt Betroffene, an der Beziehung zu arbeiten, Unabhängigkeit und Freiheit einzufordern. Lieber wählen sie die Unterwerfung – was wiederum dem Narzissten in die Hände spielt.

Mechanik der Psyche

Um diesem Teufelskreis zu entkommen, die Mechanismen der Selbstheilung zu fördern und den richtigen Ansatzpunkt zu finden, muss man als Therapeut verstehen, was für ein Spiel im konkreten Fall gespielt wird. Genau genommen muss das auch der Betroffene selbst herausfinden, denn nur wer die Regeln durchschaut, kann ein Spiel beenden.

Kehren wir noch einmal zu Anna zurück und entschlüsseln den Konflikt, in dem sie sich bewegte. Ein wesentlicher Selbstanteil von Anna bemühte sich stets darum, ihre eigene Selbstständigkeit zu verhindern und sich in abhängige Bindungen zu geben. Diesen Selbstanteil können wir mit wissenschaftlich standardisierten Merkmalen beschreiben, die uns die Operationalisierte Diagnostik psychischer Konflikte liefert.[11]

Konflikte sind per se nicht schlimm, ihre Auswirkungen hingegen schon. Zunächst sind Konflikte lediglich Ausdruck von zwei gegenläufigen Bedürfnissen, die in einem selbst um die Vorherrschaft ringen. Autonomie anstreben oder vermeiden? Bindung wünschen oder umgehen? Beiden Bedürfnissen zugleich gerecht zu werden, funktioniert nur als flexibles Gleichgewicht. Erst wenn sich eine Seite nicht verwirklichen lässt oder die Erfüllung bedroht ist, gerät diese Balance ins Wanken, wachsen die Befürchtungen und entsteht Angst. Das erzeugt inneren

Druck, und die nervöse Anspannung steigt ins Unermessliche. Der Konflikt will ins Gleichgewicht ausgelebt, beruhigt und gelöst werden. Erst wenn die Situation wieder passt, löst sich die ängstliche Anspannung.

Auf welche Weise jemand einen bestehenden Konflikt an- und mit den verbundenen Emotionen umgeht, ist individuell und äußert sich entweder als Handlungsimpuls oder als Unterdrückung, also Vermeidung, eigenen Tuns. Die Reaktion kann rein gedanklich erfolgen, was manchmal zu Abwärtsspiralen führt bis hin zu schwerer Grübelei und Verwirrung, wenn man die Fäden nicht mehr auseinanderbekommt.

Dennoch lassen sich viele Konflikte aus eigener Kraft lösen, wenn man zum Beispiel das, was man vermeiden will, graduell auch mal zulässt. Viele Vermeidungsziele unseres Verhaltens sind nämlich angstgesteuert, und wir wollen etwas umgehen, weil wir die Konsequenzen fürchten, von denen wir uns *vorstellen,* dass sie damit einhergehen. Fängt man jedoch erst mal damit an, durch Vermeidung Situationen und Gegebenheiten zu ertragen, dann erträgt man schnell vieles, um aus »der Nummer« wieder herauszukommen oder damit leben zu können (die betroffene Person begibt sich quasi freiwillig in die Abhängigkeit, weil sie keine bessere Alternative hat).

Manchmal vermeiden wir auch durch Handeln, wenn wir etwas scheinbar Sinnstiftendes verfolgen, das mit der Lösung unseres Konfliktes aber nichts zu tun hat. Diese Ablenkung oder den Irrweg zu bemerken, ist wichtig, weil ein psychischer Konflikt unser vegetatives Nervensystem aktiviert und uns hyperaktiv (Aktivierung des Sympathikus) oder träge (Aktivierung des Parasympathikus) macht und sich auf unseren gesamten Organismus auswirkt. Auf die Dauer kann uns das belasten und krank machen. Daher sollte man anstreben, den Konflikt aus seiner Schieflage oder Blockade zu lösen oder zumindest teilweise zu lösen, sodass die nervöse Anspannung abflaut, das Bedürfnis befriedigt, die Befürchtung zerstreut oder nicht mehr notwendig ist. So legt sich der innere Druck, die Nervosität fällt ab, und alles ist wieder gut. Es herrscht ein ruhiges Gleichgewicht zwischen »Ich will keine Autonomie und ich will Autonomie!«, die betroffene Person kann die Ambiguität (Gegensätzlichkeit) gut aushalten, sie frei gestalten (als sogenannte flexible Ambiguität) und fühlt sich pudelwohl damit. Dies gilt für alle Konflikte.

Ein passives Leben in der Bindung

Anna lebte ihren Konflikt sehr lang durch Vermeidung aus, sie unterdrückte ihren insgeheimen Wunsch nach Selbstständigkeit, weil ihr narzisstischer Partner sie darin blockierte, sie an sich band und weil sie selbst darin fixiert war, ihm zu gefallen, um ihm nah zu sein. Statt selbstständige Entscheidungen zu treffen, dominierte ihre Sehnsucht nach einer engen Bindung.

So erkennen Sie, ob Sie gefährdet sind, in einer Beziehung in Ihrer Autonomie unterdrückt zu werden:

- Sie streben nach sehr engen und Sicherheit gewährenden Beziehungen um fast jeden Preis.
- Sie vermeiden Verantwortung und Eigenständigkeit.
- Sie ordnen Ihre Wünsche denen Ihres Partners unter.
- Sie verharmlosen die Konflikte, die in Ihnen schwelen, und leugnen Ihre geheimen Wünsche.
- Sie fühlen sich hilflos und schwach und glauben, auf Ihren Partner angewiesen zu sein.
- Sie plagen Gefühle von Bedrohung und existenzieller Angst, vor Verlust, vor Trennung, vor Einsamkeit.

Manipulativen Narzissten gelingt es, die Vermeidung ihrer Opfer zu bestärken, sprich: die Partner zu unterdrücken. Der Narzisst ahnt oder kennt die inneren Konflikte beim anderen und benutzt sie für sich. In seiner manipulativen Beziehung zum Gegenüber bleibt er stets aktiv. Klingt paradox, aber indem der Narzisst handelt, verharrt sein Opfer in einem passiv-blockierten oder passiv-gehemmten Zustand. Und das ist nicht alles. Der Narzisst aktiviert zum einen die Vermeidung und unterdrückt zusätzlich die sowieso gering ausgeprägten Absichten im Opfer, den Konflikt aktiv für sich zu lösen. Indem der Narzisst stets bemüht ist, schadlos und bestens aus einer Situation rauszukommen, überträgt er dem Opfer zum anderen die Last der Verantwortung, was es zusätzlich blockiert. Das ist eine doppelte Strategie und besonders perfide.

Indem Andreas ständig die gesamte Freizeit verplante und Anna dazu drängte, ihn jederzeit zu begleiten, entband er sie von der Verantwortung, eigenen Interessen nachzugehen, hielt sie passiv. Zeigte sie doch mal Eigeninitiative, wenn sie einen Kommilitonen traf, reagierte er ungehalten, sodass sie solch ein aktives Verhalten fortan unterließ. Damit übertrug er ihr die gesamte Verantwortung für die Stimmung innerhalb der Beziehung. Gleichzeitig drohte er ihr damit, sich jederzeit eine neue Freundin zulegen zu können. Während also Anna aus Sorge und Angst über Jahre an der Partnerschaft um jeden Preis festhielt und die emotionale Verantwortung für beide übernahm, gab sie die faktische Selbstverantwortung über ihr Leben an Andreas ab, leugnete eigene Wünsche und Probleme, die für sie daraus entstanden, und verharmloste ihre geschwächte Position in der Beziehung. Weil sie für die Harmonie der Partnerschaft zuständig war, lebte sie in ständiger Angst, verlassen zu werden.

Währenddessen genoss Andreas, der über alles Weitere frei entschied, die Situation. Durch die Freizeitgestaltung befeuerte er Annas enge Bindung zu ihm, er nahm die Verantwortung für das gemeinsame Leben in seine Hände, unterdrückte und verharmloste Annas Wünsche und Bedürfnisse, lachte über ihre Probleme, bestärkte sie darin, schwach und hilflos zu sein, und jagte ihr mit seinem Verhalten regelmäßig Angst ein, indem er andeutete, wie austauschbar sie sei, wenn sie sich nicht so verhielt, wie er es sich wünschte. Anna war auf perverse Weise für den emotionalen Zusammenhalt der Beziehung allein verantwortlich, und Andreas wälzte seine Mitverantwortung komplett auf seine Partnerin ab. Zugleich nahm er sich, wie jeder manipulative Narzisst, heraus, stets unabhängig zu wirken, großartig und frei zu sein, seinen eigenen Bedürfnissen folgend, ohne sich jemals nach Anna zu richten. Und wehe, Anna gefährdete durch eine Regung seine Stimmung!

Annas Geschichte zeigt sehr deutlich, wie gewiefte Narzissten ihr perfides Spiel spielen, und es ist faszinierend und erschreckend zugleich, wie gut diese Beeinflussung durch Verschiebung emotionaler Verantwortung funktioniert.

Einmal jedoch durchschaut, verliert die Manipulation an Wirkmacht. Die betroffene Person erkennt, dass der narzisstische Partner sie dazu bringt, Dinge zu tun, die ihren eigentlichen und unterdrückten Bedürfnissen widersprechen, und ist in der Lage, die Blockade zu lösen und die fremde Hand, die verhindernd auf dem Bedürfnis lag, zu entfernen. Endlich können sich eigene Wünsche durchsetzen.

Was der manipulative Narzisst tut:

- Der Narzisst aktiviert die Vermeidungshaltung im Partner.
- Er unterdrückt dessen gering ausgeprägte Motivation zur Veränderung.

- Der Narzisst selbst handelt aktiv und gibt die emotionale Verantwortung gänzlich an den Partner ab.

Perfide Tricks in einer Beziehung

Kommen wir zu den übelsten Tricks der manipulativen Narzissten im Spiel um Autonomie, im Bestreben, andere an sich zu binden und für eigene Zwecke zu missbrauchen. Dabei beschreibt die Psychotherapeutin Marie-France Hirigoyen zwei Phasen der Beziehung: die erste der Annäherung und die zweite der Zerstörung.[12] Etwas detailreicher ist die folgende Aufzählung, die sich stark an der gemeinsamen Arbeit mit Anja Oswald und dem Traumatherapeuten Jan Gysi orientiert.[13]

Entwicklungsphasen der Beziehung zu einem toxischen Narzissten:

- **Phase 1:** Annäherung und »Love Bombing«. Der Narzisst überschüttet die Auserwählte mit Aufmerksamkeit, Zuneigung und Liebesbeweisen, überhöht sie. Allerdings nur so lang, wie sie sich wunschgemäß verhält. Reagiert die Partnerin anders als erwartet oder äußert unliebsame Meinungen oder Wünsche, hagelt es Beschimpfungen, und/oder der Narzisst bestraft sie mit Rückzug. Das Opfer wünscht sich die schönen Momente zurück und lenkt ein.
- **Phase 2:** Der Narzisst übt regelmäßig Kritik an der Partnerin, konfrontiert sie mit Änderungswünschen, treibt sie in die Isolation, wertet sie ab, erlegt ihr Zwänge, Pflichten und Notwendigkeiten auf, erstellt eigene Gesetze, erteilt ihr einen Maulkorb und praktiziert sogar Zensur (»was hier besprochen wird, geht niemanden etwas an, das bleibt unter uns!«).

- **Phase 3:** Im Folgenden geht es um Verwirrung und Destabilisierung des Opfers. Der Narzisst bedient sich des sogenannten Gaslicht-Effektes, bei dem die Realitätswahrnehmung des Opfers infrage gestellt wird (»nein, Schatz, das war ganz anders!«), des »Hooverings« (Bemühen, den fliehenden Partner wieder an sich zu binden und zurückzugewinnen), der »Flying Monkeys« (Freunde, die die Drecksarbeit für den Narzissten erledigen und die Ex einzuschüchtern versuchen, damit sie in die Arme des Unterdrückers zurückkehrt) und gewalttätiger Äußerungen/Handlungen.
- **Phase 4:** Hat der Narzisst sämtliche Macht über seine Partnerin verloren, bleibt nur noch die Rache durch Zerstörung – psychisch, körperlich, finanziell, juristisch. Im Fall von gemeinsamen Kindern torpediert der Narzisst gern auch die Bindung des Partners zum Nachwuchs durch Entfremdung.

Innerhalb dieser Phasen bedient sich der Narzisst verschiedener Methoden psychischer Gewalt in Form traumatisierender Manipulation:

Verweigerung der Kommunikation:

- Bei Redebedarf verstummt der Narzisst oder antwortet vage, schwammig, verkürzt, abschätzig und desinteressiert und lässt das Opfer ratlos, unwissend, grübelnd und verunsichert stehen.
- Der Tonfall des Narzissten ist herablassend, leise, scharf, zynisch, besserwisserisch, beschwichtigend, beklagend oder sogar lamentierend. »Schade, dass es nicht geht. Aber es geht nicht.«

- Aufsuchendes Bemühen des Opfers, um den Sachverhalt zu klären, wird in Ton, Ausdruck und Verweigerung verhindert und abgewehrt.
- Der Narzisst wiederholt stoisch seine Argumente, statt auf die Perspektive des Opfers einzugehen.
- Er überhäuft das Opfer mit Vorwürfen und Schuldzuschreibungen, wirft ihm vor, kein Verständnis für den Narzissten zu haben.

Als Folge dieser Strategien der Nicht-Kommunikation verspürt das Opfer irgendwann Angst, wenn es das Gespräch sucht, fühlt sich verunsichert und ist kaum mehr in der Lage, sich vernünftig zu wehren. Das führt zu einer anhaltenden Störung der Selbstorganisation im Opfer.[14]

Lügen und Nichtausgesprochenes:

- Mit vagen Aussagen, Andeutungen, Missverständlichem, Halbwahrheiten und gezielten Falschheiten verwirrt der Narzisst sein Opfer.
- Er verbreitet erfundene Geschichten und Behauptungen über das Opfer (auch öffentlich und über andere Personen), bis es ...
- ... an der eigenen Wahrnehmung zweifelt und sich zwischen mehreren Wahrheiten zurechtfinden muss: der eigenen, den »Fake News« der anderen, den lancierten »Lügengeschichten« über einen selbst und der als »echt« dargestellten Wahrheit des Narzissten.
- Weil der Narzisst immer recht hat und die betroffene Person in seiner Passivität gefangen hält, sucht das Opfer die Schuld, Fehler, Versäumnisse, Mängel bei sich selbst. Ein

Verhalten, das der Narzisst mit einem lapidaren »Denk mal drüber nach!« geschickt zu fördern weiß.

- Die Zerstörung der Realitätswahrnehmung wirkt destabilisierend auf das Opfer, das sich immer häufiger fragt: »Was stimmt denn nicht mit mir?«
- Verwirrung, Verzweiflung und Traumatisierung nehmen zu.
- In ihrer Not wendet sich die betroffene Person an den Menschen, der ihr am nächsten steht – den Narzissten! Mit Fragen wie »Wie hast du das gemeint?« sucht das Opfer Rückversicherung und riskiert damit, erneut vom Täter emotional verletzt zu werden!

Sarkasmus, Verachtung und Spott:

- Der Narzisst pervertiert das Nähebedürfnis des Opfers und lebt seine sadistische Lust aus.
- Der Selbstwert des Opfers leidet und nimmt beständig Schaden.
- Während das Opfer immer weiter schrumpft, schwingt sich der Narzisst strafend, dominant und als vermeintlich wertvoller auf.
- Er unternimmt spontane, unberechenbare, oberflächliche und pauschale Angriffe: »Das hast du noch nie hingekriegt!«
- Außerdem lässt der Narzisst abfällige Bemerkungen fallen über die Dinge, die dem Opfer wichtig sind: »Was hast du dir da wieder für einen Schrott gekauft?«
- Genauso wertet der Narzisst Ideen, Gedanken, Bedürfnisse und Wünsche des Opfers ab …
- … bis zur Zerstörung des Wertekanons und des moralischen Kompasses des Opfers durch verachtende

Kommentare, auch öffentlich: »Meine Frau glaubt ja immer noch, dass Demut und Bescheidenheit durchs Leben helfen!«

- Während der Narzisst sein Opfer ins schlechteste Licht rückt und fortwährend auf echten oder vermeintlichen Schwächen herumreitet, projiziert er seine eigenen Unzulänglichkeiten auf andere. Der Narzisst klagt, schimpft, jammert über seine Mitmenschen, deren Schwäche er verachtet.
- Schuld an eigenen Fehlern sind immer die anderen. »Der hat es schlecht gemacht.« – »Was machst du für einen Scheiß!«

Widersprüchliche Botschaften:

- Mit doppelten Botschaften destabilisiert der Narzisst das Opfer. »Welche Hose soll ich anziehen? Die rote oder die grüne? Die rote, in Ordnung. Die grüne magst du also nicht?«
- Mit der Formulierung von Aufträgen in rascher, wechselnder Reihenfolge erhöht der Narzisst den Druck auf das Opfer und destabilisiert es damit.
- Er erteilt der betroffenen Person unlösbare, übergroße Aufgaben und wirft ihr im Anschluss die Fehler und das Versagen vor.
- Der Narzisst erzählt zwei verschiedene Versionen von Ereignissen, vergibt zwei widersprüchliche Aufträge, auch über Dritte (Kinder, Anwälte, Mitarbeitende, Behörden, Freunde, Eltern), und verwirrt damit das Opfer.
- Probleme benennt der Narzisst absichtlich hälftig, er hält Informationen zurück und spielt den Unschuldigen oder Ahnungslosen.

Demütigungen und Abwertungen:

- Durch gezielte, subtile Demütigung destabilisiert der Narzisst sein Opfer. »Das hättest du auch besser machen können.« – »Da habe ich wohl zu viel von dir erwartet.« (Tiefer Seufzer, Augenverdrehen)
- Genauso verunsichert er auch bezeugende Dritte (Familie, Freunde, Bekannte, Kollegen) in der Beziehung zum Opfer (Diskreditierung vor allen Leuten). »Sie ist so unzuverlässig.« – »Ich hab's dir ja angeboten, aber du wolltest nicht.«
- Er führt das Opfer vor anderen vor: »Du hast es doch gewusst, das war dir doch bekannt!«
- In diesem Zusammenhang besonders perfide ist der sogenannte Bystander-Effekt: Statt zu intervenieren, wendet sich das Umfeld ab. Schreck, Schock oder Scham lassen Zeugen erstarren, und je mehr anwesend sind, desto größer wird der Effekt. Das Umfeld zieht sich zurück oder nimmt die Umstände hin, statt Beistand zu leisten. »Das ist deren Privatsache, da halte ich mich lieber raus.« Ein solches Verhalten führt zu tieferer Traumatisierung im Opfer und in sehr heftigen Fällen sogar zur Traumatisierung der Zeugen selbst.

Bedrohung durch Trennungsmomente:

- Um es zu verunsichern, verwickelt der Narzisst sein Opfer in ein nicht endendes und nicht vorhersehbares Wechselspiel von positiven Gefühlen (Bestätigung, Lob, Förderung, Nähe, Empathie) und negativen Gefühlen (Angst, Bestrafung, Wut, Ärger, Schneiden, Ignorieren, Trauer).
- Darüber hinaus zermürbt und ermüdet er das Opfer durch inszenierte Trennungen, Abschiede, Scheinbestrafungen,

Vorführung, Verabredungen (die eingehalten werden oder nicht), Versprechungen (die selten gehalten werden) und Einbestellungen (um sich zu verantworten).
- Auf der anderen Seite bindet der Narzisst sein Opfer an sich, indem er Hoffnung und Ängste gleichermaßen schürt. Freude auf schöne Ereignisse (sich wieder zu vertragen, wieder zusammen zu sein, Wunschträume, Erfolge, Nähe, Sexualität) sind durch ein mögliches Scheitern ständig bedroht und lassen das Opfer enger an den Narzissten rücken.

Dominanzverhalten:
- Der Narzisst stellt die (Spiel-)Regeln auf, bestimmt die Rituale, die Routinen, die Prozesse, die ihn besser dastehen lassen.
- Gleichzeitig ist er auf Anerkennung von außen angewiesen. Opfer erzählen beispielsweise: »Wenn er lacht, dann müssen alle mitlachen, so ist er!«
- Der großartige Narzisst »füllt den Raum« mit seiner Persönlichkeit, dominanter Präsenz, durch freundlich-verführerischen Charme, angeberische Coolness oder aggressive Anspannung. »Er dominiert die Stimmung mit seiner Laune.« Auf Beteiligte wirkt dieses Verhalten oft unangenehm, was der Narzisst meist verkennt.
- Wie viele Männchen in der Tierwelt macht sich der grandiose Narzisst körperlich groß, sucht den ersten Platz in der Hierarchie und nutzt jede Gelegenheit, vorne mitzumischen, und schmückt sich gern mit fremden Federn und dem Glanz anderer.
- Opfer (Partner, Gäste, Kolleginnen, Klienten) lässt der Narzisst warten oder bestimmt über sie, er nimmt sich

Sonderrechte heraus und zeigt Anspruchsdenken, das ihn beflügelt. Ob sein Verhalten bei anderen gut ankommt, interessiert ihn nicht.

- Zeit und Raum beherrscht er durch lange Monologe. Andere lässt er nicht zu Wort kommen, verwehrt ihnen die Gelegenheit zum Nachdenken, Spüren oder zur eigenen Entwicklung. Der Narzisst grätscht anderen in die Parade, ins Wort, in die Handlung, stört und stoppt, reißt Aufmerksamkeit und Fokus an sich und hat grundsätzlich die besseren Ideen.
- Kleinigkeiten bauscht der Narzisst auf, er bestätigt sich mit Belanglosem, nur um die eigene Wichtigkeit zu unterstreichen.
- Kritik bei Fehlern oder Hinweise auf eigene Inkompetenz überhört er elegant.
- »Ich verdiene Anerkennung!«, lautet der Leitsatz des Narzissten. Er praktiziert Selbstüberhöhung, lebt im Selbstbezug und suhlt sich in Selbstbestätigung.
- Wie ein Schauspieler braucht der Narzisst die Bühne und sucht Ruhm. Der Gedanke »Ich bin wichtig!« gibt ihm recht.
- Schwachen oder Minderheiten gegenüber legt er arrogantes, abwertendes Verhalten an den Tag. Außer es nutzt ihm und andere bezeugen seine karitative Seite. Läuft eine TV-Kamera, wird er den Ärmsten sein Hemd spenden!
- Weil Opfer von Narzissten unfähig sind, Grenzen zu spüren und neue zu ziehen, fördern sie durch dieses zu große Toleranzverhalten das Ausbreitungsbestreben des Narzissten.
- Anstatt abgrenzend zu handeln, erträgt das Opfer die Situation und hofft auf Veränderung. In aller Regel baut es auf einen Rettungsversuch der Beziehung und spielt nach den Regeln des Helfersyndroms.

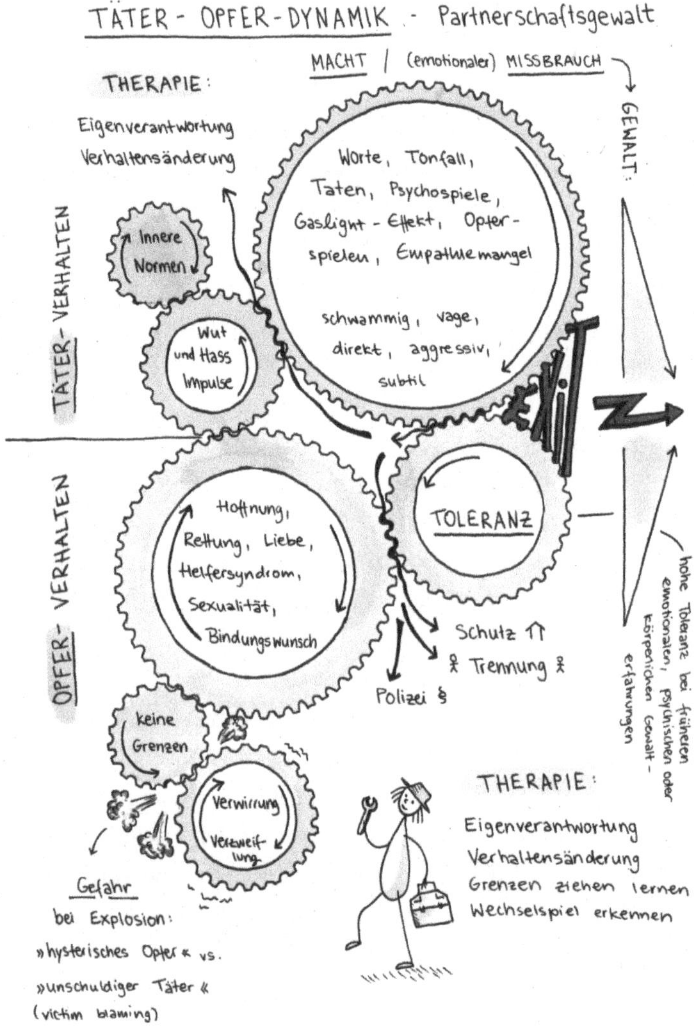

Täter-Opfer-Dynamik: Typische Verhaltensweisen von Tätern und Opfern bei narzisstischem Missbrauch. Das Täterverhalten zeigt charakteristische Merkmale ständiger Grenzüberschreitungen, die aber nur durch das typische Opferverhalten mit seiner helfenden Haltung und Toleranz erst möglich werden. In der stetigen Wiederholung der Psychospiele (Täter) und der ständigen Anpassung und Hoffnung (Opfer) perpetuiert sich das Wechselspiel unendlich lang auf Kosten des Opfers, das verwirrt und verzweifelt zurückbleibt. Lösung bietet nur, die eigenen Verhaltensweisen zu korrigieren.

Täter-Opfer-Umkehr:

- Der Narzisst geriert sich als Opfer des Opfers und stellt den Sachverhalt so um, dass er selbst im besten Licht dasteht. Auf diese Weise gelingt es dem Narzissten, die betroffene Person zu bestrafen und selbst als Leidtragender oder zumindest als unschuldig dazustehen.
- Er nutzt verdrehte Lügengeschichten und Behauptungen, die keine oder nur halbe Wahrheiten enthalten (nennt nur die, die für ihn opportun sind und »ihm in den Kram« passen), um das Opfer unglaubwürdig zu machen, zu zerstören und um die Zeugen, Gutachterinnen und Sachverständigen, die die Version des Opfers stützen, zu diskreditieren (mehr dazu finden Sie in Kapitel 4: Das Spiel um Macht).
- Durch sein bisheriges Spiel beherrscht der Narzisst die strittige Auseinandersetzung mit dem Opfer und nutzt seine sprachliche und/oder taktische Überlegenheit vor Gericht, beim Schlichtungsversuch (Mediation), in der Behörde (Jugendamt) oder im privaten Streitgespräch.
- Das Opfer zeichnet sich durch offensichtliche oder scheinbare Unterlegenheit aus (geringere Intelligenz, niedriger finanzieller oder sozialer Status, schlechte Verteidigungsstrategie, Verstummung oder Erstarrung). Es wirkt (oder ist tatsächlich) hilflos, unglaubwürdig, nervös, überfordert (»hysterische« Frau), fehlerhaft, inkompetent und unkorrigierbar.
- Durch geschickte Intransparenz, fehlleitende Behauptungen oder gezielte Ablenkung verschleiert der Narzisst, was sich wirklich abspielt.
- Getreu dem Motto »Audacter calumniare, semper aliquid haeret« (sinngemäß: Verleumde nur dreist: etwas

Scheiße bleibt immer kleben) praktiziert der Narzisst Diffamierung und die Taktik der doppelten Aussage. »Du hast mich nicht angerufen! Du bist zu spät gekommen! Wie immer zu spät!« Das Äußern mehrerer Behauptungen hintereinander verschleiert die erste Aussage durch die zweite, macht sie unangreifbar und erhält ihre Wirkmacht. Das Opfer bestreitet zwar das vorgehaltene Zuspätkommen, der versäumte Anruf bleibt jedoch unangefochten stehen – selbst wenn es gelogen ist. Gestreute Behauptungen, die nicht revidiert werden, beschädigen das Opfer.

- Letztlich wirkt das Opfer verwirrt, leicht auslösbar, instabil und erleidet in einer Auseinandersetzung vor Gericht eine weitere traumatisierende Erfahrung.

Spurlose, unsichtbare Gewalt:

- Psychische Gewalt hinterlässt selten Beweise. Jan Gysi sagt: »Man sieht nichts, aber spürt etwas. Es ist eine saubere und stille Gewalt.«

Bindung: großartig, aber unsicher

Im Streben nach Selbstständigkeit und Freiheit von anderen Menschen, besonders aber in einer Beziehung zu manipulativen Narzissten, unterliegt das Opfer extrem gegenläufigen und großen Scherkräften. Und je nachdem, welche Beziehungsform der Narzisst anbietet, kommt es im Opfer zu hohen emotionalen Belastungen. Entweder die Beziehung trägt wie ein Stahlträger (sicherer Bindungstyp) oder sie ist wacklig wie eine Hängebrücke im Kletterwald (unsicher-vermeidender Bindungstyp), brüchig wie ein Schneepfad über einer Gletscherspalte (unsicher-ambivalenter Bindungstyp) oder nicht vorhanden wie ein

Windstoß (desorganisierter-desorientierter Bindungstyp). Narzissten gehören zu den unsicheren Bindungstypen, Typ »Kletterwald und Gletscherspalte«, und man kann sich nur teilweise auf sie verlassen.

Je beschädigter unsere eigenen frühen Bindungserfahrungen sind, desto instabiler wird unser eigener Bindungstyp. Es ist hilfreich, wenn wir uns darüber im Klaren sind, welche Art Bindungstyp wir selbst haben. Ein Windhauch über einer Gletscherspalte ist eben etwas anderes als ein Stahlträger, der sich über den Abgrund spannt.

Jemand mit einem sicheren Bindungsverhalten wird sich auch dann nicht verunsichern lassen, wenn eine andere Person wie ein manipulativer Narzisst anfängt, sich wichtig zu machen oder überzogene Ansprüche zu erheben. Die unsicher-vermeidenden und unentschlossenen Bindungstypen hingegen neigen schon eher dazu, sich entweder rasch vom Narzissten zu entfernen, weil er ihnen bedrohlich vorkommt. Oder sie stürzen sich gerade in seine Arme, weil er ihren Bindungsstil instinktiv erfasst, sofort mit seinem Manipulationsspiel beginnt und einen Stahlträger bis zum Horizont vorgaukelt.

Wie geht das vor sich? Stößt der Narzisst auf sein unsicheres Opfer, zerstreut er dessen Zweifel durch Love Bombing, bis die große Sehnsucht des Opfers nach Nähe die Herrschaft übernimmt und Oxytocin ins Hirn flutet. Die Bindung festigt sich und hängt das Autonomiestreben des Betroffenen an den Haken.

Diese Strategie funktioniert und ist eine ziemlich gute Erklärung, warum Narzissten zu Beginn der Beziehung mit massiven Liebesbekundungen loslegen und warum sie damit so schnell erfolgreich sind. Denn die Taktik geht nur bei jenen Partnern auf, die selbst unsicher sind und dies im Moment des Kennenlernens vergessen. Die Sicherheit spendenden manipulativen Narzissten geben in diesem

Augenblick der beginnenden Bindungsarbeit genau das, was dem Opfer fehlt. Neben allen anderen Schmeicheleien ist es die scheinbare Sicherheit, die eine magnetische Anziehungskraft auf die Personen ausübt, die unentschlossen sind. Am Ende der Entwicklung geben sich die auf diese Weise Eingesponnenen vollends der Beziehung zum Narzissten hin und enden nicht selten in der vollkommenen Unterwerfung. Zu spät bemerken sie, dass sie nicht auf einem Stahlträger, sondern auf einem brüchigen Schneefeld über einem tiefen Abgrund stehen ...

Übrigens sei an dieser Stelle erwähnt, was leicht in Vergessenheit gerät, wenn wir das narzisstische Spiel betrachten: Meist werden diese komplexen manipulativen Verhaltensweisen, die in romantischen Beziehungen sehr überzeugend wirken, vom Narzissten schon sehr lang eingesetzt, sodass er sich nicht mehr dazu *entscheiden* muss, das Spiel bewusst zu spielen. Er *kann* gar nicht anders. Der Verhaltenspsychologe Rainer Sachse erklärt dieses Phänomen und ergänzt: »Man hat den Eindruck, dass das Spiel den Narzissten spielt und nicht umgekehrt.«[15]

Was Sie den frühen Spieltaktiken eines manipulativen Narzissten entgegensetzen können:

- Macht Ihnen der Narzisst Vorschriften, wie Sie zu spielen haben, dann lassen Sie ihn wissen, dass Sie für sich selbst entscheiden können. »Das brauchst du mir nicht zu sagen, ich weiß selbst, was ich zu tun habe.« Tun Sie außerdem nur das, was *Sie* wollen.
- Beleidigt, beschimpft oder demütigt er Sie, kontern Sie mit: »In dieser Stimmung rede ich nicht mit dir. Komm wieder, wenn du dich beruhigt hast.«
- Unterdrückt er Ihre Eigeninitiative oder Handlungsimpulse, machen Sie ihm klar, dass er nicht über Sie zu

bestimmen hat. »Danke für deine Idee, aber ich treffe meine eigenen Entscheidungen.« – »Dann bleib eben zu Hause, wenn du nicht mitkommen möchtest. Ich gehe auch allein.«

- Spricht der Narzisst Drohungen aus oder stellt Ultimaten, fragen Sie ihn geradeheraus: »Willst du mich erpressen? Vergiss es.«
- Kommt es wiederholt zu Grenzverletzungen, dann **beenden Sie die Beziehung und retten Sie rechtzeitig Ihre Autonomie!**

Lösung aus der toxischen Bindung

Menschen, die einen angreifen, sagen möglicherweise etwas darüber aus, wo man angreifbar ist, und das hilft, sich selbst besser zu verstehen, die eigene Wahrnehmung zu reflektieren und den eigenen Schwachpunkt zu erkennen. Vielleicht ist man ja selbst ebenfalls narzisstisch angehaucht und merkt es bloß nicht. Es ist nicht schlimm, einen oder mehrere Schwachpunkte zu haben. Sie sollten nur kein Einfallstor für die perfiden Spiele eines Narzissten sein.

Die Vorstellung einer Ablösung ist für viele Frauen und Opfer narzisstischer Beziehungen undenkbar. Machen Sie sich deshalb unbedingt bewusst, dass es immer auch eine Phase *nach* der toxischen Bindung gibt. Nicht jede denkt daran.

Gelingt die Beendigung der Beziehung zu einem Narzissten, dann ist es meist so, dass er tatsächlich aus dem eigenen Leben verschwindet. Denn sobald der Narzisst keinen Nutzen mehr aus dem (Ex-)Partner ziehen kann, wendet er sich ab. Dabei ist es wichtig, die Definition des Nutzens zu kennen, denn allein Kontakt zum Opfer zu haben, stellt bereits einen Gewinn dar. Der manipulative und saugende Narzisst findet es ja klasse, wenn andere auf sein Agieren reagieren – und sei es ablehnend, wütend oder verzweifelt.

Wer also wirklich die Befreiung aus einer toxischen Beziehung sucht, muss den Tipps von Anja Oswald und Jan Gysi folgen (siehe unten), die ich ergänzend kommentiere. Denn wegen der eigenen hohen Toleranzbereitschaft vergessen Opfer perfider Narzissten sehr oft, dass ihr Gegenüber unfair und intransparent spielt, dass er auch aus dem Hinterhalt Angriffe fahren wird, weil ihn diesbezüglich keine moralischen Skrupel plagen, er keine Schuldgefühle kennt und weil er vor Rache- und Wutgefühlen nur eins will: Genugtuung durch einen Sieg.

Mein Lieblingshinweis ist an dieser Stelle, sich *wirklich* klarzumachen, mit wem man es zu tun hat, und dass der eigene Wunsch, die eigene Erwartung und Hoffnung, ja das eigene Mitgefühl im Umgang mit dem toxischen, manipulativen Narzissten nicht mehr vorkommen darf. Wenn Sie mit einem perfiden Narzissten zu tun haben, **vergessen Sie niemals:** Ein Krokodil ist ein Krokodil und wird es immer bleiben, egal was Sie über das Krokodil denken.

Wie Sie einen toxischen Narzissten endgültig loswerden:

- Vermeiden Sie jedwede mündlichen und schriftlichen Mitteilungen, denn jede Information kann und wird der Narzisst verdrehen und gegen Sie verwenden.
- WhatsApp-Gruppen zwischen den (getrennten) Partnern sind nur dann sinnvoll, wenn sie nicht manipulativ missbraucht werden. Suchen Sie sich eine Gruppenmoderation durch eine neutrale Person (Jugendamt, Anwalt, Mediatorin, Berater). Wenn Ihr Narzisst falschspielt und Dinge verdreht, abwertet, dramatisiert, beenden Sie die Kommunikation über WhatsApp.
- Führen Sie Gespräche mit dem Narzissten ausschließlich im Beisein von Begleitpersonen, die selbst nicht toxisch

sind und denen Sie trauen, um das Gesagte zu bezeugen und Rückhalt zu geben.

- Führen Sie ein detailreiches Protokoll (Tagebuch!), um Falschbehauptungen zu entkräften.
- Bauen Sie sich ein Netzwerk aus Therapeuten, Rechtsbeiständen und Sozialhelfenden auf und lassen Sie sich nicht isolieren.
- Bereiten Sie den Kontaktabbruch und die Trennung gut vor und besprechen Sie sich offen mit dem eigenen vertrauenswürdigen Freundeskreis und der eigenen Familie. Holen Sie sich Unterstützung und sorgen Sie dafür, dass Sie aufgefangen werden.
- Bleiben Sie taff! Der Narzisst ist es auf jeden Fall und verwendet Ihr eigenes Mitgefühl, Ihre Hoffnung auf Verständnis oder Ihre Schuldgefühle gnadenlos gegen Sie! Von daher: aufmerksam bleiben und Widerstand zeigen!
- Wehren Sie sich, wenn der Narzisst Ihre Grenzen übertritt. Zeigen Sie ihm, dass Sie bereit sind, auch juristisch gegen ihn vorzugehen.
- Gehen Sie tatsächlich juristisch gegen ihn vor, wenn es nötig ist.
- Motivieren Sie sich zu einer eigenen begleitenden Therapie und sagen Sie sich: »Ich begebe mich in eine Therapie, damit ich mit mir selbst besser klarkomme, und nicht, um für die gegnerische Seite verträglicher zu werden.«

Narzisstische Menschen haben ein Problem damit, eine normale Beziehung zu führen, weil ihr unsicherer Bindungsstil mit Angst vor zu viel Nähe und vor dem Verlassenwerden genauso festgefahren ist wie ihre egoistisch verzerrte Selbst- und Realitätswahrnehmung. Andreas, Annas Freund, hatte große Schwierigkeiten, mit Menschen emotional in Berührung zu kommen. Seine narzisstische Struktur drängte eigene und andere tiefere Emotionen zurück. Weil er mit seinen eigenen Gefühlen nicht klarkam, hielt er Annas Emotionen ebenfalls auf Distanz und überzog die Beziehung mit einem Konvolut aus Ritualen, Regeln und Freizeitprogramm, um die wahre Anna zu unterdrücken und emotional von sich fernzuhalten. Sie wahrzunehmen, wie sie war, und zu ihr eine empathische Bindung aufzubauen, erzeugte in Andreas eine hohe innere Anspannung. Das konnte er nicht. Sie musste ihm gehorchen und passend gemacht werden, damit er fähig war, sie neben sich zu ertragen. Schließlich gehört es zum Erfolg eines Mannes, eine hübsche Frau zu haben, dachte er, und die Clique erwartete es von ihm. Bald fand er eine neue Freundin. Sie war jung, hübsch und so weiter. Und vermutlich begann das Spiel von Neuem.

Was Andreas nie erfahren hat, ist, dass es durchaus möglich ist, Nähe und Distanz flexibel und hin- und hergleitend zu vermischen. Es funktioniert nämlich tatsächlich, sich im selben Augenblick zur selben Person verbunden und von ihr frei zu fühlen. Gerade so, wie es der Moment erlaubt, den wir uns gegenseitig schenken an der Seite eines verbundenen Menschen. Das wäre normal.

Kapitel 3

Das Spiel um Versorgung

Narzissten sind die geborenen Meister der zwischenmenschlichen Übertragungen, so der Psychologe Reinhard Haller, und registrieren individuelle Reaktionsmuster, um sie reflexartig auszunutzen.[16] Als Psychotherapeut kenne ich diese Fähigkeit und setze sie sogar selbst ein, um Klienten zu lesen und ihnen zurückzuspiegeln, was ich wahrnehme. Hierauf reagiert wiederum der Klient und kann mithilfe meiner Beobachtung seine Selbstwahrnehmung abgleichen.

Innerhalb der Therapie geht dieses Spiel hin und her, bis die Suche nach der Wahrheit in eine angenehme und erkenntnisreiche Erschöpfung entströmt. Manchmal fließen das gegenseitige Wahrnehmen, Erspüren und Weiterdenken in einer Art wechselseitige Trance ineinander. Frei und entspannt sinkt der Klient mit mir in eine Sphäre empathischen Nachsinnens, aus der eine ganz besondere Nähe und Vertrautheit, eine intime geistige Verbindung entsteht. Das ist ein sehr schöner Verlauf, den ich jedes Mal genieße. In einem solchen Fall gehen wir beide, mein Klient und ich, gut miteinander um.

Ein manipulativer toxischer Narzisst tut das Gegenteil. Wie ein Therapeut, nur weniger bewusst natürlich, beobachtet er Verhaltensweisen seines Opfers. Statt sie dem Gegenüber zu spiegeln, um Erkenntnisse daraus zu gewinnen, nutzt er sie allerdings für seine ganz persönlichen Zwecke. Einmal entdeckte Reaktionsmuster seines Opfers provoziert er bewusst heraus, verstärkt sie und verwendet sie gnadenlos gegen den anderen, um seine eigenen Interessen durchzusetzen. Wen oder was er dabei zerstört, ist ihm egal, Hauptsache, er gewinnt das Spiel.

Wie im Fall von Christina, die nichts anderes wollte, als sich um ihren Sohn zu kümmern, und am Ende das Sorgerecht verlor.

Christina und die Sache mit dem Pflaster

Als Christina zu mir in die Praxis kam, wusste ich noch nichts davon, dass sie sich mitten in einem Scheidungskrieg befand, in dem ihr zukünftiger Ex-Mann mit harten Bandagen kämpfte und in dem es unter anderem um das Sorgerecht für den gemeinsamen Sohn Clemens (7) ging. Zunächst berichtete sie mir nur von den Symptomen, die sie zu mir geführt hatten.

Sie war abgemagert und trug unscheinbare Kleidung. Eine Regenjacke, eine blaue Hose, Wanderschuhe. Sie sprach leise und hastig, mied konstant meinen Blick und hatte die Regenjacke lediglich geöffnet, aber nicht abgelegt. Sie saß ganz vorn auf ihrem Sessel, mehr auf der Kante als auf der Sitzfläche, als müsste sie gleich weiter und nähme nur mal eben eine Therapie to go.

»Ich bin hier, um mir meine psychische Störung wegmachen zu lassen«, eröffnete sie das Gespräch. »Das Jugendamt schickt mich und der Anwalt meines Mannes. Weil ... na ja ... weil ich psychisch auffällig bin.« Ihre Stimme zitterte, und sie zog die Schultern hoch, als wolle sie sich verstecken. »Sie müssen mir helfen«, flüsterte sie. »Sonst verliere ich Clemens, meinen Sohn, und darf ihn gar nicht mehr sehen.« Sie brach in Tränen aus, und ich schob ihr die Box mit Taschentüchern über den Tisch zu und ließ ihr Zeit, die Emotionen laufen zu lassen. Mehrere Minuten lang schluchzte sie, während ihr Körper bebte.

Als sich Christina irgendwann schnäuzte und nur noch vereinzelte Tropfen ihre Wangen hinunterrannen, sagte ich: »Psychische Probleme lassen sich nicht einfach ›wegmachen‹ wie Altersflecke auf der Haut, oder?« Sie duckte sich tiefer. »Und ob jemand psychisch auffällig ist oder nicht, beurteilen so Typen wie ich und nicht der

Anwalt Ihres Mannes.« Jetzt hob Christina den Kopf und sah mich zum ersten Mal an. Verunsichert, ängstlich, aber immerhin. »Lassen Sie uns von vorn beginnen, Christina. Erzählen Sie mir von Ihrer Situation und wie es Ihnen geht.«

Sie zuckte zusammen, als hätte ich etwas Unangemessenes gesagt, sodass ich vermutete, dass sie lang niemand mehr gefragt hatte, wie es ihr ging. Sie holte ein paarmal tief Luft und brauchte mehrere Anläufe, bevor sie mir leise und stockend ihre Geschichte erzählte.

Weil sie sich mit der Erziehung ihres Sohnes überfordert fühlte, hatte sich Christina vor einem knappen Jahr an das Jugendamt gewandt und um Hilfe gebeten. Sie sei mit allem allein, ihr Mann kümmere sich nur um sich selbst und nie um das gemeinsame Kind. Als ich nach Details fragte, erkannte ich rasch narzisstische Muster im Verhalten des Gatten.

»Wenn er eine Entscheidung trifft, dann tut er das immer über meinen Kopf hinweg«, flüsterte Christina. »Zum Beispiel hat er Clemens ein Smartphone gekauft, obwohl er genau weiß, dass ich das noch zu früh finde.«

Vor einem Dreivierteljahr schließlich sei sie nach Hause gekommen, und der Wohnungsschlüssel habe nicht mehr gepasst. Sie klingelte, und als ihr Mann die Tür öffnete, reichte er ihr einen gepackten Koffer heraus mit den Worten: »Du bist heute ausgezogen.«

»Warum tut er so was? Ich hab … ich hab doch überhaupt nichts getan.« Neue Schluchzer schüttelten Christina, und sie riss mehrere Taschentücher aus der Box und drückte sie sich ins Gesicht.

Mithilfe behutsamer Nachfragen erfuhr ich, dass es schon länger nicht mehr rund gelaufen war in Christinas Ehe, Kommunikation mit dem Mann fand hauptsächlich schreiend statt, und nun hatte ihr Mann sie also mir nichts, dir nichts vor die Tür gesetzt. In ihrer Hilflosigkeit hatte sich Christina erneut ans Jugendamt gewandt und um Unterstützung gebeten. Man wies sie ab mit der

Argumentation, für ihr Obdach sei man nicht zuständig, für so was gäbe es Frauenhäuser.

Die gibt es in der Tat. Allerdings nehmen die eine Frau nur auf, wenn körperliche Gewalt im Spiel ist. Was in Christinas Fall nicht zutraf, denn ihr Mann hatte sie nie geschlagen oder auf andere Weise physisch angegriffen. Christina versuchte zu erklären, dass er eine andere Form von Gewalt auf sie ausübe. Nicht körperlich, sondern »Psychoterror« betreibe. Sie hatte kein besseres Wort für diese unsichtbaren und spurlosen Misshandlungen, denen sich ihr Mann schuldig machte. Für seinen ständig abfälligen, herausfordernden Tonfall, für die Worte, mit denen er sie beschimpfte, für die eisige Kälte, die er verströmte, für die Entscheidungen, die er gegen ihren Willen traf, wenn es um Clemens ging, für die Art und Weise, wie er sie als eine Idiotin hinstellte und anderen als inkompetent vorführte, bis sich sogar ihre eigene Familie und ihre Freunde von ihr abwandten und den Kontakt abbrachen – und das schon vor Jahren.

Christina kam in einer heruntergekommenen Pension unter, woraufhin ihr das Jugendamt verbot, ihren Sohn zu empfangen, weil diese Bleibe zu unhygienisch sei und es außerdem keine Rückzugsmöglichkeit gäbe. Christina hatte Clemens schon monatelang nicht mehr gesehen.

»Ich tue alles, um meinem Sohn zu helfen«, stieß sie hervor, die benutzten Taschentücher in ihrer Faust zerknüllend.

»Wobei möchten Sie Clemens helfen?«, fragte ich nach.

Ihn aus den Fängen dieses Monsters zu befreien, ihres Noch-Ehemannes, erklärte Christina. »Er vergiftet unseren Sohn mit abfälligen Bemerkungen über mich. Er treibt die Spaltung voran und zerstört meine Bindung zu ihm.« Wieder hob sie den Kopf, und dieses Mal sah sie mich mit einem Ausdruck im Blick an, der sich stechend in mich bohrte. »Aber niemand will das sehen.«

Ich bemerkte, dass es zwar sehr ungewöhnlich, aber durchaus möglich sei, dass nur eine Person die Schuld an einem Problem trage, denn in aller Regel sind mehrere Personen daran beteiligt: diejenigen, die etwas auslösen, und diejenigen, die darauf reagieren. Was wiederum etwas Neues auslöst, worauf wieder eingegangen wird, usw. Und manchmal fällt die Reaktion auf eine Begebenheit so heftig aus, dass sie ungünstig auf die reagierende Person zurückfällt und sie nervös, hysterisch und inkompetent aussehen lässt. Wie in Christinas Fall.

Sie schilderte mir, dass sie abgespannt sei und sich in der Interaktion mit ihrem Noch-Ehemann regelmäßig verwirrt fühle, ohne dass sie einen Sinnzusammenhang erkannte, der das erklärte. Wenn es um Clemens ging, überfielen sie außerdem Angst, Herzrasen und das Gefühl, nicht mehr sie selbst, sondern irgendwie abgespalten von der Realität zu sein. Ihre Bewegungen würden hektischer, sie verlöre sehr schnell die Beherrschung, nehme sich selbst wie eine Fremde wahr.

»Deshalb bin ich hier«, schloss sie im Flüsterton. »Um das loszuwerden. Für Clemens.«

Ich betrachtete sie, wie sie sich vor mir auf ihrem Sessel zusammenkrümmte und zwar irgendwie wusste, dass ihr Noch-Ehemann ein Spiel mit ihr trieb, es jedoch nicht weit genug durchschaute, um sich daraus befreien zu können. Wie auch, wenn alle Welt ihr eine grundsätzliche psychische Störung unterstellte?

Aber hatte sie eine?

Für Therapeuten und andere Fachleute ist es wichtig zu erkennen, ob eine Person, die solche psychischen Beschwerden wie Christina zeigt, tatsächlich »verrückt« ist oder vielleicht nur eine Reaktionsweise an den Tag legt, die dem eigenen Notfallplan entspringt, der dabei hilft, Hochstressphasen psychisch und körperlich zu überleben (Näheres dazu finden Sie in Kapitel 1: Das Spiel an sich und im Kapitel 9: Das Spiel um Liebe und Sexualität). In Christinas Schilderungen erkannte ich typische Merkmale für eine Dissoziation als Symptom einer komplexen Traumafolgestörung als mögliche Folge ihrer langjährigen und missbräuchlichen Beziehung zu ihrem Ex-Mann.

Wenn jedoch weder die Betroffene noch das helfende Umfeld die ungewöhnliche Reaktion der Dissoziation als Notfallprogramm psychischen Überlebens oder einer Traumatisierung erkennt, dann entsteht der falsche Eindruck, die Frau sei »hysterisch« oder eine »Simulantin«. Dadurch kann sich weder die Bereitschaft zur Neugierde im helfenden Umfeld entwickeln noch die Motivation, verstehen zu wollen, was diese Reaktion erst notwendig gemacht hat, wodurch sich wiederum die Unterstellung festigt, dass man unabhängig von der Beziehung zum Ex-Partner unzulänglich, inkompetent und krank geworden ist.

Sogar für Experten ist es schwer zu unterscheiden, ob es sich bei gezeigtem Verhalten um überzogene emotionale Reaktionen handelt oder um eine tief im Körper eingespeicherte Traumareaktion, da sie von den bekannten Stress-Bewältigungsstrategien abweicht. Und so ist es nicht verwunderlich, dass Laien erst recht am Offensichtlichen kleben: Die Mutter ist verrückt. Die muss zum Psychiater!

Ja, muss sie. Aber nicht, um etwas wegmachen zu lassen, das andere Leute stört. Sondern um ihrer selbst willen, um sich selbst zu reflektieren, eigene Wahrnehmungen daraufhin zu prüfen, ob sie etwas falsch bewertet, und gegebenenfalls zu korrigieren. Und um herauszufinden, ob ihren Beschwerden nicht eine Traumatisierung zugrunde liegt.

Übrigens sollten *alle* Beteiligten, die sich in einer aufgeladenen Trennungssituation befinden, einen Psychiater oder Therapeuten zurate ziehen. Und zwar jeder seinen eigenen. Ohne Witz.

Ein paar Wochen nach dem ersten Gesprächstermin bei mir organisierte das Jugendamt ein begleitetes Treffen mit Christinas siebenjährigem Sohn Clemens. Einen Tag vor dem Treffen erhielt sie eine Videobotschaft von ihm. Er saß im Wohnzimmer und sprach irgendwie gestelzt, wie eingeübt, als hätte sein Vater ihm vorgegeben, was er sagen sollte, oder als ob er unter hohem Druck stände.

»Mama. Im Wald, da stand ein Splitter vom Baumstamm ab. Da bin ich hängen geblieben. Schau. Da ist auch Blut. Tschüss!« Clemens hielt seinen angeratschten Finger in die Kamera, dann endete das Video.

Zum Treffen am nächsten Tag begleitete eine Sachbearbeiterin des Jugendamtes den Jungen und blieb auch während der vereinbarten zwei Stunden da, um die Wahrung des Kindeswohles zu gewährleisten. Eine Maßnahme, die der Anwalt von Christinas Noch-Ehemann erwirkt hatte.

Nach der Begrüßung zeigte Clemens stolz seinen verletzten Finger.

»Oh, du hast ein Pflaster!«, stellte Christina fest und betrachtete den Finger. Er sah besorgniserregend gerötet aus, und sie beschloss, das Pflaster zu entfernen, um die Wunde begutachten zu können. Als sie danach griff, zog Clemens seine Hand jedoch zurück und sagte, der Papa habe gesagt, dass das Pflaster auf der Wunde bleiben müsse und die Mama es nicht abzunehmen habe.

Christinas Sorge wuchs, es klang, als wolle ihr Noch-Ehemann etwas verbergen, und sie versprach Clemens, ein neues Pflaster aufzukleben, sobald sie sich ein Urteil gebildet habe.

»Ich möchte sichergehen, dass deine Wunde gut verheilt«, erklärte sie ihrem Sohn, als sich die Begleitperson zu Wort meldete und wiederholte, stopp, der Kindsvater habe verboten, das Pflaster abzunehmen.

Ein Verbot, das Christina nicht verstand.

»Ich möchte doch nur prüfen, ob der Finger entzündet ist, um ihn im Zweifelsfall richtig zu behandeln«, wandte sie ein. »Ich bin mir nämlich nicht sicher, ob Clemens seine letzte Tetanusimpfung erhalten hat.« Ihre Anspannung wuchs, als die Frau vom Jugendamt den Kopf schüttelte und darauf beharrte, das Pflaster abzunehmen, käme nicht infrage.

Obwohl Christina bemerkte, wie sich etwas in ihr verselbstständigte, dass Wut und Sorge ihren Körper, den sie kaum noch spürte, mit starker Unruhe und Einengung überfluteten, konnte sie keinen klaren, distanzierten Gedanken mehr fassen. Der Stecker zum besonnenen Denken und Handeln war gezogen. Alles, was sie wollte, war, den Finger ihres Sohnes zu versorgen.

Sie griff ins Regal, wo sie ihre Pflaster aufbewahrte. Aber statt die Schachtel zu greifen, ließ sie sie fallen, sodass die Streifen herausfielen und sich auf dem Boden verteilten. Christina bückte sich, versuchte, alle zusammenzuschieben, stöhnte auf und rang in der gebeugten Körperhaltung nach Luft. Das Bild verschwamm ihr vor den Augen.

»Nun veranstalten Sie nicht so ein Trara«, hörte sie die Mitarbeiterin des Jugendamtes neben sich sagen. »Sie haben eine Abmachung mit Ihrem Mann getroffen, daran müssen Sie sich halten.« Es folgten ein abfälliges »Pff« und »Unfassbar!«.

Christina sprang auf, ihre Emotionen entluden sich, und sie brüllte der Frau vom Jugendamt ins Gesicht: »Ich bin Clemens' Mutter! Ich mache mir Sorgen! Eine Wunde muss versorgt werden, ich weiß, wie das geht. Während meiner Ausbildung habe ich stundenlang Verbände erneuert!«

»Ihre Ausbildung haben Sie nie beendet«, erwiderte die Jugendamtsdame schlicht.

»Aber mein Mann, der nicht mal eine angefangen hat, der darf ein Pflaster aufkleben, und gut ist?«

»Um ein Pflaster aufzukleben, ist kein Fachwissen nötig.« Die Frau vom Jugendamt verdrehte die Augen. »Es geht darum, sich an Vereinbarungen zu halten, und als Bedingung für diesen Besuch, sagte Ihnen Ihr Mann vorher, dass dieses Pflaster auf der Wunde verbleibt.« Die Sachbearbeiterin sprach langsam und überdeutlich, als sei Christina schwer von Begriff. Vermutlich hatte ihr Noch-Ehemann entsprechende Bemerkungen fallen gelassen.

Christina stutzte. »Was soll mein Mann mir gesagt haben?«

Die Frau vom Jugendamt seufzte schwer. »Dass Sie das Pflaster an Clemens' Finger lassen sollen. Damit es zu keiner hysterischen Szene kommt.« Letzteres murmelte sie nur, und Christina überging es.

»Davon weiß ich nichts.« Es gelang ihr, in einen ruhigeren Ton zu schalten. »Dass das Pflaster unbedingt am Finger bleiben muss, habe ich zum ersten Mal von Clemens gehört. Gerade eben.«

Dass die Mitarbeiterin des Jugendamtes, die als offizielle Begleitperson eingeschaltet worden war, um sicherzustellen, dass die Mutter mit ihrem »auffälligen« Verhalten das Wohl des Jungen nicht gefährdete, an dieser absurden Ansage festhielt, obwohl sie nicht beurteilen konnte, was im Vorfeld vereinbart worden war – oder auch nicht –, entfachte Christinas Wut aufs Neue. Und löste gleichzeitig diese merkwürdige Verwirrung aus, in der sie die Kontrolle über ihr Handeln verlor. Genau wie es ihr im Umgang mit ihrem Noch-Ehemann regelmäßig passierte, dass eine einzige Bemerkung in ihr eine riesengroße Unruhe erzeugte, bis sie nicht mehr wusste, was sie tat. Es fühlte sich fremd an. Sie fühlte sich wie eine andere Person.

In jener Situation dachte Christina kurz darüber nach, aber sofort verschwamm alles wieder zu einem dröhnenden Rauschen in ihrem Kopf. *Und wenn schon, ich bin die Mutter!*

Während Christina und die Frau vom Jugendamt sich anblafften, wiederholte sich für Clemens, was sich beständig zwischen seinen

Eltern abspielte: Ein Erwachsener sprach ein Verbot aus, der andere Erwachsene wunderte sich, ärgerte sich und wurde laut. Zeit seines Lebens hing der Junge zwischen den beiden Streitenden und hatte schnell gelernt, sich emotional zurückzuziehen und zu betäuben. Das war *sein* Notfallprogramm.

Mal tat er, was die Mama wünschte, mal, was der Papa von ihm verlangte. Gleichzeitig entwickelte er ein Gespür dafür, wie er sich verhalten musste, um von beiden nicht abgelehnt zu werden. Wurde ein Elternteil laut, schloss Clemens sich in sich ein, starrte vor sich hin und verharrte wie ein ausgeschalteter Android auf dem Boden.

So auch jetzt, während die Frau vom Jugendamt und seine Mutter sich über das Pflaster an seinem Finger stritten. Irgendwann spürte er, wie seine Mutter behutsam nach seiner Hand griff, das Pflaster löste und den Kratzer darunter begutachtete. Der war kaum blutig, die Stelle ringsherum etwas geschwollen, aber nicht übermäßig. Alles in Ordnung, Christina war beruhigt. Sie sprühdesinfizierte die Wunde und klebte ein kleines Pflaster mit Mickymaus-Motiv darauf.

Die Mitarbeiterin des Jugendamtes stand mit verschränkten Armen daneben. Als Christina sich erhob und die Pflasterschachtel und das Desinfektionsspray zurück ins Regal räumte, brach sie den Besuch ab.

Die Kindsmutter habe sich nicht an die Vereinbarung gehalten, argumentierte sie.

»Was für eine Vereinbarung! Das war eine einseitige Ansage!«, fauchte Christina ihr hinterher. Aber niemand glaubte ihr.

Konflikt der Versorgung oder Unabhängigkeit

Um zu verstehen, was sich hier abspielte, müssen wir einen Schritt zurücktreten und den Konflikt um »Versorgung oder Unabhängigkeit« betrachten. Ähnlich wie bei dem Bedürfnis nach Autonomie versus Bindung geht es hier um den starken Wunsch, versorgt zu werden und Geborgenheit zu spüren oder im Gegenteil nichts und niemanden für das eigene Wohlbefinden zu brauchen. In jedem von uns schlummert beides, bei einem ist das eine ausgeprägter, beim anderen sticht das andere hervor.

Ist bei einem verdeckt agierenden Narzissten der Wunsch nach Versorgung stark ausgeprägt, arbeitet er mit emotionaler Erpressung mittels Selbstbezogenheit. Er äußert sogenannte Appelle und erwartet deren Erfüllung. Geht das Opfer nicht darauf ein, reagiert der missbräuchliche Narzisst mit Grenzübertritten, Sanktionen und schließlich mit der Zerstörung des anderen.

Zunächst zeigt sich der nach emotionaler Versorgung strebende Narzisst besonders hilflos, tritt sehr bedürftig auf, demonstriert seine schwache Seite, seufzt oder stöhnt und äußert verbal, Hilfe zu benötigen. Aus impliziten Botschaften werden konkrete Bitten, die sich in drängende Bitten wandeln, zu Forderungen mutieren, massiver werden und schließlich in Drohungen und Erpressungen münden.

Dabei sind widersprüchliche Appelle besonders manipulativ, beispielsweise wenn sich der Narzisst als sterbenskrank und leidend präsentiert und zugleich mit gequälter, leicht mäkelnder Stimme sagt: »Mir geht es sehr gut, ich komme schon klar!«, und das Opfer auf diese Weise daran hindert, seinen eigenen Bedürfnissen nachzugehen, um sich stattdessen um die leidende Person zu kümmern. Der es übrigens ziemlich schnell besser geht, sobald das Opfer eigene Pläne zugunsten der manipulierenden Person aufgibt. Zuwendung ist eben heilsam.

Spielt man das Spiel mit, was ich als Therapeut häufig mache, und kommt es unter der Therapie dann tatsächlich sehr schnell zu einer Wunderheilung, weil alle Probleme in der Stunde wie weggeblasen sind, während sie den Klienten, kaum ist die Sitzung vorbei, sofort wieder zäh und schwer niederdrücken, dann versuche ich mit dem Wörtchen »selbstbezogen« zu operieren. Ich sage: »Es ist schon auffällig, wie selbstbezogen Sie sich verhalten. Wenn Sie von mir Mitgefühl und Bestätigung für Ihr Leiden bekommen, geht es Ihnen besser. Ist das nicht merkwürdig?«

Die Betroffenen hören das nicht gern ...

In einer Beziehung außerhalb der Therapiesituation führt der übergroße Wunsch nach Versorgung und Geborgenheit leicht zu starker Abhängigkeit. Die manipulierende Person bindet sich emotional an ihren Partner und klettet. Ängste und depressive Gefühle entstehen, sobald der Partner sie tatsächlich oder nur scheinbar allein lässt. Das ist die emotionale Erpressung: »Wenn du dich nicht permanent um mich kümmerst, werde ich krank.«

Wie Zecken saugen sich die Betroffenen in ihren Beziehungen fest und machen sich selbst unablösbar, etwa durch finanzielle oder körperliche Abhängigkeiten. Sie ziehen Gewinn aus dieser Abhängigkeit und bevorzugen es, sich geborgen zu fühlen, statt gesellschaftlich oder beruflich aufzusteigen. Nicht selten gesellen sich Raffgier und Habsucht hinzu, denn der nach Versorgung Lechzende will alles haben, was ihm zusteht: Geld, Grundstücke, Häuser, Besitz und Sammlungen aller Art, was sich bis zur krankhaften Sammelsucht und in ein Messie-Syndrom entwickeln kann. Abgeben fällt diesen Personen unfassbar schwer, denn über ihren Besitz definieren sie ihre Sicherheit und Geborgenheit. Es ist wie ein Nest, das sie sich bauen aus allem, was sie bekommen können. Für den Partner sind sie ein emotionales schwarzes Loch, in dem alles verschwindet, was in den Gravitationsradius gerät.

Das andere Extrem im Konflikt Versorgung versus Unabhängigkeit sind die Anspruchslosen, die nie um Hilfe bitten, nichts und niemanden brauchen und jedes Beziehungsangebot ablehnen. Sie sind asketisch, enthaltsam, verzichten und unterdrücken innere Gefühle von Trauer und Sehnsucht. In vielen Fällen glauben sie daran, irgendwann für diesen Verzicht auf alles reich belohnt zu werden. Da die Betroffenen jedoch nie erfahren haben, wie es ist, richtig gut versorgt zu werden und sich geborgen zu fühlen, bleibt es bei einer vagen oder überhöhten Vorstellung, wie diese ideale und in der Ferne liegende Belohnung für die ganze Quälerei aussehen könnte. Und leicht entpuppt sich daraus ein indirektes und paradoxes Anspruchsdenken, wenn sich der unterdrückte Wunsch nach Versorgung eben doch durch Appelle oder Inszenierungen nach vorn drängelt.

Beruflich zeigen sich solche vermeintlich anspruchslosen Personen sehr selbstaufopfernd, meinen, unersetzbar zu sein, und geben sich in die Rolle des wertvollen Mitarbeiters. Sie häufen Unmengen von Überstunden an, die ihnen scheinbar egal sind. Werden diese Überstunden jedoch gekappt, weil es zu viele werden, reagiert der angeblich Gleichgültige deprimiert und mit großen Selbstzweifeln.

»Da engagiere ich mich, und dann werde ich auch noch dafür abgestraft«, lautet sein Lamento.

Hilfe und Pflege lehnen diese Menschen ab, während sie insgeheim darauf hoffen, gerettet zu werden. Sie sind sich nicht zu schade, eine Rechnung aufzumachen und anderen vorzuhalten, wie viel sie sich vom Mund abgespart und wie sehr sie verzichtet hätten, um irgendwann zurückzufordern, was ihnen zusteht.

Also, wenn das nicht perfide selbstbezogen ist, was dann? Die psychologische Forschung ist sich einig, dass in einem solchen Fall das Merkmal des verdeckten, also des nicht grandiosen Narzissmus zu finden ist, den man auch den »kommunalen« Narzissmus nennt, der durch seine Hilfsbereitschaft hervorsticht. Eine andere Form des Narzissmus, die leise daherkommt und nicht viel Publikum braucht. Auf diese Weise selbstbezogenen Menschen reichen wenige Opfer, die sie langsam und genüsslich leer saugen.

Als Opfer einer narzisstischen Person können wir in unserem Bemühen, versorgt zu werden oder jemanden zu versorgen, aus der Stabilität gebracht werden. Wird unser Bedürfnis durch den Narzissten vergiftet oder missbraucht, kann es uns destabilisieren.

Christina, die an der Seite ihres Ehemannes ein Leben lang emotional schlecht von ihm versorgt und durch sein narzisstisches Spiel über Jahre destabilisiert wurde, litt deswegen an einer komplexen Traumafolgestörung. Ihr Opferschicksal bestand darin, dass sie es selbst nicht wusste und deshalb ständig die Schuld bei sich suchte. Aber sie konnte gar nichts dafür. Im Gegenteil. Ihr Narzisst löste ihre Instabilität gezielt aus, und ihr instinktives Streben, sich auf ständig neue Bedrohungen durch ihren Ex-Mann vorzubereiten, diente zwar ihrem Überleben in dieser Ehe, verunmöglichte jedoch die Bewältigung des gerade Geschehenen.

So beschreibt die Traumatherapeutin Janina Fisher die Situation, in der sich Traumatisierte ständig befinden.[17] Und diese Schwäche des Opfers nutzen manipulative Narzissten.

So erkennen Sie, ob Sie gefährdet sind, sich durch Ihr Versorgungsbedürfnis an Ihren Narzissten zu klammern:

- Sie empfinden starke Wünsche nach Geborgenheit und Versorgung.
- Auf Zurückweisung und Alleinsein reagieren Sie mit traurigen und depressiven Gefühlen.
- Zwischenmenschlich sind Sie stark anklammernd und fordernd.

- Sie spüren »Kontakthunger«, ein Bestreben, Ihre innere Leere mit häufigem Zusammensein aufzufüllen.
- Sie neigen zu parasitären Beziehungen.

Dabei verhält sich der manipulative Narzisst nur scheinbar selbstlos, bindet sich aber umso mehr an Sie, indem er ...

- ... Ihre Selbstgenügsamkeit, Anspruchslosigkeit und Bescheidenheit ausnutzt.
- ... Ihre selbstlose Grundhaltung mit masochistischen Tendenzen (Lustgewinn aus Unterwerfung) gewinnbringend für sich einzusetzen weiß.
- ... Ihre Selbstquälerei und Ihr unbewusstes oder teilbewusstes Streben, Schuldgefühle wiedergutzumachen, gezielt auslöst und Sie zu entsprechenden Handlungen ermutigt.
- ... die Erfüllung Ihres Strebens nach Fürsorge und Geborgenheit an Bedingungen knüpft, die Sie nur unter großen Anstrengungen einlösen können.
- ... Ihre Sorge um ihn für sich nutzt, auch gegen Sie.
- ... Ihre depressiven Gefühle, Ihre Erschöpfung und Kraftlosigkeit schürt, denn sie sind die Garantie, dass Sie ihn nie aus eigener Kraft verlassen werden.

Dabei ist, sich versorgt zu wissen, ein wunderbares Gefühl von Geborgenheit, das uns beheimatet und tröstet. Genau an diesem Bedürfnis setzt der manipulative Narzisst an und gewinnt toxischen Einfluss über Sie. Grundsätzlich ist nichts falsch daran, diese Bedürfnisse zu leben, nur im Spielfeld eines Narzissten wird Sie Ihr Wunsch nach emotionaler Versorgung immer wieder in seine Arme treiben – egal wie zerstörerisch Ihre Beziehung auf Sie wirkt. Umgekehrt versteckt sich Ihre Narzisstin hinter dem starken Wunsch, von Ihnen versorgt zu werden, und dann kommen Sie als ahnungsloser Partner nicht mehr von ihr los und sitzen in der Venusfalle.

Die Falle

Betrachtet man Christinas Fall in der Rückschau und mit dem Wissen eines Therapeuten, lässt sich die perfide Falle erkennen, in die sie ihr manipulativer Narzissten-Ehemann lockte.

Das vom Kindsvater ausgesprochene Verbot, niemals das Pflaster vom Finger des Sohnes zu entfernen, war eine geschickt platzierte Dynamitstange, die nur in die Nähe einer Feuerquelle gebracht werden musste, wie Christina eine war, damit sie hochging. Ohne es zu wissen, überbrachten Clemens und die Mitarbeiterin des Jugendamtes persönlich das Päckchen, dessen Zündschnur bereits schwelte.

Nach jahrelanger Erfahrung wusste der Noch-Ehemann genau, womit er das Notfallprogramm seiner Frau auslösen und sie damit weiter zerstören konnte. An den Kontrollvorrichtungen des Jugendamtes vorbei. Doppelt perfide und nicht dumm, benutzte er die vom Jugendamt bestellte Begleitperson als seinen unwissenden »Flying Monkey«. Doppelt perfide, weil der Narzisst die Sachbearbeiterin gezielt in Unwissenheit hielt, denn *er* kannte die Reaktionsweisen seiner Frau genau und wusste, wie sie sich auslösen ließen. Die besten Geheimagenten sind Personen, die nicht wissen, dass sie Geheimagenten sind. Und Menschen dazu zu bringen, unbewusst Handlungen für sie auszuführen, ist eine Spezialfertigkeit manipulativer Narzissten.

Genauso wie Christinas Noch-Ehemann seine Frau im Laufe der Jahre quasi dressiert hatte, insinuierte er der Begleitperson vor dem Besuch, er habe mit Christina den Verbleib des Pflasters auf Clemens' Finger vereinbart. Sie sei damit einverstanden und habe ihre Zustimmung gegeben. Zudem zog er die Begleitperson in eine Verantwortung, die sie nie hätte übernehmen dürfen.

»Das Pflaster ist frisch, die Wunde sauber und unauffällig«, sagte er zur Dame des Jugendamtes, vermutlich mit einem gewinnenden Lächeln. »Sie wissen ja, wie unangenehm es ist, ein Pflaster von einer frischen Wunde abzuziehen. Es bleibt also drauf. Christina weiß Bescheid, aber …«, an dieser Stelle seufzte er gewiss resigniert, »sie hört nicht immer auf das, was vernünftig ist. Sie ist … na ja, nicht ganz stabil. Mag keine Gebote.« Ein eindringlicher Blick in die Augen der Sachbearbeiterin. »Sorgen Sie bitte dafür, dass Clemens und Christina sich gemeinsam an die Abmachung halten. Das ist wichtig.«

»Selbstverständlich.« Die Frau vom Jugendamt nickte und erklärte sich einverstanden. Damit bestätigte sie nicht nur den Auftragsinhalt, dafür zu sorgen, dass das Pflaster an Ort und Stelle verblieb, sondern auch die Suggestionen, dass Christina instabil sei und dass beide, Sohn *und* Mutter, der Kontrolle bedurften.

Drei Aspekte spielten dem Narzissten in die Hände: 1. Die unangenehmen Gefühle wie Ekel und Schmerz, die wir beim Anblick oder auch nur beim bloßen Gedanken an eine Wunde empfinden und die dafür sorgen, dass wir Kontakt zu offenen Verletzungen vermeiden. 2. Die Bitte, seinem Ansinnen zu folgen, die wie ein Türöffner ins Unbewusste der Begleitperson funktionierte. 3. Die Verankerung am Gewissen der Sachbearbeiterin, persönlich für die Einhaltung der vermeintlichen Abmachung verantwortlich zu sein.

Voilà: eine blitzschnelle, hochkomplexe Verstrickung der Begleitperson in das manipulative Netz des Narzissten.

Auf der anderen Seite stand die ahnungslose Christina, die von der Pflaster-Instruktion nichts wusste. Erst im Moment ihres natürlichen und zu erwartenden Handelns, die Wunde ihres Sohnes kontrollieren zu wollen, erfuhr sie von dem Verbot, das sich mit Sicherheit viel schärfer anhörte, als es die Frau vom Jugendamt tatsächlich meinte, da sie sich bereits über Christina ärgerte, die sich – wie vom Ehemann vorausgesagt – nicht an die Verabredung hielt.

Der narzisstische, manipulative Kindsvater setzte darauf, dass sich die Begleitperson über Christina ärgern würde. Und dieser Ärger war eine wichtige Zutat, quasi der Brandbeschleuniger, um den Sprengstoff zu zünden und Christians Notfallreaktion in Gang zu setzen.

Wieso hielt die Frau vom Jugendamt als reine Begleitperson ohne juristische Befugnisse so sehr am Verbot des Vaters fest? Weil sie davon ausging, es mit einer in beiderseitigem Einverständnis getroffenen Vereinbarung zu tun zu haben, die Christina – in ihren Augen – ohne Not brach. *Sie* war die Schuldige. Diese subjektive Überzeugung erlaubte der Frau vom Jugendamt vor ihrem Gewissen, hart aufzutreten und mit dem Abbruch des Besuches durchzugreifen.

Der Trick besteht also darin, die zum »Flying Monkey« manipulierte Person von einem vermeintlichen Sachverhalt zu überzeugen, sodass sie für ihn eintritt und bis aufs Letzte verteidigt. Durch die vorherige Insinuation, Christina sei labil, bekräftigten alle Gegenbeweise und Erklärungen die (falsche) Überzeugung auch noch.

Ein bekanntes psychologisches Phänomen: Die Sachbearbeiterin des Jugendamtes war deswegen unverrückbar davon überzeugt, Christina belüge sie und halte sich nicht an die Abmachung, weil sie durch die Beeinflussung des Kindsvaters an deren Gültigkeit glaubte (ein Phänomen, das man auch als »Priming« bezeichnet. Mehr dazu finden Sie in Kapitel 4: Das Spiel um Macht). Ihr Pflichtbewusstsein tat ein Weiteres. Nach den Regeln der Behörde *musste* Christinas Verstoß zum Abbruch des Besuches führen.

Für Christina hingegen war es ein weiteres Steinchen in der langen Geschichte ihrer Traumatisierung. Die Frau vom Jugendamt benutzte die gleichen Worte, die Christinas Notfallprogramm schon immer ausgelöst hatten: *Nein. Verboten. So nicht.*

Für jeden von uns gibt es Worte, Gesten oder Bemerkungen, die unser persönliches Notfallprogramm aktivieren, bloß werden wir in aller Regel selten damit konfrontiert, weil die wenigsten von uns traumatisiert sind.

Der Kindsvater jedoch kannte Christinas individuelle Auslöser und benutzte sie für sich. Er missbrauchte sein Wissen über seine Frau, um sie vor jedermann und vor allem vor den Behörden als schwach und inkompetent darzustellen. Anstatt die Mutter seines Sohnes davor zu bewahren, auszuticken und ein Treffen mit dem gemeinsamen Kind so gut wie möglich gelingen zu lassen, zerstörte er es. Systematisch. Sodass Christina in den Augen der Begleitperson extrem inkompetent und tatsächlich labil erscheinen musste.

»So etwas habe sie noch nie erlebt«, kommentierte die Sachbearbeiterin Christinas Hektik, ihre Nervosität, ihre fahrigen Bewegungen, ihre nicht mehr steuerbare Reaktion. All das zementierte die vom Ehemann angelegte »Tatsache«, dass Christina »verrückt« und schwer von Begriff sei.

Und das war noch nicht alles. Eine gute Falle besteht aus mehreren Komponenten. So war auch Clemens vom Vater instruiert worden, der sich mit einem mehrfachen »Nein, Mama!« wehrte, als Christina seinen Finger untersuchen wollte.

»Nein« – erneut das Wort, das Christinas Notfallreaktion auslöste und das Clemens nur sagte, weil der Kindsvater ihm eingeimpft hatte: »Die Mama darf das Pflaster nicht abziehen, sonst entzündet sich das. Mama ist keine Ärztin. Sie ist nicht mal Sanitäterin. Sie kann das nicht. Pass bitte darauf auf!«

Abgesehen davon, dass es unfair ist, einem Kind eine solche Verantwortung aufzubürden, stürzt es, auf diese Weise als »Flying Monkey« missbraucht, in mehrere Konflikte: Die Loyalität zu den Eltern wird strapaziert, die eigene Wahrnehmung gerät in Verwirrung bezüglich dessen, was richtig und falsch ist, und zuletzt werden Identität und Zugehörigkeit zerstört.

Es ging nie um ein Pflaster. Es ging nie um Clemens. Es ging darum, Christinas Neigung zur Instabilität für sich vorteilhaft auszunutzen. Ihr Mann wusste von Anfang an, dass sich Christina den Finger anschauen würde, immerhin war sie Clemens' Mutter – und sie war Christina.

Es war das einfache Spiel der Überzeugung, das der Kindsvater hier spielte. Es geht so: Überzeuge alle Mitspieler davon, dass dein Feind ein Idiot ist, dann wird alles, was der Feind sagt, idiotisch klingen. Simpel, aber effektiv.

Toxische Narzissten spielen dieses Spiel sehr gern, und sie spielen es besonders gut aus der Opferhaltung heraus. So wie Christinas Mann, der sich stets leicht leidend und unzufrieden mit dem Verhalten seiner Ex-Frau zeigte, ohne sie öffentlich anzuklagen.

Es funktionierte: Alle Beteiligten, seien es die Sachbearbeitenden vom Jugendamt, die Rechtsbeistände oder das Gericht, waren so sehr mit dem Thema »Christina ist verrückt« beschäftigt, dass sie kein Argument, keine Erklärung, die Christina entlasteten, ernst nehmen konnten.

Ich empfahl Christina, sich zu allen weiteren Treffen von einer Vertrauensperson begleiten zu lassen, die auf ihrer Seite stand, um sie davor zu schützen, zu allem »Ja und Amen« zu sagen, nur um ihrem Bedürfnis nach (emotionaler) Versorgung gerecht zu werden. Denn sie lief Gefahr, nicht zu bemerken, wenn sie sich angreifbar machte. Sie spürte nicht, wenn sie sich emotional erpressen ließ. Zudem hatte sie Angst davor, in jenen instabilen Zustand zu geraten, in dem sie die Kontrolle über sich verlor.

Ich riet, Zeugen mitzunehmen, die hoch konzentriert aufpassten, was Christinas Bald-Ex-Mann sagte und wie Christina darauf reagierte. Außerdem sollte sie in einem Notizbuch alle Ereignisse kleinteilig aufschreiben, fein datiert, und die Aufzeichnungen als Erinnerungsstütze und Beweis verwenden, um etwaige Behauptungen und Forderungen der Gegenseite zu entkräften.

Es wurden viele Notizbücher. Die absolut notwendig waren, um Christina zu helfen und zu dokumentieren, wie ihre Realität aussah. Nur auf diese Weise gelang es ihr, über den Behauptungen der Gegenseite nicht den Realitätsbezug, die eigene Wahrnehmungsfähigkeit und schlussendlich tatsächlich ihren Verstand zu verlieren. Hätte sie diesen Weg für sich nicht entdeckt, wäre sie Gefahr gelaufen, fortwährend emotional, unüberlegt und verwirrt zu reagieren, was ihr negativ ausgelegt und gegen sie verwendet werden würde.

Bei der letzten Anhörung beim Jugendamt warf man Christina, obschon sie sich in meiner Behandlung befand und inzwischen ein gutes Team an Unterstützern besaß, erneut vor, sich nicht an die Bedingungen des Kindsvaters zu halten. Die Mitarbeitenden der Behörde reflektierten immer noch nicht, dass der Noch-Ehemann absichtlich Situationen auslöste, in denen Christina die Kontrolle verlor, und waren nicht bereit zu akzeptieren, dass vor allem der letzte Vorfall einer klaren Strategie folgte, um Christina zu destabilisieren. Es klang einfach zu absurd, und jedes Problem aufseiten des Kindsvaters wurde bestritten. Außerdem: Wünsche eines Vaters schlägt man doch nicht aus, oder?

»Es war kein Wunsch, es war ein Verbot ohne jede Grundlage«, korrigierte Christina, »nur um mir zu schaden.«

Betroffene Blicke ruhten auf ihr. Sie war offensichtlich zu dumm, es zu verstehen.

Tragisch an dieser wie an vielen anderen Geschichten ist, dass es selbst den Behörden längst nicht mehr um die Sache an sich ging, um das Wohl des Kindes, seine Wunde und das Pflaster darauf, sondern lediglich ums Prinzip. Was dabei alle übersahen: Christinas Sorge bezüglich der Verletzung war durchaus berechtigt, da Clemens' Schutz vor Tetanus abgelaufen war und er dringend eine Auffrischung benötigte. Im ganzen Aufheben um Christinas vermeintlichen Gemütszustand hatte jedoch niemand einen Blick in den Impfpass des Sohnes geworfen. Was beweist, dass es niemals um ihn ging.

Komplexe Traumatisierung

Überhaupt sind in einer solchen Konstellation, in der während der Trennung ein Partner versucht, den anderen zu zerstören, die Hauptleidtragenden die Kinder, deren Wohl bei allen Beteiligten angeblich immer im Vordergrund steht.

Ein Kind steckt in einer Trennungssituation immer in einem existenziellen Dilemma. Da es sich noch nicht um sich selbst kümmern kann, ist sein Bedürfnis nach Versorgung lebensnotwendig. Bauen die Eltern nun zwei Fronten auf, zwischen denen es ungeschützt steht, und verlangen Widersprüchliches von ihm, reagiert es mit Verwirrung, weil es zwischen den unterschiedlichen elterlichen Narrativen zerrieben oder sogar auseinandergerissen wird. Wegen der kindertypischen Ich-Schwäche bezieht es den Streit auf sich und fühlt sich verantwortlich und schuldig. Gegensätzliche Botschaften der Eltern, die über das Kind an den Ex-Partner kommuniziert werden, wirken zudem psychisch destabilisierend. Über das Kind zu spielen, bedeutet, den Konflikt der Eltern in die Psyche des Kindes zu pflanzen. Die Versorgungsbedürfnisse der Eltern torpedieren sich gegenseitig und werden zum inneren Schlachtfeld des Kindes. Dabei dringen manipulative Eltern in das Erleben des Kindes ein, schwingen sich zum Herrscher und Bestimmer auf und werden im Extremfall ein zerstörerischer Fremdkörper, dessen verwirrende Wirkung sich lebensbestimmend im Kind fortsetzt.[18]

Toxische Narzissten ertragen es nicht, tolerant zu bleiben oder Respekt zu zeigen. Weder vor der Meinung des ehemaligen Partners, dessen Verhalten sie als Angriff missdeuten, noch vor dem gemeinsamen Kind, das ebenso bedrohlich wahrgenommen werden kann, wenn es nicht tut, was der Narzisst will. Das narzisstische Ego sieht darin die Aufkündigung der Beziehung und fühlt sich in die Ecke gedrängt.

Der Narzisst zeigt kein Interesse, die Trennung so gut wie möglich für alle Seiten zu gestalten, sondern schießt zurück, um selbst besser davonzukommen. Im Bemühen, die eigene Haut zu retten, verbittern Narzissten oft in solchen Auseinandersetzungen, werden emotional kalt, distanziert, sadistisch oder zynisch gegenüber dem Kind und aggressiv gegenüber der Ex-Partnerin. Über das Kind demonstrieren sie ihre Macht und ihren Einfluss und genießen es, die Mutter damit emotional beschäftigt zu halten. Ihre Wut entlädt sich in psychischer Gewalt in Form von Bedrohung, Erpressung und Nötigung. Nicht selten auch mit sadistischen Spielchen, in denen die Kinder, wenn sie im Kontakt zum Ex-Partner stehen, zu ungesunden, gefährlichen und mitunter lebensbedrohlichen Situationen verführt werden. Nur um diese im Nachgang zu verharmlosen oder zu leugnen.

Mit weiteren, neuen Lügengeschichten garniert wirkt der giftige Mix eines Narzissten auf sein Umfeld immer traumatisierend. In einem solchen Fall ist es also wichtig, den Horrorgeschichten, die der Narzisst zeichnet, zu misstrauen, sie infrage zu stellen und am besten gleich als Lüge abzutun. Sie stimmen meistens nicht und dienen lediglich dazu, den toleranten Ex-Partner einzuschüchtern und sich selbst in ein besseres Licht zu rücken.

Solche narzisstischen Angriffe erfolgen auf perfide Weise verdeckt. Durch das Platzieren von falschen Mitteilungen, von Fake News, die eine alternative Realität für den Ex-Partner und für das

Kind schaffen, kehrt der Narzisst die Geschichte der Trennung um, mit der Absicht, sich selbst schuldfrei zu halten und die Rolle des Opfers zu übernehmen. Dabei zeigt er oft unpassende Affekte, die seine emotionale Kälte überspielen und den anderen täuschen – ein aufgesetztes Lächeln, ein bohrender Blick, das Hochziehen der Augenbrauen – und mit denen er um Bestätigung buhlt.

Diese Intransparenz schützt den Narzissten vor einer echten Auseinandersetzung, in der er zugeben müsste, etwas Falsches getan zu haben – was seine Position seiner Meinung nach schwächen würde. Lieber vermeidet der Narzisst die Konfrontation, versteckt sich und weicht aus, oder, wenn der Druck steigt, täuscht und lenkt von seinem Fehlverhalten ab.

Auch fühlt sich der Narzisst grundsätzlich im Recht, da er seine Angriffe als Schutzmaßnahme begreift: In einer Schlacht sind Gegenangriffe legitim. Auch wenn diese Schlacht nur in seinem Kopf und nirgends sonst stattfindet.

Tolerante Partner von Narzissten hingegen wollen sich meist nur selbst schützen und haben selten die Absicht, ihren narzisstischen Partner zu zerstören. Insofern sind die »schützenden Gegenangriffe« des Narzissten im Grunde nichts weiter als Attacken gegen Windmühlen.

Im Wutsturm einer Trennung setzt der Narzisst seine verletzenden Übergriffe fort und stürzt sein Umfeld in tiefe Verzweiflung, was traumatisiert und zerstört. Wer über Jahre eine solche psychopathisch (extrem nutznießerisch und impulsiv) motivierte Bearbeitung erleidet, geht nicht ohne Schaden daraus hervor, und um zu überleben, entwickeln Opfer eine emotionale Überlebensstrategie – die Notfallreaktionen. Wenn Kampf und Flucht unwirksam sind, hilft nur die Dissoziation. Wie bei Christina verankern sich die Verhaltensmuster in abgespaltene Erinnerungen – psychisch wie physisch – und lassen sich durch spezielle Auslöser spontan aktivieren.

»Das verbiete ich dir!« und »Nein!« kannte Christina bereits aus ihrer Kindheit, und beides war mit Notfallreaktionen verknüpft, weil ihr Vater die Angewohnheit hatte, Verbote mit körperlicher Gewalt durchzusetzen: Wenn Christina die Grenzen seiner autoritären Erziehung übertrat, gab es Schläge.

Obschon später auch ihr Ehemann mit Verboten kam, schlug er Christina nicht. Dennoch fühlte sich jedes »Nein!« für Christina an wie Prügel. Ihr Leben lang schon befand sich ihr Körper in hochalarmiertem Zustand, in einer schwer greifbaren, angespannten Erwartung von Schmerz. Und nicht nur das: Neben der inneren Anspannung spürte sie auch einen merkwürdigen Druck auf ihrer linken Seite. Dort, wo die väterlichen Schläge sie einst trafen.

Sieben lange Jahre lang überzog Christinas Ehemann sie mit Regeln, Geboten und Verboten, denen sie sich unterwarf, um ihre eigene Versorgung und die ihres Sohnes nicht zu gefährden. Verhielt sie sich anders, als ihr Ehemann erwartete, strafte er sie mit emotionalem Versorgungsentzug: Er schwieg, er verströmte eine angespannte und eisige Stimmung, er beschimpfte sie.

So war es Christinas gefühlsmäßige Hauptbeschäftigung, die ständige ängstliche Erwartung auszuhalten, von ihrem Mann reglementiert zu werden. Und es war dieses emotionale Überlebensprogramm, das ihr bei der Trennung zum Verhängnis wurde. Sobald sie unter Druck geriet, wirkte sie inkompetent wegen ihrer leicht auslösbaren, traumatisch bedingten, tief sitzenden Reaktion auf das psychisch zerstörerische Verhalten ihres Noch-Ehemannes. Sie fühlte sich schuldig, obwohl sie nichts dafürkonnte. Und sie narkotisierte sich, betäubte sich automatisch für ihr eigenes Bewusstsein, um nichts mehr zu spüren.

Statt wie von Traumaexperten dringend gefordert, die Kommunikation mit dem manipulierenden Partner komplett abzubrechen, weil er alles gegen Christina zu wenden und zu nutzen wusste, indem er die Beteiligten mit spaltenden Botschaften fütterte, mit halben und vagen Informationen, die Christina triggerten, ordnete das Jugendamt den gestörten Kontakt zwischen den Eltern fälschlicherweise als korrigierbar ein. Dabei war die Kommunikation psychopathisch inszeniert und hochmanipulativ und richtete sich immer nur gegen die Kindsmutter. *Sie* machte alles falsch.

Die professionelle Ahnungslosigkeit des Jugendamtes führte schließlich zu einem psychiatrischen Sachverständigen, der Christina als erziehungsunfähig einstufte. Ein Gutachter der alten Schule, der von komplexen Traumatisierungen und psychopathischen Narzissten nie etwas gehört hatte. Er sah das Kindswohl gefährdet, wenn Christina in Clemens' Gegenwart nervös wurde und die Beherrschung verlor. Und so glaubten alle Beteiligten dem Narrativ, dass Christina das Problem war und nicht ihr Ehemann. Ein narzisstischer, perfider Spieler, der erst die Psyche seiner Frau über Jahre angriff und destabilisierte und dann die Bindung zu ihrem Sohn zerstörte. Brutal und reuelos. Bei den Gerichtsverhandlungen um das Sorgerecht führte die gegnerische Partei Christina gezielt als psychisch krank vor. Die Schutzmaßnahmen, die sie sich über die Jahre hinweg errichtet hatte, um in emotionaler Unterversorgung zu überleben, wurden ihr zum Verhängnis. Sie verlor das Sorgerecht für ihren Sohn.

War Christina krank?

Bei Christina konnte ich die gängigen psychiatrischen Diagnosen ausschließen. Sie litt an keiner bipolaren Störung, keiner einfachen posttraumatischen Belastungsstörung, keiner Angst-Panik-Störung, keiner Zwangsstörung, keiner Suchterkrankung, keiner Borderline-Persönlichkeitsstörung, keiner Schizophrenie und auch keiner funktionalen Störung. Sie war durchaus depressiv und ängstlich, aber das erklärte nichts. Sie hatte etwas anderes, eine komplexe Traumafolgestörung, wie sie Bessel van der Kolk erstmals 2005 ausführlich beschrieb.[19, 20] Sie tritt auf nach langen Phasen besonders schwerer, wiederholter und anhaltender psychischer, körperlicher und sexueller Gewalterfahrungen. Die Symptome sind Veränderungen der Regulation eigener Gefühle und Impulse, veränderte Aufmerksamkeit, Spaltung und Verzerrung des Bewusstseins, Auflösung der Selbstwahrnehmung, Zerstörung der Beziehungsgestaltung, Orientierungslosigkeit in der Lebensplanung und die Entwicklung körperlicher Symptome wie Schmerzen oder chronische Beschwerden aller Art.

Van der Kolk bedauert, dass schwach ausgebildete Traumafolgestörungen keinen Eingang in den ab 2022 geltenden internationalen Diagnosekatalog ICD-11 fanden. Wenigstens die komplexe Traumafolgestörung ist 17 Jahre nach seiner Erstbeschreibung offiziell anerkannt, eine kleine Sensation!

Wirkt eine Person in einer emotional angespannten Situation unfähig und inkompetent, sollte man sie nicht sofort vorverurteilen. Es ist möglich, dass sie nur in diesem speziellen Moment nicht in der Lage ist, passend zu reagieren. Wenn eine Person nicht oder unangemessen antwortet, beständig »Keine Ahnung« wiederholt, »Bitte nicht« sagt, mahnt: »Das kannst du nicht machen«, schweigt oder wie Christina kopflos agiert, kann das ein Hinweis auf eine augenblickliche Verwirrung durch Stress sein. Oder schlimmer, auf eine schwere Desorganisation des Selbst, auf ein inneres Chaos und somit auf eine komplexe Traumafolgestörung, die in diesem Augenblick vernünftiges Handeln blockiert.

Hieraus ergibt sich eine weitere sehr wichtige Erkenntnis: Zu erstarren, sich zu unterwerfen, schwach und klein zu wirken und vor allem nicht oder nur inkompetent zu reagieren, ist *keine* Einwilligung in das Geschehene. Einzig und allein eine *deutlich geäußerte Zustimmung* zählt, vor allem in Situationen, in denen ein dominanter Narzisst vorprescht. Toxische Menschen interessiert nicht, was andere fühlen oder meinen, sie denken, im Recht zu sein. Ihnen fehlt die Empathie, und sie wissen nicht, wie Gefühle funktionieren. Dominante Täter deuten das Schweigen ihrer Opfer deshalb als stille Zustimmung. »Die sagt nichts? Na dann ist ja alles klar.« Doch nur wer »Ja« sagen *kann* und aktiv zustimmt, ist mit dem Handeln des Bestimmenden einverstanden. Schweigen und billigende Inkaufnahme sind kein Einverständnis, sondern viel wahrscheinlicher deutliche Zeichen der Überforderung und Verwirrung. Gerade in missbräuchlichen Beziehungen reagieren Opfer geschockt und verwirrt. Und nur wer sich klar artikuliert, im Vollbesitz geistiger Kräfte ist und sich dennoch blöd anstellt, dem kann Absicht unterstellt werden. Aber das sind die wenigsten.

Insofern, ja, Christina war erkrankt – an einer komplexen Traumafolgestörung.

Das Helfersyndrom umkehren und die eigene Toleranz korrigieren

Besonders traumatisierte Menschen werden allzu leicht Opfer manipulativer Narzissten, da ihr Toleranzverhalten gefährlich endlos ist. Unter den Betroffenen finden sich auffällig viele Menschen mit dem sogenannten Helfersyndrom; Personen also, die nicht weniger wollen, als durch ihren Einsatz das Leid der Welt zu lindern. Und leider sind perfide Narzissten gut darin, die Bereitschaft dieser Menschen auszunutzen. Weil Narzissten tatsächlich am Weltschmerz leiden und mit dem Leben hadern wie kein Zweiter, wirken sie auf empathische Helfer umso überzeugender.

Was lässt sich also tun, wenn man ins manipulierende Netz eines Narzissten geraten ist und dem Schaden entgehen will, den er auf jeden Fall anrichten wird, sofern man passiv bleibt?

Ich empfehle Betroffenen, die toxischen Versorgungsbedürfnisse des Narzissten deutlich zu begrenzen. Denn nur eine klare Haltung kann sein lebensbestimmendes Verlangen stoppen – jene unstillbare Gier nach Anerkennung und Bestätigung, emotional versorgt zu werden.

Zehn Tipps zur liebevoll-korrigierenden Versorgung eines toxischen Narzissten:

- Erhöhen Sie den Tauschkurs. Tun Sie erst etwas für Ihren Narzissten, wenn er *zwei* Sachen für Sie getan hat. »Steh auf, hol die Wäsche aus dem Keller und bring mir einen Kaffee, *dann* bügle ich dir die Hose.« Mehrere Kleinigkeiten miteinander zu verknüpfen, ist wirksamer, als nur eine Sache zu fordern.
- Spielen Sie auf Zeit, wenn Ihr Narzisst Sie in etwas einwickeln will und Druck ausübt. »Was meinst du mit ›wir‹? Ich habe jetzt keine Zeit, darüber nachzudenken. Schau, ich mache doch gerade etwas anderes. Später schenke ich dir meine volle Aufmerksamkeit. Wann wollen wir es besprechen? Nenn mir eine Uhrzeit.«
- »Vergessen« Sie Verabredetes. »Hatten wir gesagt, wir essen gemeinsam? Ich sollte etwas kochen? Daran kann ich mich nicht erinnern. Das hast du nie gesagt.« Das ist besonders gemein, da es genauso manipulativ ist wie das Verhalten Ihres Narzissten und seine Wahrnehmung durchaus verwirren kann. Aber wenn es Sie schützt, benutzen Sie es!
- Verwenden Sie Lob und Anerkennung als Währung, das funktioniert immer. »Du bist so ein toller Mann – kannst du mir mal das Bild hier aufhängen?«
- Wenn Sie keine Lust haben, sich mit ihm zu beschäftigen, empfehlen Sie professionelle Gesprächspartner. »Ich kann

das Problem nicht lösen. Tut mir leid, ich verstehe es nicht. Vielleicht solltest du mit einem Profi darüber reden. Ich kenne da einen Psychiater/einen Coach, der hört dir stundenlang zu.«

- Erhöht Ihr Narzisst seine Forderungen, ziehen Sie Zug um Zug mehr Konsequenzen. Eskalieren Sie langsam und bleiben Sie bei Ihrer Entscheidung. Erst wenn sich Ihr Narzisst glaubwürdig dafür entschuldigt, dass er Sie erneut ausgenutzt hat, verhalten Sie sich wieder versorgend und kochen ihm etwas. Verarscht Ihr Narzisst Sie hingegen und klingen seine Entschuldigungen hohl, antworten Sie mit drastischeren Maßnahmen. Werden Sie nie gewalttätig, aber verlängern Sie die Ablauffrist Ihrer Strafen. Einmal danebenbenommen, bedeutet einen Tag ohne kochen. Zweimal danebenbenommen, muss Ihr Narzisst eine Woche ohne kochen auskommen. Dreimal danebenbenommen, verzichtet er einen Monat auf warme Speisen.[21]
- Setzen Sie klare Grenzen und treten Sie für sich selbst ein! »So gehst du nicht mit mir um! Ich erwarte eine Entschuldigung von dir, und wenn du das noch einmal tust, werde ich über den Sinn unserer Beziehung nachdenken.« Spätestens jetzt sollten Sie beide über eine Paartherapie nachdenken und einen passenden Therapeuten suchen.
- Stoppen Sie Grenzverletzungen! Andernfalls sind Sie verloren, denn einen einmal eingenommenen Graben wird der Narzisst immer wieder übertreten. Und mit jedem Übertritt wird er sich reueloser, verletzender und egoistischer verhalten. Teilen Sie ihm mit, falls er noch einmal diese Grenze überschreitet, werden Sie ihn verlassen. Allerdings sollten Sie das nur dann offen formulieren, wenn Sie sicher sind, dass Ihr toxischer Narzisst Sie nicht vernichten kann.

Andernfalls sollten Sie schweigen und Ihren Ausstieg aus der Beziehung im Geheimen gut vorbereiten und durchziehen (ein Beispiel hierfür finden Sie in Kapitel 6: Das Spiel um Identität).

- Sind die Manipulationen nicht mehr verdeckt, sondern offen und aggressiv, versorgt Ihr Narzisst Sie nie mit Respekt und Verständnis und kommt es sogar zu psychischer Gewalt wie Nötigung, dann lassen Sie Ihren Narzissten wissen, dass Sie die Situation zur eigenen Entlastung mit Ihrer Freundin und Ihrem Netzwerk besprechen werden. Brechen Sie Ihr Schweigen. Von Ihren Freundinnen bekommen Sie Trost und Aufmerksamkeit nach den kränkenden Übergriffen durch ihn. »Ich ertrage das nicht mehr, wenn du so bist, und muss mir Zuspruch bei anderen holen, damit ich damit klarkomme.« Das mag nach einem Kamikaze-Unterfangen klingen, aber aus Studien über Narzissten weiß man, dass die schlechten Beziehungsgestalter stark verunsichert sind, sobald die Partnerin den Beziehungsstress im Freundeskreis teilt. Auf diese Weise unter Druck gesetzt, wird den meisten Narzissten bewusst, dass sie viel mehr in die Partnerschaft investieren und Sie stärker versorgen müssen mit Emotionen und Respekt, um die eigene Außenwirkung zu verbessern.
- Finden Sie heraus, welche Faktoren die Aggressionen Ihres Narzissten hemmen. Studien konnten belegen,[22] dass Narzissten weniger angriffslustig sind, wenn sie über ein positives Mindset (Haltung) verfügen, also eine zugewandte Grundhaltung oder Einstellung, die ihnen dabei hilft, Herausforderungen zu meistern. Geht man davon aus, dass alles um einen herum schlecht ist und/oder gottgegeben, dass man selbst sowieso nichts ausrichten

kann oder noch nie gut darin war, dies und jenes zu meistern, wird man eher scheitern, als wenn man an sich, die Partnerin, den Erfolg glaubt. Statt »Ach, das klappt ja eh nicht« mit einem »Das wird schon« an eine Sache rangehen. Sprechen Sie als Partnerin eines Narzissten also immer das Positive und Gemeinsame an, denn damit blockieren Sie seine Aggressionsneigung. Appellieren Sie an die guten Dinge, die Sie miteinander verbinden und in der Beziehung wichtig sind, bevor Ihr Narzisst ausrastet, weil er sich persönlich angegriffen fühlt. »Komm, wir sind ein gutes Team. Ich find's toll, dass du immer alles für uns organisierst, das könnte ich nicht. Aber ich werd's lernen, falls das mit uns nicht klappt.« Hier helfen auch sogenannte selbstaffirmierende Manipulationen, Autosuggestionen, die sagen: »Ich kann das. Ich schaffe das! Ich glaube an mich!« Aber Achtung, damit sind keine narzisstischen Autosuggestionen gemeint, die platt daherkommen wie: »Ich bin toll. Ich habe recht. Ich bin der Beste.« Sprechen Sie die Werte Ihres Lieblingsnarzissten an. Meistens kann er ja auch was gut, das blockiert den aggressiven Ausbruch, und Sie schützen sich und deeskalieren die angespannte Situation. »Schatz. Denk an die Familie. An unser schönes Häuschen, das wir gemeinsam haben. Denk an etwas, das dir wichtig ist.« So haben Sie die Chance, in Kontakt zu bleiben, um die Situation zu klären. Finden Sie heraus, mit welchem Appell Sie ihren toxischen Narzissten besänftigen. Nutzen Sie Ihr Wissen strategisch, erinnern und fokussieren Sie Ihren Narzissten darauf, und Ihr Partner wird davon absehen, sich aggressiv zu verhalten. »Wir haben hier etwas Wertvolles geschaffen, zerstöre es nicht.«

- Besteht aufseiten Ihres Narzissten **keinerlei Bereitschaft, sich mit positiven Autosuggestionen zu beruhigen, sollten Sie dringend eine Trennung in Erwägung ziehen.**

Ein Narzisst strebt nach Geld, Ruhm oder Macht, dabei zeigt sich wahrer Erfolg im Leben in der eigenen psychischen Gesundheit, im Wohlbefinden in Körper und Geist und in dem Wissen, gut versorgt zu sein. Um das zu erreichen, braucht es mehr als ein einziges Konzept, wie die Autorin Aliske Webb warnt, wenn sie generell über Coaching und Therapiemethoden referiert – vor allem wenn die vorgeschlagenen Strategien auch noch von Männern für Männer entwickelt wurden und auf männlichen Vorstellungen von Business, Sport oder Krieg basieren. Nein, diesbezüglich hilft jedem von uns, und speziell männlichen Narzissten, eine weiblichere Herangehensweise. Webb spricht von zwölf goldenen Fäden, die sie von ihrer Großmutter erhielt und die eine gute Grundlage bilden, anhand derer jeder Mensch, egal ob mit einem Narzissten liiert oder nicht, prüfen kann, mit welchen Ideen und Zuwendungen er seine liebsten Menschen versorgt. Opfer von Narzissten sollten unbedingt kontrollieren, ob ihr Partner diese Werte zerstört, und falls ja Konsequenzen ziehen. Denn ob sichtbar oder unsichtbar, wir alle hinterlassen Spuren. Nur sollten es keine Narben sein.

Die zwölf goldenen Fäden (nach Webb)[23] für eine gelungene Versorgung:

- Gehe eine Verpflichtung ein.
- Setze dir ein Ziel.
- Plane deine Arbeit und arbeite nach Plan.
- Leiste immer Qualitätsarbeit.
- Übernimm Verantwortung und sei verantwortlich.

- Mache dir lebenslanges Lernen zur Gewohnheit.
- Kooperiere.
- Trage zu etwas bei und bewirke eine Veränderung.
- Stehe die harten Zeiten durch.
- Kommuniziere wirkungsvoll.
- Führe ein integres Leben.
- Zelebriere das Leben.

Prüfen Sie, ob Ihr Partner und Sie selbst nach diesen goldenen Fäden leben, ob der Lebensstoff, an dem Sie beide arbeiten, von diesen wertvollen Fäden durchzogen wird. Denn nur dann kann dieser Stoff Sie halten, wärmen und mit den guten Seiten des Lebens versorgen.

Gehen Sie gemeinsam mit mir jeden Punkt durch und fragen Sie sich, für Ihr eigenes Leben und für das an der Seite Ihres (narzisstischen) Partners, ob er auf Sie zutrifft.

Sind Sie eine gemeinsame Verpflichtung eingegangen, zum Beispiel die einer Partnerschaft, und fühlt Ihr Lieblingsnarzisst das ebenso wie Sie?

Haben Sie gemeinsame Ziele?

Gibt es einen Lebensentwurf, einen Plan, an den Sie beide sich mehr oder weniger gut halten?

Legen Sie Wert darauf, dass das, was Sie tun, nachhaltig ist? Und geben Sie Ihr Bestes bei dem, was Sie tun?

Fühlen Sie sich verantwortlich und handeln Sie danach? Erkennen Sie die Folgen Ihres Handelns?

Lernen Sie aus Ihren Fehlern oder begehen Sie immer wieder die gleichen, ohne etwas zu verändern? Wie steht es bei Ihrem Partner? Arbeitet er an sich oder bemüht er sich zumindest darum?

Kooperieren Sie miteinander, statt sich gegenseitig anzugreifen und emotional zu zerstören?

Tragen Sie etwas Bedeutsames und Sinnstiftendes zu Ihrem Leben und zu dem anderer bei? Was leistet Ihr Partner diesbezüglich?

Sind Sie bereit und schaffen Sie es, harte Zeiten durchzustehen?

Wie gut ist Ihre Kommunikation? Sagen Sie, was Sie meinen, ohne den anderen zu verletzen? Oder sind Sie laut, zynisch, aggressiv? Sind Sie bereit, die Position und die Meinung des anderen zu respektieren, ihn nicht anzugreifen, sich nicht immer einzumischen und seine Ansichten nicht infrage zu stellen? Können Sie das von Ihrem Partner ebenfalls behaupten? Sind Sie überzeugend in Ihrer Kommunikation und nimmt man ernst, was Sie zu sagen haben? Sagen Sie überhaupt Dinge, die Ihnen wichtig sind, oder dreschen Sie nur leere Sätze, um sich wichtig zu machen? Sind Sie fähig, liebevolle, freundliche und tröstende Worte auszusprechen? Hören Sie gut zu bei dem, was andere Ihnen zu sagen haben? Und nehmen Sie auch wahr, was andere lediglich mit ihrer Körpersprache zum Ausdruck bringen und ohne Worte mitteilen?

Führen Sie ein Leben, das aufrichtig und ehrlich ist? Oder sind Sie in Lügengeschichten verstrickt, in Ihre eigenen oder die Ihres Partners, nur um den Schein zu wahren und die Verletzungen zu vertuschen? Können Sie darauf bauen, dass Ihr Partner es schätzt, wenn Sie ehrlich sind, oder hindert er Sie daran?

Feiern Sie Ihr Leben, sobald Sie sich klar sind, was Sie für eines führen. Genießen Sie die kleinen Dinge, denn sie zeigen uns, wie wertvoll das Leben ist. Schauen Sie nachts in den Sternenhimmel und spüren Sie, wie sinnvoll es ist, sich klein zu fühlen. Versorgen Sie sich selbst mit der Einsicht und der Empathie, dass Sie selbst das Wunder sind in Ihrem Leben.

Wenn es Ihnen gelingt, so gut Sie können, mal mehr und mal weniger, nach diesen Ideen zu leben, dann schaffen Sie es auch, sich vor den Einflüsterungen eines toxischen Narzissten zu schützen und nicht weiter emotional abzustumpfen.

Sie müssen nicht zu ehrgeizig, perfekt oder selbstkritisch sein, wenn die Richtung in Ihrem Leben stimmt.

Kapitel 4

Das Spiel um Macht

Wir haben bereits gelernt, dass emotionale Gewalt unsichtbar ist. Im Spiel des Narzissten gibt es eine weitere Kraft, die mehr oder weniger im Verborgenen wirkt: Macht. Darunter verstehen wir die Fähigkeit, andere dazu zu bringen, sich unterzuordnen und zu tun, was wir selbst möchten.

Für den Untergeordneten ist Macht auf zweierlei Weise spürbar. Sie kann sich durchaus positiv anfühlen, wenn mächtige Menschen es uns leicht machen, Verantwortung zu übernehmen, wo wir selbst ängstlich sind, oder ihren Einfluss dafür einsetzen, unser Leben und das anderer bequemer zu machen. Für so etwas sind wir dankbar und erleben positive Gefühle, die uns dem Mächtigen näherbringen. Etwas von seiner Stärke und Autorität strahlt in einem solchen Fall auf uns ab.

Genauso ist jedoch möglich, dass uns einflussreiche Personen ihre Macht auf unangenehme Weise spüren lassen und negative Gefühle in uns erzeugen, die eine Abwehrhaltung in uns auslösen, was uns von der machtausübenden Person distanziert und sogar in tiefe Verzweiflung stürzen kann. Es macht uns krank, wenn wir uns hilflos ausgeliefert fühlen. Dabei spielt es keine Rolle, ob die überwältigende Macht einer Katastrophe über uns hinwegrollt, wie etwa eine Tsunamiwelle als einmaliges Ereignis, die Coronapandemie als Dauerbelastung oder etwas Menschengemachtes wie das endlose Agieren eines dominanten, psychopathischen Narzissten. Alle drei wirken ähnlich traumatisierend.

Trauma ist eine überwältigende, katastrophale Erfahrung von Ohnmacht, die auch psychisch Gesunde in tiefe Verzweiflung stürzt, weil keine hilfreichen Bewältigungsreaktionen möglich sind, außer derjenigen, die Situation zu ertragen. Wenn sich weder Kampf- noch Fluchtimpuls ausführen lassen, um uns vor dem Erleben zu bewahren, bleibt nur noch die Flucht nach innen in einen abgespaltenen, geistig entrückten Zustand oder in die Bewusstlosigkeit.

Opfer von missbräuchlich agierenden Narzissten kann man durchaus mit Opfern von (Natur-)Katastrophen vergleichen. Auch sie werden von einer Macht überrollt, denen sie allein dastehend wenig entgegenzusetzen haben. Dabei unterscheidet man das einmalige traumatische Ereignis des Monotraumas vom mehrfach auftretenden traumatischen Ereignis, dem Mehrfachtrauma. Das Letztere tritt typischerweise in Beziehungskonstellationen mit narzisstisch-missbräuchlichen Personen auf und bildet die Grundlage einer komplexen Traumafolgestörung.

Der machtbewusste Narzisst klebt an Beziehungen, in denen er das Sagen hat. Das Wohlergehen des Menschen an seiner Seite ist ihm egal, Hauptsache, er spielt sein Spiel und kann seine eigene Machtposition halten, die er immer und überall zur Schau stellt. »Seht her, *ich* bin hier der Chef! Ohne mich läuft gar nichts.«

Ein gewöhnliches Herrschaftsinstrument des Narzissten, das vielen Opfern unangenehm bekannt sein dürfte, ist das Halten langer Monologe. In der Interaktion mit anderen schwingt ein dominanter Narzisst ständig seine Reden, findet kein Ende, hört sich selbst am liebsten und grätscht anderen, die es wagen, das Wort zu ergreifen, in die Sätze. Redezeit ist Herrschaftszeit.

Während zuhören zu müssen allein noch nicht traumatisierend wirkt, sind laut brüllende Wuttiraden in Form endloser Monologe in ihrer grenzverletzenden und sich wiederholenden Eindringlichkeit durchaus und unbedingt der psychischen Gewalt zuzuordnen.

Andere dominante Narzissten festigen ihre Macht und traumatisieren dabei unbedacht andere, indem sie Ideen ohne Rücksicht auf Verluste und Kosten zu Tatsachen werden lassen. Denn Tatsachen zu schaffen, stärkt die eigene Position. Besonders wirkungsmächtig sind in diesem Zusammenhang Sanktionen und Korrekturen, die darauf abzielen, das Opfer klein und den Narzissten selbst im Sattel seines hohen Rosses zu halten.

Im Spiel um Macht geht es auch um Kontrolle. Wie niemand sonst verstehen es manipulative Personen, in anderen zu bewirken, was ihnen nutzt, und durch Überwachung zu verhindern, was ihnen schadet.

Auf diese Weise können sich Machtstrukturen zu Prachtbauten des Bösen auswachsen oder ein unsichtbar eng gezurrtes Netz der Unterdrückung weben. Genauso kann sich Macht in ständigen Ausweichmanövern zeigen, wenn sich der Narzisst weigert, sich den Problemen der Beziehung zu stellen, Konflikten ausweicht und das Finden von Lösungen torpediert. Damit hält er den Partner im emotionalen Dunkeln und belässt ihn in einer Anspannung, die ihn schwächt.

In solch missbräuchlicher Weise wird Macht immer auf Kosten des Opfers ausgespielt, sodass dessen Unzufriedenheit und Verzweiflung wachsen. Zum Verhängnis wird der betroffenen Person dabei, dass sich Unzufriedenheit sehr lang aushalten lässt, bis sie sich plötzlich in Verärgerung und Wut entlädt, wenn das sprichwörtliche Fass überläuft. Bricht sich der angestaute Zorn jedoch endlich Bahn, lässt er das Opfer selten gut dastehen. Für den Narzissten die perfekte Gelegenheit für einen neuen Angriff: »Du hysterische Kuh!«

Erlauben wir narzisstischen Personen, mit ihren Machtmanövern durchzukommen, schwächt das unseren Widerstand, unsere Verstandeskraft und vergrößert unsere Mutlosigkeit. Solche Zustände großer Verzweiflung, ob sie nur einen Augenblick anhalten oder sich über Jahre hinziehen, wirken auf jeden Menschen traumatisierend. Sie verändern das Selbstbild, bis das Opfer überhaupt nicht mehr auf den Gedanken kommt, dass es zu eigenständigen Entscheidungen fähig ist. Wenn Außenstehende fragen: »Warum packst du nicht einfach deine Koffer und gehst?«, übersehen sie, dass das Opfer längst nicht mehr gehen *kann.*

Es gibt auch Personen, die meinen, die natürlichen Gegenspieler zur Macht seien der vernünftige Wille und ein liberales Toleranzverhalten, das diese Form des Narzissmus ertragen muss. »Er wird sich schon ändern. Da ist ein guter Kern.«

Weit gefehlt. Toleranz und Nachgiebigkeit sind das Futter der Mächtigen. Im Großen wie im Kleinen. Der einzig wirksame Antagonist von Macht ist Macht selbst. Nur ein Gleichgewicht der Kräfte schützt vor manipulativem Zugriff. Macht an sich ist also nie schlecht oder böse, weder moralisch noch wertend. Allein ihr Zweck ist es. Unterwerfen Sie sich, geben nach oder halten Sie die Situation aus, haben Sie verloren.

Die konkreten Werkzeuge missbräuchlich genutzter Macht sind so unterschiedlich wie alt. Gelogen, getäuscht und absichtlich vergessen wurde schon immer in der Geschichte der Menschheit, auch wenn Unwahrheiten heute im neuen Gewand erscheinen und sich »Fake News« oder »alternative Fakten« nennen. Das Prinzip ist das gleiche. Was den Mächtigen unserer Zeit jedoch in die Hände spielt, ist das Mikrotargeting im Internet und in den sozialen Medien, das uns kollektiv enthirnt und das Einfallstor für Einflussnahme von außen weit öffnet (mehr dazu in Kapitel 6: Das Spiel um Identität).

Diese Phänomene, die uns manipulieren, sind neu, und wir müssen uns noch an sie gewöhnen und lernen, mit ihnen umzugehen. Nie hätten wir gedacht, dass jemand Präsident der Vereinigten

Staaten werden könnte, der das Verbreiten von Unwahrheiten zur politischen Strategie machen und in vier Jahren Amtszeit nachweislich über dreißigtausend Lügen äußern würde.

Macht sollte gut und klug eingesetzt werden, zum Wohle aller und niemals missbraucht – ein hehres Ziel, das einen manipulativen Narzissten wenig interessiert. Welche Spuren sein selbstzentriertes Verhalten mitunter in anderen hinterlässt, zeigt der historisch belegte Fall von Hannelore.

Hannelore und die Ohnmacht

Da Macht und Politik sehr eng miteinander verwoben sind, kam mir die Biografie eines der Opfer immer unglaubwürdig und geheuchelt vor, nämlich die von Hannelore Kohl, der Ehefrau des Bundeskanzlers Helmut Kohl, die sich am 05.07.2001 das Leben nahm und stets bekundete, zu ihrem Mann zu stehen, selbst als dieser im Jahr 2000 wegen der CDU-Spendenaffäre politisch unterging. Wie der Psychoanalytiker Hans-Jürgen Wirth schreibt,[24] wird wohl immer offenbleiben, wie viel Hannelore Kohl von den unmoralischen und kriminellen Machenschaften ihres Mannes wusste und in welchem Maß sie sich darüber im Klaren war, dass ihr Mann mit ihr genauso gewissenlos umging wie mit vielen anderen Menschen. Worüber sie letztlich ihren Lebensmut verlor.

Hannelore Kohl habe ihrem Mann stets »den Rücken freigehalten«, scheute wegen einer Lichtallergie in den letzten Jahren ihres Lebens jedoch die Öffentlichkeit und verließ das Haus in Oggersheim nicht mehr. Der Bungalow der Eheleute Kohl glich am Ende einem lichtdichten Bunker, kein Sonnenstrahl drang hinein, die Temperatur blieb auf einem niedrigen Niveau, denn auch auf Wärme reagierte Hannelore Kohl empfindlich.

Ich glaube bis heute, dass sich hinter der Lichtallergie die bewusste Umdeutung einer schweren psychosomatischen Erkrankung

Hannelore Kohls verbarg, die sich im Laufe ihrer Ehe entwickelte. Eindeutig klingen ihre Worte, geäußert 1973, bis zu ihrem Suizid nach: »Wir wollen es so sagen: Es ist immer schön, nicht im Wege zu stehen.«

Sagt das nicht alles über den Charakter der Kanzlergemahlin aus? In jedem Fall fällt diese Aussage negativ auf die Ehe zurück, weil sie das Thema Schuld elegant neutralisiert.

Damals ließ sich noch argumentieren, dass bei einer körperlichen Erkrankung niemanden die Schuld trifft. Arme Hannelore, tragisch, dass sie so krank werden musste.

Aus heutiger Sicht würde ich mich jedoch zu der Vermutung hinreißen lassen, dass Hannelore Kohl an einer komplexen Traumafolgestörung mit schwerer Somatisierung litt. Allein schon die Besonderheit der Lichtallergie scheint mir aus der Nische der Rechtfertigungen geboren.[25] Selbst die Betroffene schloss psychische Ursachen nicht aus.

»Ich verbrenne von innen!«, zitierte Klaus Brinkbäumer sie im *Spiegel*. Und vielleicht war das einer von zahllosen Hilferufen, weil sie der Ehe mit ihrem Mann nicht entfliehen konnte. Gefangen im eng gewebten Netz eines machtbesessenen und kontrollierenden Narzissten. Hannelore Kohl ging vollends in der Person ihres Mannes auf sowie in der Rolle der Ehefrau, die ihren Mann in seinem Narzissmus vervollständigte.

Helmut Kohl wiederum, der in der Öffentlichkeit auch mal eine Träne verdrückte, wenn ihn etwas emotional traf, legte seiner Frau gegenüber ein dominantes und abwertendes Verhalten an den Tag. Seine Komplimente klangen wie verkappte Abwertungen: »Glücklicherweise habe ich in meiner Frau eine Lebenspartnerin gefunden, die übersteigerten Ehrgeiz und den Hunger nach Anerkennung um jeden Preis nicht kennt.«

Entscheiden Sie selbst, was diese Aussage über den Charakter des langjährigen Bundeskanzlers verrät.

Ein Leben lang übte Helmut Kohl Kontrolle über seine Frau aus und ließ sie nie ein selbstbestimmtes Leben außerhalb seiner Grenzen leben. Hannelore sprach vier Sprachen fließend, und es ist bekannt, dass sie ihre Kenntnisse gern als Dolmetscherin und Stenografin eingesetzt hätte. Aber, wie ein Freund der Familie Kohl bestätigte: »Der Dicke ließ sie nicht.«

Kohl war ein Machtmensch. Und er war ein Kontrollfreak, um das Unangenehme und Bedrohliche von sich selbst fernzuhalten. Ein enger Freund meiner Familie, der mit den Kohls zu tun hatte, bezeugt: »Seine Macht war deutlich zu spüren. Er hatte Spaß daran, jeden nach Gutsherrenmanier tanzen und singen zu lassen. Und sobald ihm jemand politisch im Weg stand, machte er ihn nieder. Gleichzeitig habe ich auch jene erlebt, die gehorsam und pflichterfüllend oder sogar gern nach seiner Pfeife tanzten, sei es, um ihre berufliche Stellung nicht zu gefährden oder um ihre eigenen politischen Machtbedürfnisse zu befriedigen.«

Am Ende ging Helmut Kohl politisch und moralisch unter. Ein Denkmal für ihn wird es wohl nie geben – moralisch war er niemand, der zu einem Vorbild taugt.

Schweigen und Beziehung

Unter dem gesellschaftlichen Druck, ständig mit dem Erhalt und Zugewinn von Einfluss und Macht beschäftigt zu sein, lässt sich keine normale Ehe führen. Glücklicherweise leben wir heute nicht mehr im moralischen Korsett der Siebzigerjahre des letzten Jahrhunderts, in dem die Entfaltungsmöglichkeiten einer Frau an der Seite eines sogenannten starken Mannes eingeschränkt waren. Nein, wir sind in einer Zeit angekommen, in der wir die Mechanismen psychischer

Gewalt benennen und deren Folgen wir erkennen können und in der eine Lichtallergie nicht mehr als Trostpflaster für eine pervertierte Ehe herhalten muss. Pervers, weil die Werte, für die eine Ehe steht, ausgehöhlt, missbraucht und verdreht wurden.

Diese Zeiten sind vorbei. Dennoch gibt es immer noch viel zu viele Männer, die darum *wissen,* dass sie sich ihre Frau machtvoll einverleibt haben, die sich unterwirft und ihre Ideale in ihrem Mann verwirklicht sieht, statt sie selbst zu leben. Und immer noch gibt es viel zu viele Frauen, die als Partnerin eines dominanten Narzissten ständig damit beschäftigt sind, die negativen Seiten ihres Mannes zu verleugnen, zu beschwichtigen und zu verharmlosen, um sich selbst nicht einzugestehen, Teil einer perversen Ehe geworden zu sein, deren Zweck nichts als Fassade und Dekor ist.

Typisch in einer solchen Konstellation ist das Schweigen. Das Opfer bleibt stumm, um sich als Frau nicht einzugestehen, dass der eigene Mann toxisch-narzisstisch, psychisch-gewalttätig und vielleicht sogar antisozial-kriminell ist (mehr zum Thema Schweigen erfahren Sie in Kapitel 7: Das Spiel um Schuld und Scham).

In so einem System zu existieren, macht auf Dauer psychisch und körperlich krank. Weil diese Frauen verheimlichen, dass zu Hause die anstrengende Diktatur eines Menschen herrscht, der im Zentrum der Familie steht, der Aufmerksamkeit, Bewunderung, Anerkennung, Versorgung und Unterwerfung unter seine Regeln einfordert. Erfüllt sie sein Regelwerk nicht, wird der Narzisst sie mit allen Mitteln strafen.

Insgeheim haben diese Frauen vielleicht schon lang die Schnauze voll und wollen nicht länger, dass dieser Mann sich all die Sachen des Lebens so hinlegt, wie er es haben möchte. Doch in dem Augenblick, in dem die betroffenen Personen erkennen, dass sie ihr eigenes Leben nicht mehr leben können, stürzen sie in eine tiefe Verzweiflung bis hin zu suizidalen Gedanken.

Vielleicht – wir wissen es nicht, weil sie darüber schwieg – nahm sich Hannelore Kohl das Leben, weil sie ihr eigenes Selbst und damit ihre psychische Existenz an der Seite ihres idealisierten Mannes verwirkt hatte.

So erkennen Sie, ob Sie einer Machtbeziehung ohnmächtig unterworfen sind:

- Sie treten grundsätzlich bescheiden auf und sind zufrieden, wenn Sie sich unterordnen können. Ihre starken Wünsche nach Kontrolle und Einfluss erfüllen Sie durch Unterwerfung.
- Ihre lebensbestimmenden Gefühle sind Beschämung und Kränkung.
- Zur Vermeidung von Angst und Streit nehmen Sie Regeln und die gegebene Ordnung an, wie sie sind, hinterfragen nichts und begehren nie auf.
- Sie fühlen sich wie ein Passagier, statt aktiv zu bestimmen und zu gestalten.
- Sie sind unfähig, eigene Grenzen wahrzunehmen. Vermutlich besitzen Sie keine.
- Sie wählen zur Verteidigung und emotionalen Entlastung die passiv-aggressive Unterwerfung, indem Sie inaktiv teilnehmen, mitschwimmen, nutznießen, blockieren, trödeln, zögern. Bei Ihrem Partner löst das Verärgerung aus.
- Sie sind nicht in der Lage, »Nein« zu Ihrem Partner zu sagen.
- Sie schweigen, auch und gerade in Situationen, in denen Sie sich unwohl fühlen.
- Sie weichen auf Themen aus, die von Ihrem eigenen Leid ablenken.

- Die Sie beherrschenden Themen sind Ihre Klagen über die Mächtigen dieser Welt und die Institutionen, die Sie nicht retten und denen Sie sich ausgeliefert fühlen.
- Sie benutzen Krankheiten als Rückzugsmöglichkeit.

Kontrolle und Unterwerfung im Alltag

Der psychische Konflikt »Kontrolle oder Unterwerfung« spannt sich zwischen den persönlichen und gesellschaftlichen Regeln einerseits und unserer Selbst- und Fremdkontrolle andererseits. Folgen wir der Vermeidungsstrategie, unterwerfen wir uns Pflichten und Anweisungen, zeigen Demut und treten selbstbeherrscht auf. In einer Beziehung zu einem dominanten Narzissten ziehen wir den Kopf ein, ordnen uns freiwillig unter, sind genügsam und halten uns an seine Regeln.

Dennoch können wir auch aus der Vermeidung (unbewusst) dagegenhalten, indem wir trödelig sind oder etwas vergessen oder verschlampen. Rebellion durch Nichtstun ist die hohe Kunst des Underdogs, der seinen Widerstand durch Verweigerung oder Verzögerungen übt.

Typischerweise kennen wir ein solches reaktantes Verhalten von Kindern, die sich weigern, die Schuhe anzuziehen oder zeitig ins Bett zu gehen. Dieser Trotz hat nichts mit einem autoritären Erziehungsstil zu tun, er tritt genauso in einem antiautoritären Umfeld auf, weil eben Widerstand die Macht der kleinen Leute ist. Und ob Sie es wollen oder nicht, das Machtgefälle und die Abhängigkeit sind immer da, egal ob Sie autoritär handeln oder einen anderen Erziehungsstil wählen. Kinder leben in der Abhängigkeit zu ihren Eltern, spüren ihre schwächere Position, und das reicht schon, um mit allen Mitteln zu rebellieren.

Dieses alltägliche Ohnmachtserleben nimmt manch einer mit in sein Erwachsenenleben und erträgt vielleicht schon seit Jahrzehnten ein Machtgefälle in allen Lebensbereichen. Lebt die betroffene Person in einem eher traditionellen Umfeld, hält sie besonders gern daran fest. Beruflich fällt sie nicht auf, meidet exponierte Positionen und versteckt sich in der zweiten Reihe. Sie gibt sich freundlich-gehemmt. Das hält zusammen, als Gruppe und als Gesellschaft. Beheimatet fühlt sie sich in etablierten Weltanschauungen, ist eher wertkonservativ und fürchtet Veränderung. Sie nimmt hin, was ihr Religion, Politik, Ökonomie und die Gesellschaft vorgeben.

Überwindet die Person ihr Vermeidungsverhalten, verhält es sich naturgemäß umgekehrt. Alles, was die betroffene Person beherrscht, lehnt sie ab. Kontrolle, Regelungen und Pflichten – sie hält es kaum aus, wenn sie sich unterwerfen muss. Es rührt an ihrem Urverständnis von Freiheit, und dagegen rebelliert sie. Die eigenen Interessen stehen über denen der anderen. Typischerweise begehrt der Getriebene in der Adoleszenz auf, und wissenschaftliche Studien[26] belegen, dass junge Menschen einen hohen Narzissmus aufweisen, wenn sie gegen ihre nervigen Eltern opponieren und sich aus deren Machteinfluss befreien. Faktisch hat der Narzissmus also entgegen der Meinung und dem Eindruck in der Öffentlichkeit nicht zugenommen. Es fällt hingegen auf, wenn im Beruf und im Privaten die narzisstische Person alle Möglichkeiten ausschöpft, um mächtig, dominant, beherrschend und kontrollierend zu wirken und tatsächlich zu sein. Ihre Ideen will sie mit vielen Mitteln durchsetzen, und eine Gruppe ist nur dann gut für sie, wenn sie ihr vorsteht und sie ihr etwas einträgt. Sie drängt andere dazu, sich für die eigenen, verdeckten Absichten ausnutzen zu lassen, und unter Vorgeben einer tiefen Verbundenheit gelingt die egoistische Ausbeute. Für Geld und Anerkennung benutzt die narzisstische Person andere, ohne sie partizipieren zu lassen. Nötigenfalls *kauft* sie sich Freunde und deren Zuspruch. Ein solches Verhalten ist bereits psychopathisch.

Erfolg mit Macht

Macht macht süchtig, weil sie unser kreatives Frontalhirn in seiner gestalterischen Kraft fordert, das zudem eng an das Belohnungssystem gekoppelt ist und vor Glück feuert, wenn gelingt, was man sich vorgenommen hat.

Mit dem Streben nach Macht wird kindliches Ohnmachtserleben bewältigt. Dies kann auf eine verträgliche Art und Weise erfolgen, wenn die Überwindung eigener kindlicher Machtlosigkeit durch ein liebevolles, unterstützendes elterliches Umfeld gelungen ist. Dann erleben wir Macht als stärkende und gestalterische Kraft, die die eigene Selbstwirksamkeit fördert, also den Glauben daran, mit den eigenen Fähigkeiten etwas bewirken zu können, wodurch tatsächlich mehr gelingt, als wenn man an sich und seinen Talenten zweifelt.

Toxische Personen hingegen blieben in ihrer Kindheit mit ihren Ohnmachtserfahrungen meist allein und konnten sie nur ungünstig bewältigen, was sich als pervertiertes, missbräuchliches Machtstreben im Erwachsenen fortsetzen kann. In solchen Fällen äußert sich Macht sadistisch und für andere schädlich.

Wie jede Machtperson ist auch ein manipulierender Narzisst mit dem Zugewinn und Erhalt eigener Macht befasst und handelt so überzeugend, dass seine Argumente in anderen Menschen wirken und sie sich loyal zu ihm verhalten. Um sich die Welt so hinzudrehen, wie sie ihm gefällt, verwendet er zahlreiche rhetorische Tricks, Scheinargumente, Rechtfertigungen, Ablenkungen. Mit Überzeugungskraft vorgetragene Suggestionen, was nichts anderes sind als Vorschläge, Wünsche, Andeutungen, Empfehlungen, Hinweise und Behauptungen, spinnt er jeden in sein Netz ein, der nicht merkt, dass er gerade beeinflusst wird. Eine seiner schärfsten Waffen ist dabei die Halbwahrheit.

Halb wahr ist nicht ganz gelogen

Wir leben in einer spannenden Zeit, in der wir LIVE erleben, wie Machthabende und Massenmedien die Wirkmacht von Halbwahrheiten nutzen, um eigene Interessen durchzusetzen und Werte zu zerstören. Halbwahrheiten sind hochwirksame kleine Geschichten, Ministorys, Mikronarrative und Aussagen, die hälftig wahr und faktisch richtig sind und hälftig unwahr, erfunden, fiktiv und geschickt gedichtet. Sie kommen daher als Behauptung, Anekdote oder als eine faktisch klingende und seriös vorgetragene Aussage, die ständig wiederholt wird. Manipulative, perfide agierende Narzissten setzen Halbwahrheiten vor allem ein, um insgeheim oder offensichtlich gut dazustehen und Schuld von sich zu weisen und andere damit zu belasten.

Da Halbwahrheiten in Krisenzeiten Hochkonjunktur haben,[27] treten sie im privaten Bereich automatisch in hochstrittigen Trennungsgeschichten vor Gericht auf. Halbwahrheiten im glaubwürdigen, seriösen Kontext eines Anwaltsbriefes mit edlem Briefkopf führen dazu, dass sich Beteiligte wie Richtende, Anwaltschaft, Sachverständige auf die Story statt auf die Fakten »einigen«. Da die Geschichte zum Teil richtig ist, lässt sie sich nicht so einfach wie eine glatte Lüge korrigieren, und im Bemühen, das Faktische vom Fiktiven zu unterscheiden, verzettelt sich die Gegenpartei leicht in Details. Denn es ist Kleinstarbeit nötig, um die eigentliche Lüge zwischen den Wahrheitsbrocken herauszuarbeiten. Kleinstarbeit, die die Gegenseite zermürbt und bei den bereits Überzeugten allzu oft Stirnrunzeln verursacht, weil sie querulatorisch, nörglerisch und detailverliebt rüberkommt.

Andere von Halbwahrheiten betroffene Personen nehmen sich gar nicht erst den nötigen Raum, um jedes Detail aufzudröseln, weil sie nicht als Blockierer oder Verzögerer wirken wollen. Ebenso denkt sich manch einer, so viel Aufklärung sei gar nicht nötig, weil doch offensichtlich ist, an welchen Stellen hier gelogen wurde und was der Wahrheit entspricht. Ein verhängnisvoller Irrtum. Nichts ist offensichtlich. Vor allem nicht für Außenstehende.

Sollten Sie also in die Situation geraten, Ihren Narzissten vor Gericht wiederzutreffen, so nehmen Sie sich die Zeit, um Ihre Fakten auszubreiten und die Behauptungen der Gegenseite auseinanderzunehmen.

Nehmen wir mal an, Sie hören die Aussage: »Das Kind hat wegen der Mama geweint, weil die niemals Zeit hat und Wichtigeres tun muss!«

Als Mutter diskreditieren Sie sich selbst, wenn Sie diese Halbwahrheit impulsiv als kompletten Unsinn abschmettern, da Sie damit, für alle offensichtlich, die Fakten, die darin enthalten sind (das Kind hat vielleicht wirklich geweint; und natürlich haben auch Sie Wichtiges zu tun), wütend vom Tisch wischen. So macht man sich selbst aus einem Reflex heraus zur hysterischen Gauklerin und wirkt unseriös.

Eine Steilvorlage für die Gegenseite: »Sie wollen also behaupten, das Kind hat nicht geweint?« Schon stehen Sie in der Ecke für herzlose, böse, unbedachte und extrem unglaubwürdige Personen.

Viele Menschen, auch Rechtsbeistände und vorsitzende Richter und Richterinnen, sind durch geschickte, bewusste Verknüpfungen von Fakten mit Behauptungen bereit, die nach den Tatsachen geäußerten Lügen genauso als Wahrheit hinzunehmen. Wenn beides geschickt verwebt ist, erkennt niemand mehr den Unterschied. Halbwahrheiten wirken sehr überzeugend, weil sie im Gegensatz zur Lüge nicht sofort erkennbar sind. Zudem erhöhen sie durch ihren Wahrheitsgehalt erheblich die Glaubwürdigkeit des Absenders. Und traurig, aber wahr: Vor Gericht geht es nicht darum, ob das Behauptete stimmt, also richtig oder falsch ist, sondern wie glaubwürdig oder unglaubwürdig die Äußerungen klingen.

Die Halbwahrheit wird zum Fakt, weil sie gut ins Bild passt. Auch in das Bild, das ein geschickter Narzisst über sich selbst und über sein Umfeld zeichnet. Wir kennen es aus den sozialen Medien, in denen sich Halbwahrheiten rasant verbreiten und wie trojanische Pferde in unser Bewusstsein reiten, weshalb besonders Populisten sie gern und wirkungsmächtig anwenden. Die Halbwahrheit ist längst im Alltag angekommen, und jeder perfide spielende Narzisst weiß sie für sich, auch vor Gericht und in strittigen Auseinandersetzungen, zu nutzen.

In meiner Ausbildung zum Arzt warnte man uns Studenten vor dem sogenannten gefährlichen Halbwissen. Denn ist man als Arzt nicht gut ausgebildet, hat aber Zugang zu allen therapeutischen Möglichkeiten mit ihren Wirkungen und Nebenwirkungen, dann kann das für die Patienten schwere Folgen haben und sogar tödlich enden.

Hauptsache, die Story hört sich gut an

Schamlos überzeugend und hochmanipulativ ist, wenn mit gezielten Techniken operiert wird. Etwa durch Prägungseffekte (Priming). Das funktioniert sehr gut, indem man eine Information vorab lanciert, die nicht einmal direkt mit der Person zu tun hat, aber das Thema auftischt. »Es gibt viele schlechte Mütter.« Das lässt sich mit einer Anekdote und vagen Quellen verstärken: »Ich habe vor Kurzem in einer psychologischen Zeitschrift gelesen, dass es schlechte Mütter gibt. Das hat mir mein Psychotherapeut dann auch bestätigt.«

Typisch für das Anekdotenhafte sind die vagen, sehr subjektiv und ungenauen Angaben. Trotzdem erzeugt das Erzählerische eine gewisse Vertrautheit. Storys sind halt viel spannender und überzeugender als langweilige Zahlenstatistik. Außerdem weiß jeder: Glaub keiner Statistik, die du nicht selbst gefälscht hast.

Geschichten hingegen gehen am kritischen Verstand vorbei direkt ins Hirn. Sie funktionieren so gut, weil der Geschichtenerzähler etwas sehr Persönliches, nämlich die eigene Erfahrung, mit dem anderen teilt. Das kann doch nur wahr sein!

Anekdoten und Vertrautheit sind überzeugend, weil sie sich leichter einfügen lassen in die Subjektivität des anderen. »Kennst du das? Jeder kennt es, oder? Jeder hat doch schon mal, irgendwann, von einer schlechten Mutter gehört, die ihre Kinder misshandelt. Oder?«

Dabei ist es völlig irrelevant, welche inneren Bilder und Erinnerungen darüber in einem mitschwingen, ob aus dem letzten ARD-*Tatort* oder dem Boulevardmagazin oder sonst woher. Ob es den wissenschaftlichen Begriff der »schlechten Mutter« überhaupt gibt, spielt genauso wenig eine Rolle. Aber wenn wir dann im Gerichtssaal auf eine laute, angespannte Mutter treffen, die um Gehör kämpft, präsentiert sich uns die Bestätigung, dass es nicht nur schlechte Mütter gibt, sondern dass sie genau so aussehen wie die da vorn und sich genau so verhalten.

Das ist der Priming-Effekt, der uns übersehen lässt, dass wir es viel wahrscheinlicher mit einer Mutter zu tun haben, die unter hoher Stressanspannung steht, tief verzweifelt ist und existenzielle Kämpfe auszufechten hat. Wir sehen, was wir durch unser Priming sehen *können,* nicht unbedingt, was wirklich da ist. Das Resultat unseres Urteils indes ist furchtbar: Für eine *verzweifelte* Mutter empfänden wir Empathie, nicht aber für die *schlechte* Mutter.

Es ist daher von großer Bedeutung, sparsam mit unserem Urteil – ob für oder wider – umzugehen, denn möglicherweise bringt es uns oder eine andere Person in Teufels Küche.

Wird Faktisches zerlegt und neu zusammengesetzt, sodass es einem besser dient, spricht man von Rekonfiguration. »Das Kind hat deinetwegen geweint!« Diese Behauptung ließe sich uminterpretieren und durch Übertreibung geschickt verschärfen. »Das Kind weint so fürchterlich bitter und immer nur deinetwegen!« Setzt man das Behauptete zusätzlich in einen erweiterten Sinnzusammenhang oder in einen anderen Kontext oder in eine andere Erinnerung, entwickelt sich die Geschichte dramatisch weiter. »Wenn das Kind bei mir ist und sich mir anvertraut, sich endlich öffnet, weil es weg von deiner bedrohlichen Einflussnahme ist, gesteht es fürchterliche Sachen über dich. Es weint so bitterlich. Ich kann mich gut erinnern, dass du am Tag davor sehr wütend und sehr nervös warst. So habe ich dich noch nie gesehen. Das Kind war völlig neben der Spur. Wie hast du es misshandelt?« Von hier ist es nicht mehr weit bis zu: »Du liebst dein Kind nicht! Du benutzt es gegen mich!« Wer jetzt noch Appelle wie Seufzen und starke Emotionen wie Trauer versendet, zu weinen beginnt oder einen verzweifelten Ausdruck zeigt, wirkt sehr überzeugend. Und möglicherweise entspricht das Gesagte ja doch der Wahrheit. Die Mutter benimmt sich ja schon ein bisschen merkwürdig, oder?

Merken Sie, wie schwer es plötzlich wird, hier objektiv zu sein?

Nun stellen Sie sich vor, dass ein engagierter Rechtsbeistand und ein Sachverständiger, der die Argumente emotionslos und messerscharf vorträgt, in dieselbe Kerbe schlagen. Solche Personen lügen doch nicht und überzeugen sich vorher vom Tatsachengehalt einer Aussage, nicht wahr?

Kognitiv damit umzugehen, dass hier ein Mensch in Gestalt eines Anwaltes gegen einen vorgeht, ist für viele eine extreme Überforderung, die die betroffene Person zugleich tief beschämt und handlungsunfähig machen kann.

Ich erinnere mich an einen Fall bei Gericht, wo die Vorsitzende durch so ein Narrativ die tatsächlich stattgefundenen, mehrfachen Suizidversuche meiner Patientin als Lügengeschichte auffasste. Meine Patientin hatte aufgrund der emotionalen Gewalt, die ihr narzisstischer Ehemann ausübte, sich wiederholt das Leben nehmen wollen. Meiner fachärztlichen Aussage, sie deswegen seit Jahren behandelt zu haben, »wurde nicht gefolgt«. Juristisches Deutsch für »geglaubt«. Ich teilte meine sehr ausführlichen Akteneinträge, die die Vorsitzende als wenig glaubwürdig einstufte, obschon ich als Facharzt im öffentlichen Dienst angestellt war und seit Jahren dem Amtsgericht meinen Sachverstand anbot.

Plötzlich war ich unglaubwürdig. Das lag an der geschickten Darstellung durch den gegnerischen Sachverständigen. Und an meiner eigenen Naivität. Die Story der Gegenseite, es handle sich bei den behaupteten Suizidversuchen um eine Lüge, um dem Ehemann eins auszuwischen und die Härtefallscheidung bei psychischer Gewalt gegen den Willen des Ehemannes zu erpressen, klang viel überzeugender. Der Ehemann gab an, eine wunderbare Ehe zu führen und dass seine Frau – das war ironischerweise dann sehr wohl durch die jahrelange psychiatrische Behandlung für die Gegenseite erwiesen – psychisch krank war. Sie benutze mich nur deshalb als Psychiater, um ihre Lügengeschichte zu erhärten und damit perfide gegen ihren schuldlosen Gatten vorzugehen, mit dem eigentlichen Ziel, ihn finanziell zu ruinieren.

Obwohl ich den Mechanismus durchschaute, erstaunte es mich, wie schnell selbst ich als sachverständiger Zeuge meine Glaubwürdigkeit einbüßte. Nur ein halbseitiger Entlassungsbericht des örtlichen Allgemeinkrankenhauses, der auf mein Hinwirken mit Mühen im Archiv der Klinik gefunden und nach einer Vertagung des Prozesses per Fax an das Gericht gesendet wurde, überzeugte schließlich das Gericht, dass zumindest *ein* Suizidversuch tatsächlich stattgefunden hatte. Auf dem Papier fanden sich die Aufnahmediagnose »Erneuter Suizidversuch durch Tabletteneinnahme« und die knappe Protokollierung der Behandlung »Magenentleerung per Magenspülung und Aktivkohle. Wegen Überhang und Herzrhythmusstörungen Überwachung für drei Tage auf der Intensivstation. Nachweislich erhöhte Medikamentenwerte im Blut«.

Dieser kleine, aber bedeutende Faktencheck brachte die Argumentation der Gegenseite zu Fall, dass meine Klientin eine Lügnerin sei, und erstaunlicherweise den gegnerischen Sachverständigen zu der Aussage, ich sei »ein sehr guter Psychiater«. Als ginge es hier um ein Gewinnspiel!

Meine ausführliche Dokumentation, die Erörterung der Konflikte und die Arbeit mit der Klientin an ihrer Lebensmüdigkeit, ihre Klinikaufenthalte in der Psychiatrie und die medikamentöse Behandlung, der Versuch, eine Trennung von ihrem Ehemann zu gestalten – das alles wäre ins Leere gegangen ohne diesen rettenden Dreizeiler, der die durch Halbwahrheiten gestützte Argumentation der Gegenseite neutralisierte.

Zwölf Tipps, wie Sie Ihre Glaubwürdigkeit vor Gericht bewahren:

- Erzählen Sie keine komplizierten Geschichten, wer wem was wie wo angetan hat, sondern tragen Sie kurz und knapp die Fakten als abgeschlossenes Ereignis vor. Üben Sie vor dem Termin, den langen Text Ihrer Erzählung in einem Satz zusammenzufassen. Das Familiengericht legt keinen Wert auf psychologische Untiefen, es will den Fall rasch vom Tisch haben.
- Arbeiten Sie an einem überzeugenden Bild von sich selbst, das das Gericht von Ihnen haben soll. Sie sind eine integre Person, die sich nie etwas zuschulden kommen ließ, bis Sie auf die andere Person trafen, die Ihr Leben nach und nach zerstörte. Zeichnen Sie Ihre Biografie klar auf und benennen Sie die Werte[28], nach denen Sie leben und die der andere durch sein Agieren vernichtet hat.

- Das Gericht wird entweder dem einen oder dem anderen mehr Glauben schenken und hegt Vorurteile Ihnen gegenüber, die nur Sie korrigieren können. Lassen Sie sich also viel Zeit, positiv über sich selbst zu sprechen. *Sie* wissen, welchen Werten Sie folgen, aber das Gericht nicht. Erzählen Sie den Anwesenden, was für ein guter Mensch Sie sind. Wandeln Sie das Bild der »schlechten Mutter« in das Bild der »guten Mutter« (oder den »Scheißehemann« in den »guten Ehemann«). Das ist elementar, denn dieses Bild wird Sie beschützen, wenn Angriffe kommen.
- Je selbstbewusster und bestimmter Sie auftreten, desto überzeugender sind Sie. Zeigen Sie Ihre Betroffenheit, ohne theatralisch zu wirken!
- Schreiben Sie für sich und Ihren Rechtsbeistand eine detailreiche Liste der Ereignisse, die zu Ihrem Schaden führten. Führen Sie Beweise und Zeugen auf. Haben Sie keine Beweise oder keine Zeugen, dann heben Sie sich die Liste für später auf und liefern Sie erst dann Details, wenn das Gericht danach fragt. Für Ausgefuchste: Kombinieren Sie im Vortrag, ähnlich wie bei der Taktik der Halbwahrheiten, eine nachweisbare Tatsache mit einer schwer zu beweisenden Geschichte, die sich aber zutrug, gut passt und schlecht auf die Gegenseite oder gut auf Sie zurückfällt. Es wird seine Wirkung nicht verfehlen. Vorsitzende Richter werden es hören, vermutlich glauben, und wenn der Narzisst daraufhin ausrastet, wird es sie überzeugen.
- Achten Sie darauf, dass Sie die andere Partei nur indirekt, durch Auslassungen oder Lenkung der Aufmerksamkeit, schlecht dastehen lassen. Erzeugen Sie ein schlechtes Bild,

ohne direkt anzugreifen. »Als ich krank war, lag ich allein im Krankenhaus. Mein Mann kam mich nicht besuchen.« Lassen Sie die Gegenseite herzlos aussehen.

- Üben Sie Ihr Auftreten mit Freunden oder vor dem Spiegel. Ihre Mimik und Gesten sollten ruhig, gelassen und passend sein. Bei zu starker Unruhe oder zu starrer Mimik wirkt jeder Mensch unglaubwürdig. Mittelgradig gespannt oder mittelgradig gelassen ist am besten.
- Werden Ihnen knifflige Fragen gestellt, überlegen Sie nicht zu lang. Je prompter Sie antworten, desto sicherer und glaubwürdiger erscheinen Sie. Denn wer länger, auch ein paar Sekunden zu lang, über etwas nachdenkt, spinnt sich womöglich gerade eine Ausrede zurecht.
- Geben Sie nie preis, wonach Sie nicht gefragt werden, oder geben Sie nie nach, wo Sie nicht nachgeben müssen. *Alles* ist wertvoll, verhandeln Sie hart und verschenken Sie nichts!
- Aber: Zeigen Sie sich für das Gericht flexibel. Falls der Vorsitzende nachfragt, wo Sie Ihre Meinung oder Haltung ändern können, nennen Sie Kleinigkeiten. Opfern Sie etwas Geringes, um das, was Ihnen wichtig ist, zu halten. Starrsinn fällt negativ auf Sie zurück. Nein, Sie sind vernünftig und wollen eine Lösung anstreben. Eine Lösung allerdings, die nicht massiv auf Ihre Kosten gehen soll, sondern allenfalls ein wenig. Umgekehrt muss die andere Seite genauso bereit sein, Opfer zu bringen.
- Kleiden Sie sich angemessen und eleganter, als Sie normalerweise im Alltag herumlaufen. Tragen Sie einen Glücksbringer und fokussieren Sie sich auf das Gute in Ihnen, was Sie an sich schätzen. Es wird sie durch positive Autosuggestion

beschützen. Sie sind ein guter Mensch, Sie können sehr viel, Sie haben ernst zu nehmende Bedürfnisse und uneinnehmbare Rechte.

- Verlassen Sie die Opferrolle, die steht Ihnen nicht.

Macht in Unternehmen: Toxic Leaders

Der sichtbare Narzissmus lebt eindeutig im proaktiven Machtmodus und funktioniert prima in komplexen Machtstrukturen, etwa in Firmen, in Familien- oder Einzelunternehmen, in Ausbildungsstätten und in jeder Struktur, in der ein starkes Machtgefälle herrscht. Typischerweise tritt psychopathischer Narzissmus in Machtstrukturen auf, die über keine besonders wirksame Kontrollinstanz verfügen.[29] Ausnutzendes und impulsives Verhalten sind Teil egoistischer Schlachtstrategien und quasi »erlaubt«. Sie können also davon ausgehen, dass es immer dort zu Machtmissbrauch kommt, wo keine ebenso starke Gegenmacht die Auswüchse einzelner Personen stoppt.

In einem solchen Umfeld kann sich auch ein psychopathischer Sado-Narzissmus entwickeln, die übelste – da sadistische – Spielweise des Machtmissbrauches, wie die ungeheuerliche Geschichte um Nicu erzählt, dem Sohn des ehemaligen rumänischen Diktators Nicolae Ceaușescu. Nicu lebte ein Leben im Luxus und wurde als Nachfolger seines Vaters systematisch aufgebaut. Es bereitete ihm Vergnügen, andere zu quälen, und er nutzte seine Privilegien aus, um Menschen in seinem Umfeld psychisch und körperlich zu misshandeln und zu zerstören. Auf einem Bankett zu Ehren eines rumänischen Generals verlangte Nicu nach der fehlenden Austernsoße, und als das Serviermädchen sie nicht sogleich brachte, sprang er auf die Tafel und pinkelte über die Platte mit den Muscheln. Er befahl, dass alle Gäste davon essen sollten, und vergewaltigte später das Serviermädchen.[30]

Diese Geschichte trug sich in einer Diktatur in den Achtzigerjahren des letzten Jahrhunderts zu, doch toxische Führungskräfte, die ein »Nein« nicht gelten lassen, gibt es bis heute. Sie zerstören nicht nur ethische, moralische und finanzielle Werte, wenn sie ein Unternehmen durch ihr despotisches Handeln und Selbstbezogenheit in den Untergang treiben. Durch Traumatisierungen jeder Art ruinieren sie auch Menschenleben. Und obwohl sie natürlich nicht alle so pervers psychopathisch verkommen sind wie Nicu Ceaușescu, treten die unmoralischen Anzugtäter heute nicht unbedingt leiser auf. Während sie im Privaten die Paartherapie abbrechen, weil sie es nicht aushalten, sich selbst zu reflektieren und mit den Unzulänglichkeiten ihres Egos konfrontiert zu werden, glänzen sie in der Außenwirkung als Manager oder Unternehmer und stellen sich durch die Verschmelzung mit dem Beruf oder der Firma größer und idealer dar, als sie im Kern sind.[31, 32]

Vor allem die verdeckt agierenden psychopathischen Narzissten unter den toxischen Führungskräften unterwerfen sich gern Projekten oder Missionen, die größer sind als sie selbst, nur um sich darüber zu definieren und den Erfolg hinterher für sich zu reklamieren – in aller Bescheidenheit selbstverständlich. Lediglich ein kleines Wolfslächeln huscht über ihr Gesicht, wenn jemand anerkennt, dass es ihre Leistung war, die alles aufrechterhielt und erst ermöglichte.

Im Privaten, an der Seite des Partners und der Kinder, agieren Toxic Leaders meist ungetarnt offen und umso giftiger und gefährlicher. Und wer toxischen Menschen als Partner nicht alles recht macht, spürt bald den Dolch im Rücken.

Woran Sie erkennen, dass Ihr Chef ein machtbesessener, psychopathischer Narzisst ist:

- Er legt ein unverstelltes, direktes und aggressives Dominanzverhalten an den Tag.

- Er zeigt seine unstillbare Anspruchshaltung, indem er andere gnadenlos ausbeutet, herabwürdigt und demütigt.
- Er führt seine Abteilung/die Firma nach dem Grundsatz: »Vertrauen ist gut, Kontrolle ist besser.«
- Misslingt die Unterwerfung der Mitarbeitenden, bricht er die Kommunikation ab, verlässt das Zimmer, beendet die Pressekonferenz, ignoriert E-Mails und heckt einen Plan aus, die Mitarbeitenden zu beschädigen oder rauszuwerfen.
- Er beansprucht und demonstriert seine Macht und tritt arrogant und rücksichtslos auf.
- Kritik fasst er als Angriff auf, denn die gefährdet seine Großartigkeit.
- Das Maß aller Dinge ist der eigene Führungsstil, denn alles dreht sich immer nur um ihn. Die eigenen Spielregeln werden nicht hinterfragt.
- Seine Ideen sind grundsätzlich die besseren. Fremde Einfälle ignoriert, vereinnahmt oder zerstört er.
- Ihr Chef nervt durch ständige Besserwisserei und Selbstüberschätzung. Im Extremfall haben Sie es mit dem Dunning-Kruger-Effekt zu tun: vollkommene Blödheit bei subjektiver Überzeugung, genial zu sein.
- Er verhandelt nicht inhaltlich, sondern buhlt um Aufmerksamkeit und Feedback. »Bin ich nicht ein toller Chef?«
- Der Mächtige fürchtet Humor, denn der könnte seine Schwächen, sein Fehlverhalten und seinen Machtmissbrauch entlarven.
- Ihr Chef versteckt seine Macht hinter empathielosen Gesetzen, Regeln, Systemen und Instanzen: »So sind die Vorschriften, tut mir leid, ich muss mich ja auch daran halten.«

- Er erhöht den sozialen Druck und die Konkurrenz innerhalb Ihrer Gruppe: »Wir machen das alle so. Andere machen das. Also mach du das auch.«
- Er befiehlt, verordnet und verbietet.
- Er droht mit Konsequenzen. Häufig!
- Er zieht Konsequenzen durch. Seltener.
- Seine Worte und Handlungen passen oft nicht zusammen. Scheinbar Großartiges wirkt provisorisch und mit heißer Nadel gestrickt.
- Er übersieht die negativen Außenwirkungen seines Handelns. »Ist doch alles prima!«
- Er tarnt seine Macht durch Bürokratie und Intransparenz. »Da fragen Sie lieber das Sekretariat.«
- Die Sprache des psychopathisch Mächtigen ist einfach, plakativ und in der Konfrontation vage, unkonkret, redundant, ausweichend, phrasenreich und nicht selten nichts aussagend. Sie ist selbstoffenbarend und in ihrer extremen Rhetorik hetzend, polarisierend und spaltend.
- Das Verhaltensrepertoire Ihres Chefs kann – wie bei jeder Persönlichkeitsstörung[33, 34] – festgefahren sein. Agiert er mit der Zeit maligner, destruktiver und antisozialer, kann man ihn von einem Psychopathen kaum noch unterscheiden.[35]

Schlagen Sie zurück!

Gegen einen machtbesessenen Vorgesetzten anzukommen, ist nicht einfach. Dennoch gibt es eine Methode, mit der Sie sich zumindest im Kleinen gegen ihn zur Wehr setzen können. Nutzen Sie den sogenannten **Rückschlag-Effekt**, er wirkt immer korrigierend. In drei Schritten haben Sie die Situation im Griff.

Ihr Vorgesetzter will, dass Sie etwas erledigen, von dem Sie wissen, dass es nicht klappen wird (zu wenig Zeit/Ressourcen, zu wenig Informationen etc.). Da Vorgesetzte häufig die Details Ihrer Arbeit nicht kennen, argumentieren Sie folgendermaßen: »Sie sind ein toller und guter Vorgesetzter und machen alles richtig.« Das ist Lob, Anerkennung, Bestätigung, besänftigt und zähmt den Narzissten. »Ich sehe bei Ihrem Auftrag an mich allerdings ein Problem, und zwar dieses.« Ergänzen Sie eine detailreiche Erklärung der Sachlage und warum die gestellte Aufgabe nicht funktioniert. »Wenn wir es so machen, wie Sie es vorschlagen, und es nicht klappt, wird es auch negativ auf Sie zurückfallen. Wollen wir das riskieren?«

Diesen drohenden Rückschlag spürt die Führungskraft und will ihn wegen der schlechten Außenwirkung vermeiden. Der soziale, äußere Druck steigt – und wirkt. Ihr Chef wird sich Ihren Alternativvorschlag anhören.

Methoden gegen Macht, Kontrolle und Bestrafung

Bei Macht- und Kontrollspielen geht es dem von Macht nahezu besessenen Narzissten allein darum, andere Personen für den eigenen Nutzen zu steuern, zu beherrschen und, falls das nicht gelingt, zu bestrafen. Sein Ziel ist es, den Einfluss auf seine Opfer zu vergrößern, um bei sich selbst positive Gefühle eigener Großartigkeit entstehen zu lassen.

Kontrolle hat ein anderes Ziel. Sie ist eine Vermeidungsstrategie und dient dazu, unangenehme Konsequenzen vom Narzissten abzuwenden. Damit kämpft eine machtbesessene, selbstbezogene Person immer an zwei Fronten zugleich (Machtgewinn und Kontrolle), die wir als ihre unterlegene Interaktionsperson kennen sollten. Denn hier können wir ansetzen, um das Spiel zu beeinflussen. Beenden lässt sich das Spiel eines psychopathischen Narzissten leider nur selten (außer man verlässt ihn und überlässt es anderen, sein Opfer zu werden), aber man kann es ihm erschweren.

Machtstreben ist für die ausübende Person mit positiven Emotionen verknüpft, Kontrolle hingegen mit negativen und zu vermeidenden Gefühlen. Das können wir als unterlegene und ausgelieferte Person nutzen, indem wir uns Dinge einfallen lassen, gegen die sich der machtbesessene Narzisst ständig verteidigen muss. Das hält ihn durch übermäßige Kontrolle beschäftigt und lenkt ihn von dem ab, was ihm ein gutes Gefühl beschert wie Sadismus und Selbstdarstellung. Oder umgekehrt formuliert: Es stört den Lustgewinn, wenn sich der Narzisst mit schnöden Kontrollthemen befassen muss. Zudem bindet es seine Energie und Aufmerksamkeit. Geben Sie einer mächtigen Person viel zu tun und schwächen Sie sie damit!

Kleines Experiment: Testen Sie mal, ob Sie eine manipulative Reaktion in Ihrem Lieblingsnarzissten gezielt auslösen können. Etwa wenn Sie sich gegen etwas entscheiden, das er von Ihnen will, und ihm mit »Nein« antworten. Wählen Sie jedoch kein zu großes Thema, damit die Sache nicht eskaliert. Leisten Sie Widerstand und beobachten Sie genau, wie Ihr narzisstischer Partner darauf reagiert und mit der Situation umgeht. Seine Reaktion kann zwei Phasen haben. Die erste, unmittelbare ist oft überrascht oder impulsiv. Die zweite Phase kommt verzögert, nach ein paar Minuten oder Stunden, mit einer wohlfeil elaborierten Argumentation. Achten Sie darauf, was er sagt, wie seine Körpersprache ist und welche Vorschläge er Ihnen unterbreitet, und lernen Sie das Muster. Sie werden überrascht sein, wie oft sich die Reaktionsmuster Ihres narzisstischen Gegenspielers wiederholen! Haben Sie es erst einmal durchschaut, können Sie Ihr Wissen für sich nutzen. Trauen Sie sich außerdem, Ihren Partner noch mehr zu testen! Ist er fähig, sich selbstlos, opferbereit oder kooperativ zu verhalten?

Rückeroberung der Macht

Für Außenstehende ist kaum vorstellbar, wie jemand es so lang neben einer sadistischen, machtbesessenen Person aushalten kann. Deshalb ist es wichtig zu wissen, dass das Opfer schlicht nicht in der Lage ist, Konsequenzen zu ziehen, da seine Unterwerfung absolut und von Angstreaktionen geformt ist. Die vernunftbegabte Hirnrinde ist ausgeschaltet und die Selbstorganisation durch das Einwirken des Narzissten geschwächt. Obschon viele der Opfer im Beruf kompetent und geordnet auftreten, verlieren sie die Selbstkontrolle, sobald sie dem Machteinfluss ihres Narzissten unmittelbar ausgeliefert sind. Das ist gelebte Traumatisierung.

Das Schlimme daran ist, dass betroffene Personen ihre Unterwerfungshaltung in solchem Maße verinnerlicht haben, dass sie sie fortsetzen, selbst wenn sie aktiv werden und es beispielsweise zu mir in die Therapie schaffen. Sich unterzuordnen ist das Einzige, das sie aus ihrem Leben an der Seite ihres Peinigers kennen, und meine Versuche, einer solchen Klientin zu vermitteln, dass sie Situationen, die ihr nicht gefallen, kreativ und gestaltend verändern kann, löst oft genug Ratlosigkeit und sogar Widerstand aus. Zu sehr sind die Opfer daran gewöhnt, das Spiel aus der Rückenlage zu spielen. Die Regeln zu verändern, macht ihnen Angst. Sie sitzen vor mir und weigern sich, einen selbstbestimmten Schaffensprozess zu erarbeiten, weil er ihnen zu bedrohlich erscheint. Gleichzeitig beanspruchen sie ein Recht auf Wiedergutmachung und Genugtuung für das Leid, das ihnen angetan wird, und hoffen sogar auf die Besserung ihres Partners.

»Er ist momentan einfach gestresst.« – »Es kommen auch wieder gute Zeiten.«

Statt selbst aktiv zu werden, warten jene Opfer auf die Anerkennung ihres Leidens – »Oh, wow, was du aushältst, du Arme!« Die allerdings nie kommt, weil jeder Außenstehende denkt: »Verlass ihn doch endlich!« Nicht selten führt dieser Gegensatz von Erwartung und Enttäuschung in eine Haltung der Frustration mit der ganzen Welt, die wiederum leicht in einer Depression mündet. In sehr verzwickten Fällen verteidigen die Opfer ihre Hilflosigkeit sogar bis aufs Blut und nicht selten sehr konkret mit selbstschädigendem Verhalten.

Das erstaunt insofern nicht, als dass sich in Beziehungen zu Narzissten häufig Frauen mit Borderlinestörung finden, die ein durchgängiges Muster der Instabilität in der Beziehung und in der Regulation ihrer Gefühle zeigen, in emotionalen Krisen unbedacht reagieren und große Probleme im Umgang mit Spannungszuständen haben.

In solchen Fällen ist es sinnvoll, innerhalb der Therapie zu ergründen, ob nicht ein psychischer Fremdkörper in einem steckt, ein Selbstanteil aus alten Zeiten, der die betroffene Person sadistisch unterdrückt: innere Stimmen und furchtbare Dialoge, alte Einflüsterungen oder Verhaltensmuster aus dem frühen Umfeld, das sie prägte. Nur so lässt sich herausfinden, ob es die eigenen strengen Ansprüche sind, die zu mächtigen, inneren, sadistischen Tyrannen wurden und Ihnen einflüstern: »Es liegt an mir. Es liegt an mir. Es liegt an mir.«

Jetzt sind Sie dran: Befreien Sie sich aus der Opferrolle!

Mal angenommen, Sie haben keine Lust mehr auf den Narzissten im Haus und auf das Lügengebilde, das er um Sie herum gebaut hat. Mal angenommen, Sie begreifen, dass der unglückliche Verlauf

Ihrer Beziehung nicht an Ihnen liegt. Und mal angenommen, Sie wollen das jahrelange Schweigen brechen und endlich darüber reden, wie mies sich Ihr Partner Ihnen gegenüber verhält, während er nach außen hin den tollen Macker gibt. Sie wollen aufhören, ihm alles recht zu machen. Sie haben die Schnauze voll davon, Angst zu haben.

Werden Sie zum Gamechanger und verändern Sie das Spiel! Nutzen Sie das Wissen und die Erfahrung, wie Narzissten ticken, für die gute, für Ihre Sache.

So streifen Sie die Unterwerfung ab und erobern sich Ihre Macht zurück:

- Beginnen Sie mit vielen kleinen Gegenpunkten wie: »Ich sehe das anders.« – »Ich empfinde das nicht so.« – »Das will ich nicht.« »So mache ich das nicht!« Nicht zu tun, was der Narzisst von Ihnen verlangt, ist ein wesentlicher Teil der Strategie gegen ihn. Und es beginnt im Kleinen.
- Ob vor Gericht oder in der alltäglichen Auseinandersetzung mit Ihrem Narzissten: Holen Sie sich Ihre Glaubwürdigkeit und Würde zurück. Schritt für Schritt. Entkräften Sie jede einzelne Behauptung, die dazu dient, Sie zu diskreditieren, inkompetent aussehen zu lassen, zu verletzen und zu zerstören.
- Versuchen Sie, die Lügengeschichten und Unwahrheiten Ihres Narzissten zu demontieren; dokumentieren Sie jede Interaktion, ziehen Sie Zeugen hinzu. Unterlassen Sie Handlungen, zu denen Sie gedrängt oder verführt werden, trauen Sie sich, »Nein« zu sagen. Reagiert Ihr Narzisst mit Handgreiflichkeiten oder Gewalt, schalten Sie die Polizei ein.

- Setzen Sie das wirksamste Mittel ein, das es gegen Narzissten gibt: Spielen Sie Ihr eigenes Spiel. Und zwar nach den gleichen Regeln, die er benutzt, ebenso berechnend und unverfroren. Entwickeln Sie eine taktisch kluge Strategie und handeln Sie danach. Vermeiden Sie es allerdings, impulsiv und automatisiert zu agieren. Seien Sie nicht bösartig oder schädigend. Ihre Eindeutigkeit wird überzeugend wirken.
- Lassen Sie sich kein schlechtes Gewissen einreden.
- Korrigieren Sie Ihre Wahrnehmung und führen Sie eine Strichliste: Wessen Bedürfnisse werden erfüllt? Seine oder Ihre? Tun Sie, was er sagt oder was Sie möchten? Ist er freundlich zu Ihnen oder Sie zu ihm? Sorgen Sie dafür, dass sich die Striche ausgewogen verteilen. Falls sie es nicht tun und sie zugunsten des Narzissten ausfallen, konfrontieren Sie ihn damit. »Ich soll mit dir zusammen Fußball gucken? Klar, wenn wir vorher zusammen die Komödie geschaut haben.« – »Wenn du willst, dass ich dich morgens anlächle, dann sag ›Guten Morgen‹ zu mir.« – »Ich koche Kaffee, sobald du den Müll runtergetragen hast.«
- Beobachten und benennen Sie, was Sie sehen. Machen Sie sich Notizen von dem Machtspiel, das Ihr Narzisst inszeniert. Notieren Sie auch, was Ihnen dazu einfällt, um dagegenzuhalten. Gehen Sie zu Ihrer besten Freundin und besprechen Sie mit ihr, was Sie aufgeschrieben haben.

Ihr Narzisst kennt weder Skrupel noch Reue, egal was er Ihnen vorspielt? Fallen Sie nicht länger darauf hinein! Vertrauen Sie Ihrer Wahrnehmung, wenn er sich einmal mehr verletzend und nötigend verhält, weil Sie nicht getan haben, was er von Ihnen wollte.

Sicherlich ist Ihr Narzisst auch mal nett und lieb; trotzdem verhält er sich verwirrend wechselhaft. Das ist seine machtvolle Strategie. Weil Sie an Treue, Liebe, Versöhnung und Herzenswärme glauben, lässt er Sie denken, dass er ebenfalls daran glaubt, obschon er sich vermutlich schon seit Jahren untreu, lieblos, unversöhnlich und herzenskalt verhält. Seine Worte passen nicht zu dem, was er tut.

Machen Sie genau das, was Sie sagen – das wirkt überzeugend! Und schwächt den Narzissten. Je mehr Macht Sie gewinnen, desto mehr wird Ihr Narzisst Ihnen vorjammern, wie sehr Sie ihn mit Ihrem Verhalten verletzen. **Erinnern Sie sich genau in diesem Moment, wie häufig und schwer er Sie verletzt hat, und bleiben Sie hart!**

Treten Sie für Ihre Werte ein!

Die Rückeroberung der Macht gelingt, wenn Sie sich aus der Opferrolle herauswinden. Wenn Sie sich entscheiden, sich wehrhaft gegen Ihren Narzissten zu zeigen. Wenn Sie die innere Bereitschaft entwickeln, für Ihre eigene Sache einzustehen und gegen Behauptungen zu verteidigen. Ihre Aussichten auf Erfolg erhöhen sich maßgeblich, wenn Sie sich *aktiv* zur Rückeroberung der Macht entscheiden.

Was Ihnen dabei hilft, ist die Rückbesinnung auf Ihre eigenen Werte. Werte sind immanente, durchgehende und oft lebensbestimmende Überzeugungen, die man mit anderen Menschen teilt und über die man eine Brücke schlagen kann – selbst zu einem Narzissten.

Gerade im Kontakt mit einem Narzissten ist es wichtig, selbst zu wissen, was einem am Herzen liegt. Denn der bösartige Narzisst wird es angreifen. Wertvorstellungen sind ihm fremd, weil er nicht weiß, wie man Werte lebt. Er kennt sie nur in einer verdrehten, perversen Weise, wenn sie ihm nutzen und er sie für seinen Vorteil missbrauchen kann. Im privaten Umgang mit einem

Narzissten ist es deshalb umso bedeutungsvoller, darauf zu bestehen, was einem viel bedeutet: »Mir ist das jetzt wichtig, bitte respektiere es.«

Ich bin wichtig.

Nur, wie gelingt es Ihnen, den Narzissten davon zu überzeugen, dass Sie augenblicklich wichtiger sind als seine Bedürfnisse, und ganz generell: dass Sie als Mensch mindestens genauso von Bedeutung sind wie er? Die Antwort liegt in Ihnen selbst.

Fragen Sie sich: Wie wichtig sind mir meine Werte und wie sehr nehme ich mich selbst wichtig?

Oft ist einer unterlegenen, ohnmächtigen Person die Wahrnehmung der eigenen Wichtigkeit genommen worden. Durch emotionalen, psychischen oder einen anderen furchtbaren Missbrauch, durch eine Beschämung, durch Kränkungen oder durch Desinteresse. Auf diese Weise verletzte Menschen müssen lernen, dass sie verletzt wurden und sie deswegen vergessen haben, selbst wichtig zu sein. Fühlen Sie sich betroffen, holen Sie sich therapeutische Hilfe! Für Ihre Heilung ist es von großer Bedeutung, dass Sie Ihren eigenen Wert kennen!

- Sagen Sie sich vor: »Ich bin wichtig. Jetzt.«
- Rücken Sie all das gerade, was andere über Sie meinen, und berichtigen Sie Vorurteile, sobald sie schädlich werden. Ignorieren Sie pures Gerede.
- Binden Sie Ihren Narzissten nicht zu sehr an sich. Wenn er nicht immer und ständig an Ihrer Seite sein kann oder möchte, dann ist das so. Lassen Sie los.

Erinnern Sie sich an die drei Schritte, mit denen Sie Ihren narzisstischen Chef besänftigt haben? Anerkennung – Erklärung des

Problems – Rückschlag. Dieser Trick lässt sich genauso auf Beziehungen übertragen:

- »Du bist ein toller Mann, und ich liebe dich sehr.«
- »Wenn ich das so mache, wie du sagst, dann wird das nicht funktionieren.« Oder: »Wenn du dich weiterhin so unmöglich zu mir verhältst, dann wird unsere Beziehung daran scheitern.«
- »Dann wird das schlecht auf dich zurückfallen, und jeder wird es mitbekommen. Möchtest du das? Schlecht vor den anderen dastehen? Es schmückt dich nicht. Ich schlage vor, es nicht zu tun.« Oder: »... wie ich es als normaler Mensch mit Anstand erwarte. Das sieht dann viel besser aus!«

Kapitel 5

Das Spiel um den Selbstwert

Im vorangegangenen Kapitel haben wir gelernt, wie wichtig es ist, eigene Werte zu finden und ihnen treu zu bleiben. Der vielleicht größte und stabilisierendste Wert, den wir in uns tragen, ist unser Selbstwert. Folgerichtig gehört zu den perfidesten Spielen, die ein Narzisst gegen sein Opfer einsetzt, die gezielte Zerstörung dieses Selbstwertes. Und das wichtigste Instrument in diesem Spiel ist der Zweifel. Er ist die Munition für die Schusswaffe, die der Narzisst in den Händen hält. Die Patronen tragen Aussagen wie: »Das habe ich so nicht gesagt«, »Du verstehst das nicht!«, »Du bist verwirrt« und »Du spinnst!« Und jede dieser Kugeln hat das Ziel, das Opfer zu verletzen und zu verwirren, bis dessen Eigenwahrnehmung zerfällt. Das Perfide daran ist, dass die abgefeuerten Projektile unsichtbar sind und im Opfer keine sichtbaren Wunden hinterlassen, die man einer Ärztin oder einem Richter leicht vorführen könnte.

Die bevorzugten Opfer des Schützen sind seine Liebsten, doch auch Kollegen und Menschen des weiteren Umfeldes sind vor den umherfliegenden Geschossen nicht sicher – der Narzisst feuert, wann immer es ihm nutzt, und sät Zweifel in allem, was ein anderer meint, weiß, wahrnimmt, fühlt, denkt und tut.

Unsicherheit sorgt für Verwirrung im Opfer und verstärkt sie. Missbräuchlich und wiederholt eingesetzt, siebt der Zweifel schließlich so viele Löcher in das andere Selbst, dass es jedes Zutrauen und jeden Halt verliert und sich in der Not nicht selten am Schützen festhält und sich damit auch noch an die Person bindet, die es zerstört.

So macht sich der manipulative Narzisst andere gefügig, schwächt und kettet sie an sich über den Zweifel, während er selbst von der eigenen Wahrnehmung und der eigenen Person überzeugt ist und nie auf die Idee käme, seine Überzeugungen und Denkweisen zu hinterfragen. Dabei ist gezielter Zweifel des gesunden Geistes ein wichtiges Instrument der Selbstreflexion, der jedem von uns hilft, unsere eigene Wahrnehmung zu korrigieren und die Qualität unserer Beziehungen zu verbessern. Insofern täte es besonders dem Narzissten gut, seine eigenen Gedanken und Vermutungen über sich selbst und andere zu hinterfragen.

Leider fühlt sich der Narzisst bereits von der kleinsten Nachfrage in seinem Ego bedroht, sodass er jede Unsicherheit sofort abwehrt und umlenkt. Weil es ihm leichtfällt, andere abzuwerten, um sich selbst groß zu spüren, spielt er dieses Spiel ganz automatisch und trägt seine Waffe immer schussbereit am Halfter. Wird der Narzisst dennoch wiederholt mit Zweifel konfrontiert, interveniert er, kehrt den Sachverhalt um und feuert zurück. Wie im Fall von Frida und Franco.

Frida lacht sich kaputt.

Frida saß lachend auf meiner Couch. Mit einer Hand hielt sie sich den Bauch, mit der anderen wischte sie ein paar Tränen weg. Ihr Mund stand offen, und sie japste nach Luft. *Alles* war gerade saukomisch.

Zum wiederholten Mal setzte sie zum Sprechen an: »Ich, hahaha ...«, nur um sogleich in eine neue Lachsalve auszubrechen.

Ich betrachtete sie, eine junge Frau von Mitte zwanzig, brauner Pferdeschwanz, sportliches Shirt, Jeans, und wartete, bis sie sich beruhigte. Obwohl sie nach wie vor kicherte, waren es keine Freudentränen, die ihr über die Wangen hinunterliefen, und auf ihrem

Gesicht zeichnete sich statt Vergnügen Verwirrung ab. Sie schlang die Arme um ihren Körper und schüttelte sich.

»Warum zerstört er meine Wahrnehmung? Was passiert mit mir?«, stieß sie schließlich hervor, als es ihr gelang, die nächste Lachattacke zu unterdrücken. »Das ist doch furchtbar!«

In einem merkwürdigen Widerspruch folgte ihren Worten ein erneutes Glucksen. So etwas hatte ich schon erlebt – Lachen war im Augenblick das Einzige, zu dem Frida vor ihrem Psychotherapeuten in der Lage war. Vor Bestürzung über ihren Mann und vor Überrumpelung von heftigen Gefühlen nutzte ihr Körper dieses Ventil, um Druck abzulassen. Schluchzen ging nicht mehr, das hatte sie hinter sich, tageweise bis zum heutigen Praxistermin.

»Immer wenn ich allein war, hab ich geheult«, hatte Frida mir zu Beginn der Sitzung zwischen zwei Lachsalven anvertraut. Für das Opfer eines manipulativen Narzissten war sie bereits sehr weit, denn sie erkannte, dass sie Hilfe benötigte. Und das ist das Wichtigste, wenn man in einer Krise steckt: das Erkennen der eigenen Notlage. Erst wenn man sich eingesteht, dass man in einer Zwangssituation steckt, hört das Leugnen auf, das Schönreden, das »Es wird schon wieder«. Und erst dann kann ein Veränderungsprozess einsetzen.

»Leugnen«, sagte ich dementsprechend zu Frida, »das geht jetzt nicht mehr, oder?«

Sie schüttelte den Kopf, sah mich aus ihren großen Augen an. Als ich sie anlächelte, prustete sie wie im Reflex von Neuem los, bis weitere Tränen flossen.

»Ich bin nichts wert«, murmelte sie und fuhr fort: »Anfangs war die Beziehung gut – das wünsche ich mir zurück. Dass wir aufmerksam miteinander umgehen und mit Respekt und Fürsorge. Ich will an der Beziehung festhalten, aber Franco signalisiert ständig Desinteresse.«

»Ich würde gern eine kleine Übung mit Ihnen machen«, sagte ich. »Würden Sie sich für einen Moment bitte vorstellen, dass Ihr Mann – Franco –, dass er hier bei uns im Raum sitzt? Dort, auf dem Stuhl.« Ich wies auf einen alten Drehstuhl, der in einer Ecke stand. Frida nickte.

Als sie hinüberblickte, wechselte ihre Mimik augenblicklich in einen ekelverzerrten Ausdruck, sie zog die Oberlippe hoch, wandte sich ab und bedeckte das Gesicht mit den Händen. Ich hörte, wie sie aufschluchzte.

»So schlimm?«

Sie nickte.

»Keine Sorge, wir schicken ihn gleich wieder fort, er ist nur einen Augenblick hier. Was sagt er Ihnen?«

Fridas Körper versteifte sich, und ich fragte mich selbst, ob es ein guter Einfall gewesen war, ihren Mann im geschützten Bereich der Psychotherapie auftauchen zu lassen. Andererseits konnte ich uns beiden nur auf diese Weise demonstrieren, wie Franco auf Frida wirkte. Was wichtig war, um ihr zu helfen.

Frida lachte nicht mehr. Sie war plötzlich sehr ernst und gefasst.

»Du bist verantwortlich, dass es so läuft«, sagte sie in Richtung Drehstuhl.

»Sagt *er* das?«, erkundigte ich mich, und sie nickte erneut. »Was sagt er noch?«

Äußerlich wirkte Frida deutlich ruhiger, doch ihr Körper verharrte in Erstarrung, was höchste Anspannung verriet. Sie brauchte ein paar Minuten, um sich zu sammeln, aber dann half ihr die Vorstellung, ihren Mann in der Ecke sitzen zu sehen, sich auf das zu konzentrieren, was er ihr alles angetan hatte.

»Warum tust du das mit mir?«, flüsterte Frida, bevor sie schließlich erst stockend, dann immer flüssiger von ihrer Ehe erzählte.

Franco gebe ihr für alles, was schieflaufe, die Schuld. Statt ihr mit Höflichkeit und Fürsorge zu begegnen, überschütte er sie mit Vorwürfen.

»Er sagt immer, dass es an mir liegt.« Sie benehme sich doch selbst nicht fürsorglich, behaupte er, sondern beschwere sich ständig darüber, dass es ihr in der Beziehung emotional an allem mangeln würde. »Dabei bin ich immer freundlich geblieben. Er dreht das Ganze einfach um und wirft *mir* vor, was ich an *ihm* bemängele.« Jetzt brach erneutes Gelächter aus Frida heraus. »Als lebte man an der Seite eines Wahnsinnigen!« Sie schilderte, dass Franco eine ungehobelte Art habe sich auszudrücken und häufig Fäkalsprache verwende.

»Ich bin anders aufgewachsen, hab mich aber angepasst«, sagte sie und blickte beschämt auf ihre Hände hinab. »Ich liebe ihn doch und dachte, das schafft eine Verbindung zwischen uns, also wenn ich auch mal fluche oder ›Arschloch‹ und ›Kacke‹ sage.«

»Das hat aber nicht funktioniert, oder?«, hakte ich nach, nachdem Frida eine Weile geschwiegen hatte. Sie schüttelte den Kopf.

Wenn sie wie er vulgäres Vokabular benutze, werfe Franco ihr es vor. »Wie redest du eigentlich?«, schreie er sie an.

»Dabei spricht er doch genauso!« Frida sah mich verzweifelt an.

»Ihr Mann wirft Ihnen also vor, auch fäkal zu sprechen?«

»Nein, nicht auch, sondern als *Einzige!*«, entgegnete Frida. »Er behauptet, dass er selbst nie Kraftausdrücke verwendet und ich mich offensichtlich verhört habe.« Frida lachte hell auf, raufte sich gleichzeitig die Haare. »Das ist doch verrückt! Da muss man doch verrückt werden! Er flucht dauernd, und wenn ich es genauso mache, weil ich denke, dass wir dadurch auf gleicher Ebene sind, wirft er es mir vor!« Zahlreiche Haarsträhnen hatten sich aus Fridas Zopf gelöst und wirbelten um ihr Gesicht, als sie heftig den Kopf schüttelte.

»Es ist so absurd, niemand würde mir das jemals glauben. Wenn ich das irgendwo erzähle, würde Franco es sofort abstreiten, und ich wäre die Verrückte. Er käme davon, weil ja jeder glaubt, dass niemand so bescheuert ist, sich einen solchen Bullshit auszudenken! Alle würden *ihm* glauben!«

Ich nickte. Erfahrungsgemäß wäre das so.

»Was das angeht, leben wir leider noch im Mittelalter«, seufzte ich. »Verrückt sind immer nur die Frauen. Und sie gehören auf den Scheiterhaufen.«

Frida kicherte. »Jetzt wissen Sie, warum ich dauernd lachen muss. – Ich lebe in einem Irrenhaus.«

Damit war sie nicht allein. Täglich führe ich solche Gespräche mit Frauen, die sich darüber beschweren, dass sich der Mann an ihrer Seite nie an Absprachen hält und Tatsachen verdreht und/oder leugnet. Die Wut dieser Frauen ist riesengroß, und oft genug sind es die Väter ihrer Kinder, die sie zur Verzweiflung treiben; beispielsweise indem sie ihren Kindern sagen, die Mama sei schuld, dass er zu Hause bleibt, obwohl sie es selbst waren, die eben noch einen Streit vom Zaun gebrochen und am Ende den gemeinsamen Ausflug in den Zoo entgegen der zuvor getroffenen Absprache abgesagt haben. Männer können ihre Pläne sehr schnell ändern, wenn im Fernsehen Fußball läuft, der beste Kumpel zum Grillen einlädt oder sonst etwas mehr lockt, als süße Mandeln zu essen vor dem Giraffengehege. Der Anlass mag verschieden sein, eines bleibt gleich: Mama ist schuld, wenn sie darauf besteht, in den Zoo zu gehen, obwohl Papa nicht mitkommen »kann«.

So ein Dilemma lässt sich nur lösen, wenn wir uns eines klarmachen: Niemand ist in der Lage, einen anderen wirklich zu verändern. Wir können lediglich lernen, besser und geschickter miteinander umzugehen. Das bedeutet auch, sich selbst nicht so zu verhalten, dass der andere seine schlechteste Seite zeigt. Präsentiert sich der Partner/die Partnerin nämlich mit seinen unschönen Eigenschaften, muss die Frage erlaubt sein, woran das liegt. Ausschließlich an ihm oder ihr oder eventuell auch an mir selbst? Im Falle des Mannes, der nicht mit in den Zoo kommen möchte, lautet die Lösung des Problems, dass ihm der Ausflug gerade nicht in den Kram passt. Ein Zoobesuch bringt ihm persönlich nichts. Verschwenden Sie also keine Zeit, Gründe zu suchen, die es nicht gibt, sondern gehen Sie mit den Kindern los und genießen Sie den Tag!

Das Zauberwort lautet »Interaktion«, also Wechselspiel. In einer normalen Beziehung einigen sich beide Partner auf gewisse Regeln, die im Laufe der Zeit angepasst, revidiert und neu ausgerichtet werden dürfen, auf deren Einhaltung sich jedoch beide rückversichern können. Dabei sind wenige einfache Regeln besser als viele komplizierte. Gelingt es den Partnern, sich an die gemeinsam getroffenen Vereinbarungen zu halten, gelingt die Beziehung.

Hingegen ist eine Partnerschaft zum Scheitern verurteilt, wenn einer von beiden selbstbezogen und beständig die Regeln hintergeht oder willkürlich und in Eigenregie immer neue aufstellt – und der andere dieses Verhalten toleriert. Denn, so viel sei an dieser Stelle auch mal gesagt, ohne gleich von »Schuld« sprechen zu wollen: An einer scheiternden Paarsituation sind immer zwei beteiligt.

> Apropos Fußball! Abseitsfalle! Lassen Sie das narzisstische selbstbezogene Verhalten Ihres Partners auch mal an sich vorbei und ins Abseits laufen. Stellen Sie eine Abseitsfalle! Ist Ihr Narzisst von seiner Großartigkeit und Genialität überzeugt, geben Sie ihm den Raum, dies unter Beweis zu stellen, um ihn die niederschmetternde Erfahrung machen zu

lassen, dass er weder großartig noch genial geschweige denn besonders ist. Ohne Hilfestellung. Ohne Schützenhilfe. Und in aller Konsequenz.

Leider haben Opfer toxisch und empathielos spielender Narzissten kaum eine Chance, ihre Beziehung zu retten, selbst wenn sie anfangen, für sich selbst einzutreten. Denn wie soll eine Beziehung funktionieren, wenn einer der beiden Partner gar nicht möchte, dass sie als gleichberechtigtes Zusammenleben gelingt, sondern nach Dominanz, Macht und Kontrolle strebt? Wie soll eine Begegnung auf Augenhöhe möglich sein, wenn die Partnerin immer wieder nachgibt, ihre eigenen Wünsche zurückstellt und ausschließlich tut, was ihr Mann will? Wenn es der Partnerin nicht gelingt, ihn zu stoppen, sobald er sie verletzt, und einen klaren Punkt setzt? Wenn sie zutiefst davon überzeugt ist, er habe recht mit all seinen Behauptungen und sie selbst sei inkompetent oder dumm? Wenn sie die Fehler des anderen nicht sehen will? Wenn sie glaubt, dass ihr Partner keine Fehler begeht, weil *sie* diejenige ist, die alles falsch macht? Wenn sie an ihren eigenen Ansprüchen an die Beziehung zweifelt, weil schließlich er derjenige ist, der weiß, wie es richtig läuft?

»Es ändert sich einfach nichts«, sagte auch Frida, die mittlerweile zwar erkannte, dass das Scheitern ihrer Beziehung nicht ihre Schuld war, jedoch trotzdem keinen Ausweg aus ihrer Situation fand. »Franco ist immer dann nett zu mir, wenn es unbedingt sein muss – wenn ich kurz davor bin, meine Koffer zu packen und tatsächlich zu gehen. Und jedes Mal ist er dann so süß, dass ich mich neu in ihn verliebe, weil ich denke, dass er sich endlich verändert hat.« Sie ließ ein schweres Seufzen hören. »Aber sobald ich ihm verziehen hab und wir wieder gut miteinander auskommen, schaltet er um auf kalt und distanziert sich. Ich drehe noch durch.« Sie klappte vornüber, legte den Kopf auf ihre Knie und begann zu weinen.

Ich erklärte ihr: »Das liegt daran, dass Menschen mit Persönlichkeitsstörung ihr Verhalten kaum verändern *können.* In einer komplexen Welt, die ihrer engen Sicht- und Verhaltensweise nicht entspricht, kommen sie nicht klar und passen sich allenfalls kurzfristig unter hohem sozialen Druck an, etwa wenn eine Beziehung zu scheitern droht.«

Fridas Schluchzen ebbte ab. Die Enthüllung, dass die Schwierigkeiten ihrer Beziehung nicht an ihr lagen, half ihr sichtlich.

»Lassen Sie uns Ihren Mann erst einmal wegschicken und aus dieser Praxis verbannen«, sagte ich, und gemeinsam formulierten wir einen Spruch, der Franco vom Drehstuhl entfernte.

Jetzt lächelte Frida, und ich hatte erstmals den Eindruck, dass es ein echtes Lächeln war. Ich fragte sie, was sie bräuchte, was ihr in dieser Situation helfen könnte.

Frida machte ein ratloses Gesicht und zuckte mit den Achseln. Sie wusste es nicht. Erst als ich nachhakte, äußerte sie einen Satz, den ich an dieser Stelle immer wieder höre: »Dass jemand mir glaubt.«

Ich nickte und ergänzte meine Frage: »Womit könnte man denn beweisen, dass Sie recht haben?«

Frida dachte darüber nach, und ihr wurde klar, dass Franco seine Attacken immer nur dann gegen sie fuhr, wenn sie zu zweit waren, sodass es keine Zeugen gab, die hätten bestätigen können, wie er ihre Wahrnehmung systematisch leugnete.

»Jemand muss für mich bezeugen, wie er mich immer angeht«, sagte Frida.

»Jemand oder ... etwas?« Ich nahm mein Handy und legte es auf den kleinen Tisch zwischen uns.

Frida starrte darauf, nickte schließlich. Sie hatte verstanden.

Bild- und Tonaufnahmen verletzen die Persönlichkeitsrechte des anderen und sind, ohne Erlaubnis erstellt, vor Gericht als Beweismittel nicht zugelassen. Dennoch meine ich, dass es ein größeres Unrecht ist, einen Menschen im Moment größter Nähe mit emotionaler Gewalt anzugreifen und psychisch zu zerstören. Sollte es in einer Notsituation, wie Frida und mit ihr ungezählte Frauen sie tagtäglich durchleiden, nicht möglich sein, sich mit einer unerlaubt erstellten Aufnahme zur Wehr zu setzen, wenn sie doch die Wahrheit bezeugt? Die meisten Opfer haben ein Glaubwürdigkeitsproblem (siehe Kapitel 4: Das Spiel um Macht), das die Täter schamlos ausnutzen. Und ein manipulativer Täter produziert ständig Material, sodass allein die schiere Menge an Bild- und Tonaufnahmen überzeugend wirkt und dem Opfer zu seinem Recht verhelfen würde. Sollte in einem solchen Fall also nicht der Zweck die Mittel heiligen?

Es ist eine ungenügend beantwortete juristische und offene moralische Frage, die hier im Raum steht und die jedes Mal auftaucht, wenn ich als Psychiater mit Opfern von psychischer Gewalt solche Gespräche führe. Vieles spricht dafür, mit einer Bodycam gewappnet in die Auseinandersetzung mit dem narzisstisch-psychopathischen Partner zu gehen. Und sei es nur für die eigene Rückversicherung: Ja, genauso ist es geschehen. Ich bin nicht verrückt!

»Wenn ich von Franco ein Video aufnehme«, überlegte Frida und schüttelte den Kopf, »und er bemerkt das, ändert er sein Verhalten sofort, und sein Gesichtsausdruck schaltet um.«

Ich nickte. »Dann machen Sie eine Tonaufnahme, das geht unauffälliger. Anschließend können Sie eine Abschrift davon anfertigen und diese Notizen offiziell ›Gedächtnisprotokoll‹ nennen. Auf diese Weise müssen Sie den Mitschnitt nicht verwenden – Gedächtnisprotokolle und alle anderen schriftlichen Notizen sind zulässig.«

Frida hob den Kopf. Auf ihrem Gesicht breitete sich ein hoffnungsvolles Lächeln aus. Ihre Schultern fielen locker herab, sie löste ihre Hände, die bis eben zu Fäusten geballt in ihrem Schoß gelegen hatten. Allein, dass sich ihr in ihrer Vorstellung Handlungsmöglichkeiten offenbarten, entspannte sie.

Schon in der Folgesitzung erzählte mir Frida begeistert, sie mache jetzt regelmäßig Tonaufnahmen von ihrem Mann. Und wenn sie sich die anhöre, merke sie, wie verrückt *er* sei.

»Er widerspricht sich ständig. Erst sagt er, es sei egal was man macht, Hauptsache, man habe Spaß. Und ein paar Sätze später verlangt er, dass ich tue, was *er* sagt, weil ich angeblich gar nicht entscheiden kann, was gut ist. Ha! Ein glatter Widerspruch! Soll ich nun machen, was mir Spaß macht oder was seiner Meinung nach richtig ist?!« Frida lachte befreit und schob nach: »Er ist irre, nicht ich!«

Ein paar Wochen später kam sie geradezu gelöst in meine Praxis. Ihre Haare trug sie zu einem kunstvollen Zopf geflochten, sie schritt aufrecht und mit gestrafften Schultern ins Zimmer. Aus ihren Augen sprach ein Selbstbewusstsein, das ich bislang nicht an ihr gesehen hatte. Schwungvoll warf sie ihre Handtasche auf die Couch und ließ sich mit einem triumphierenden Lächeln ins Leder fallen.

»Ich schicke die Aufnahmen meiner Freundin«, eröffnete sie das Gespräch, »und wir nennen es den ›Podcast der Woche‹!«

Ich staunte. »Sie nennen es ›Podcast‹?«

Frida nickte strahlend, und ich spürte, wie sich auch mein Gesicht zu einem Grinsen verzog.

»Ja. Es ist unglaublich, seitdem ich quasi darauf warte, dass er wieder ausrastet und ich ihn aufnehmen kann, ist er viel ruhiger geworden. Dabei weiß er gar nichts davon.«

»Das muss er auch nicht«, entgegnete ich. »Entscheidend ist die Veränderung in Ihnen.«

Mithilfe der heimlichen Bild- und Tonaufnahmen, die Frida von ihrem Mann machte und mit ihrer Freundin teilte, konnte sie sich selbst beweisen, dass nicht sie die »Verrückte« in der Beziehung war, dass ihre Wahrnehmung stimmte und dass sie sich nichts vorzuwerfen hatte. Dadurch verloren Francos Attacken an Bedeutung für sie; es tat weniger weh. Sie reagierte gelassener auf seine Ausraster, was wiederum ihm den Wind aus den Segeln nahm. Wichtig für Frida war die Bestätigung der Freundin als Zeugin von außen; indem sie Frida die eigene Wahrnehmung bestätigte, stabilisierte sie Fridas Selbstwert. Frida trat selbstbewusst auf und lockerte damit das Netz des Spielers.

»Sie haben sich selbst mehr Raum gegeben und mehr Abstand zu Franco eingenommen«, resümierte ich. »Was korrigiert Ihren Mann noch?«

Sie dachte nach. »Bisher habe ich nur eine Sache entdeckt, die ihn kurzzeitig aufweckt«, meinte sie dann. »Wenn ich zu Ihnen gehe, also engen Kontakt zu einem Psychologen habe, und ein Außenstehender etwas über seinen Narzissmus erfährt. Dann ändert er sein Verhalten, das sieht man immer gleich an seinem Gesichtsausdruck. Der wird dann jedes Mal weicher, offener. Ich glaube, das ist die einzige Angst, die er hat, dass ich gehe oder seine Masche auffliegt.« Sie zuckte die Achseln und strich sich eine gelöste Strähne hinters Ohr. »Alles andere hilft bei uns nicht.«

»Bei uns?« Ich wurde hellhörig und fragte: »Hatten Sie nicht in Erwägung gezogen, sich zu trennen?«

Frida lachte kurz auf, bevor sie erwiderte: »Ich habe wieder Hoffnung.« Als ich die Augenbrauen hob, fügte sie hinzu: »Ich habe Ihren Tipp beherzigt, ihn sofort und streng zu stoppen, sobald er meine Grenzen übertritt.«

Ich warf ein: »Ich glaube, Sie haben gar keine Grenzen.«

Frida seufzte, und ihre Schultern, bis jetzt aufgerichtet und straff, sackten nach unten. »Aber ich ziehe sie doch. Immer wieder! Alle anderen Tipps, die ich versuche, zeigen leider kaum Änderung, und ich habe immer mehr die Befürchtung, dass es doch ist, wie die meisten Ratgeber beschreiben: Narzissmus lässt sich nicht ändern, und man sollte laufen, statt zu bleiben.«

»Bei einer Persönlichkeitsstörung ist das so, nicht aber bei narzisstisch betonten Verhaltensweisen.« Ich hatte Hoffnung für Frida, da die narzisstische Persönlichkeitsstörung sehr selten ist (je nach Studie[36] von 0 bis 1,2 Prozent in der Bevölkerung).

Sie sah auf ihre Hände hinab. »Ich tue mich wirklich schwer. Ich will es nicht akzeptieren. Ich glaube, dass da ein Guter in Franco steckt.«

Ich nickte. »Damit geht es Ihnen wie vielen anderen, die in einer Beziehung mit einem Narzissten leben. Trotzdem sollten Sie irgendwann die Entscheidung treffen, ob Sie mit Ihrem Lieblingsnarzissten zu Hause langfristig klarkommen oder nicht. Pauschal zu sagen, vor Narzissten müsse man weglaufen, ist kein brauchbares Konzept. Ihre Partnerschaft hängt vielmehr davon ab, ob Sie bereit sind zu ertragen, falls Franco sich nie ändert. Und was Sie bereit sind, an sich selbst zu verändern, damit die Konflikte zwischen Ihnen nicht mehr eskalieren. Stellen Sie sich die Frage, ob Sie in der Lage sind, als Erste aus Ihren ewigen Diskussionsspiralen auszusteigen.«

Frida schwieg einen Moment, bevor sie sagte: »Ja, ich glaube, Sie haben recht.«

Beweislast

Nun ist es meistens so, dass Frauen wie Frida ihr Leben weiterleben und an ihrem Selbstwert laborieren, bis sie sich selbst neu erfinden an der Seite ihres narzisstischen Mannes. Sie gehen damit um, dass sie mit einem besonderen Exemplar zusammenleben, und arrangieren sich.

Oder sie kehren um, wenn sie, wie Frida ein paar Monate später, ein paar gebrauchte Kondome im Hausmüll finden und sie ihrem Partner auf den Küchentisch werfen, um ihn damit zu konfrontieren.

Im ersten Moment reagierte Franco mit einem ertappten Gesichtsausdruck, bevor seine Miene hart wurde und er zum Gegenangriff überging.

»Es ist echt eklig, was du machst«, warf er Frida an den Kopf, während er sie mit angewiderten Blicken bedachte.

»Was *ich* tue?« Frida schnappte fassungslos nach Luft. Ekelig waren ja wohl nicht die gebrauchten Kondome auf dem Küchentisch, sondern die Tatsache, dass er sie nicht nur betrog, sondern auch noch belog, obwohl sie ihn erwischt hatte.

Franco hingegen nahm lediglich das Sichtbare wahr und lenkte die Aufmerksamkeit seiner Frau hierauf, um sich selbst aus dem Fokus zu stehlen: »Vier Kondome! *Benutzte* Kondome!« Er lachte, um von der größeren Katastrophe abzulenken, Frida im eigenen Haus mit einer anderen Frau betrogen zu haben. Allerdings fehlte ihm eine alternative Geschichte, die er Frida spontan erzählen konnte. Also schwieg er, um die Tatsachen im nächsten Moment in einer Art Verzweiflungsakt ins Gegenteil zu verkehren: »Das sind deine! *Du* hast hier rumgefickt, während ich nicht da war! Wahrscheinlich mit vier Männern! Das ist abartig!«

»Abartig ist dein Betrug!« Frida schrie empört über seine Dreistigkeit.

Franco brüllte zurück: »Ich verbitte mir, dass du so mit mir sprichst!« Für ihn galt nur, was er sehen wollte und was ihn vor der Selbstoffenbarung schützte. Das war seine Realität, andere Wahrheiten gab es nicht in diesem Moment, weil sie ihn bedroht hätten.

Wie Franco reagieren die meisten manipulativen Narzissten, wenn ihre Untaten auffliegen: Sie stricken sich eine Geschichte zurecht, ob als Vorwurf oder als Trauerspiel, die bezeugt, dass sie selbst unschuldig und missverstanden sind und selbstverständlich kein Vergehen begangen haben. Statt das eigene Fehlverhalten einzugestehen, bezichtigen sie die Anklägerin, Verursacherin des Vergehens zu sein. Der Narzisst leugnet die Fakten, selbst wenn sie als Beweise feucht auf dem Küchentisch liegen.

Frida fotografierte alles. Filmte alles. Und mit der Sicherheit, dass man ihr mit diesen Aufnahmen glauben würde, traute sie sich, weitere Beweise zu sichern. In Francos Handy fand sie viele Fotos und Chats mit anderen Frauen. Flirtende Kurznachrichten. Anzügliche Bilder. Wie sich herausstellte, hatte sich Fridas Mann immer dann auf ein Schäferstündchen mit ihrer besten Freundin getroffen, wenn sie zu mir zur Therapiesitzung kam, jeden Donnerstag eine gute Stunde lang. Eines Tages war Franco zu faul gewesen, das Haus zu verlassen, und lud die Freundin kurzerhand zu sich ein.

Konfrontiert mit diesen Beweisen auf seinem eigenen Telefon, entschuldigte er sich nicht, sondern tischte etwas Neues auf. Er habe mit den Kondomen ganz ehrlich nur testen wollen, ob sie gut genug seien, und zwar für sich allein. Entschuldige. Verzeih.

Ich hatte mich getäuscht – Frida besaß doch eine Grenze, die nun eindeutig überschritten war. Hochkant warf sie Franco aus der gemeinsamen Wohnung.

Erfolg hängt vom Selbstwert ab.

Fridas Geschichte ging gut für sie aus, weil sie sich Hilfe holte, bevor es zu spät war und sie ihren Selbstwert gänzlich verlor. Andere Opfer toxischer Narzissten haben weniger Glück. Sie bemerken und durchschauen das Spiel ihres Partners nicht und büßen Stück für

Stück das Vertrauen in sich selbst ein, bis sie tatsächlich den Verstand oder sich in Depressionen verlieren. Oder gleich beides. Das Perfide daran: Glauben Sie erst mal, nichts wert zu sein, strahlen Sie diese Überzeugung nach außen aus, und jedermann wird Sie in Ihrem Eindruck bestätigen.

Forschen Sie deshalb unbedingt in sich selbst nach, wie es um Ihren Selbstwert bestellt ist. Gelingt es Ihnen, sich selbst positiv zu sehen und an Ihre Fähigkeiten zu glauben, spürt das auch Ihr Partner. Übrigens können Sie nicht nur andere in der Wahrnehmung Ihrer selbst beeinflussen, sondern auch sich selbst. Stellen Sie sich dazu einmal vor den Spiegel, nehmen Sie eine Superwoman-Pose ein und grinsen Sie sich selbst fett ins Gesicht. Wenn Sie mögen, können Sie außerdem das Victoryzeichen zeigen. Halten Sie das für mindestens dreißig Sekunden durch, und es wird Ihnen besser gehen!

Um sich selbst zu schützen und Gegenmaßnahmen ergreifen zu können, ist es außerdem wichtig, dass Sie erkennen, sobald Ihr narzisstischer Partner versucht, Sie in Ihrem Selbstwert zu beschädigen. Je psychopathischer und damit giftiger ein Narzisst ist, desto fremdbeschädigender verhält er sich und attackiert mit Zweifeln vor allem Ihre gesunde Selbst- und Realitätswahrnehmung. Irgendwann ist alles, was er sagt und tut, für Sie so verwirrend, dass Sie sich selbst nicht mehr vertrauen und nicht mehr entscheiden können, was nun stimmt und was nicht. Sie sind ein Opfer des »Gaslicht-Effektes« und seiner psychopathischen Seite geworden.[37]

Merkmale, an denen Sie erkennen, ob der Narzisst an Ihrer Seite Ihr Selbstwertgefühl mit dem »Gaslicht-Effekt« beschädigt:

- Er deutet das, was Sie wahrnehmen, meinen oder fühlen, um und schwächt Sie damit. »Du spinnst doch!« oder »Das bildest du dir ein!« oder »Du bist so empfindlich!«

- Er verunsichert Sie, indem er ständig anzweifelt, was Sie wahrnehmen, spüren, denken, meinen und tun. Er weiß es grundsätzlich besser als Sie!
- Er »saugt« Sie aus, indem er Ihnen in endlosen Diskussionen Energie entzieht und Ihnen die Zeit stiehlt. Das schwächt und destabilisiert Sie.
- Er überzeugt Sie, seiner Wahrnehmung zu folgen statt Ihrer eigenen. Wenn er sich gleichzeitig besonders nett verhält, sodass Sie sich zu ihm hingezogen fühlen, wird seine Bearbeitung intensiver.
- Er leugnet Offensichtliches, verleumdet Sie und andere, verdreht und verschleiert Tatsachen zu seinen Gunsten und zu Ihrem Nachteil.
- Er ignoriert, vereinfacht und banalisiert Ihre Sorgen, Ängste und Bedürfnisse. Das schwächt Sie und stärkt seine Position.
- Er bestraft Sie, wenn Sie sich gegen seine Manipulationen wehren, indem er Sie ignoriert, schweigt und wie Luft behandelt (»Silent Treatment«).
- Durch Behauptungen und Verdrehungen sät er bewusst Zwietracht, um Ihnen dafür die Verantwortung zuzuschieben. Das erniedrigt Sie.
- Er treibt Sie in emotionale Not und erzeugt Schuldgefühle in Ihnen, um Sie dann zu trösten und auf diese Weise an sich zu binden.
- Er zerstört Beziehungen, die Ihnen wichtig sind, und wendet sie gegen Sie. Das isoliert und trennt Sie von Ihren sozialen Kontakten.
- Um das alles zu erreichen, lügt, betrügt und täuscht er.

Der Gaslight-Effekt: Der narzisstische Missbrauch zeichnet sich dadurch aus, dass er seine Opfer mit dem Gaslight-Effekt in Halbwahrheiten, Versprechungen und Bedrohungen einlullt und damit erheblich schwächt. Durch seine Gutgläubigkeit gibt das Opfers die eigene Realitätswahrnehmung zugunsten eines Verwirrspiels auf, das nur dazu führt, die eigene Selbstachtung zu verlieren. Weil dieser psychische Effekt so einfach funktioniert und so mächtig zerstörerisch ist, muss er immer wieder in der Beratung der Opfer Erwähnung finden. Selbstvertrauen, Selbstachtung und ein guter Selbstwert schützen Opfer vor dem manipulativen Einfluss eines Narzissten und der unverfälschten Wahrnehmung der Realität.

Die Beschädigungskraft des »Gaslicht-Effektes« ist davon abhängig, wie massiv der Narzisst ihn einsetzt. Oder anders gesagt: Die Dosis macht das Gift. Typischerweise betreiben sehr toxische Narzissten ihre selbstbezogene Fremdbeschädigung so lang und intensiv, bis sie ihr Spiel gewinnen und das Gegenüber jede Gegenwehr aufgibt. Dabei zeigen sie sich unreflektiert, reuelos, heuchlerisch, zynisch und aggressiv.

Diese Form der emotionalen Gewalt bringt Sie als Partnerin in eine extreme emotionale Erschöpfung, stürzt Sie in tiefe Verzweiflung und ist traumatisierend, da Sie für sich keine Handlungsoptionen finden. Reflektieren Sie, ob Sie Gefahr laufen, in das Müdigkeitsloch zu fallen, oder ob Sie eventuell sogar schon drinstecken (besonders gefährdet sind Personen mit Helfersyndrom).

Auch Frida war erschöpft, weil sie alles dafür tat, etwas zu erhalten, das längst zerstört war – ihre Beziehung. Franco profitierte davon und ließ sie ackern. Auf diese Weise lief sich Frida emotional leer, bis sie am Ende verwirrt zusammenbrach. Und sich auf meiner Couch buchstäblich kaputtlachte.

Der Rettungsversuch des eigenen Selbstwertes

Die meisten Menschen verfügen über einen halbwegs gesunden Selbstwert, der ihnen dabei hilft, zufrieden bis glücklich durchs Leben zu schippern. Weil sie wissen, was sie können, Erfolge erzielen und Leistung erbringen, sind sie in der Lage, bewusst und gelassen mit ihren Schwächen umzugehen.

Anders sieht es aus, wenn das eigene Selbstwertgefühl gering ist – vor allem im Zusammenspiel mit einem Narzissten. In der Vermeidung neben einem dominanten Partner erlebt sich die betroffene Person wie in einer Vernichtungsmaschine. Das Selbstwertgefühl ist eingebrochen, sie fühlt sich unwichtig und leugnet ihre Bedürfnisse oder hat gar keine mehr. Ihr inneres Selbstbild ist negativ und dunkel. Obwohl sie gern anderen die Schuld dafür gibt, dass es ihr so schlecht geht, akzeptiert sie die eigene Banalität, Leere und Bedeutungslosigkeit. Dieses Empfinden spiegelt sie nach außen, unter Freunden oder ihrem Partner, und neigt dazu, sich zu beschweren. Sie sucht und erlebt immer neue Herabsetzungen. Unter anderen Menschen fühlt sie sich unsicher und geht sozialen Kontakten tunlichst aus dem Weg. Sie lebt unterworfen und nutzlos. Dabei leistet sie viel und ist beruflich bereit, alles zu geben, bis zur Selbstaufgabe, um ihren Wert dadurch ein klein wenig aufzupolieren.

Bewältigt der Mensch mit geringem Selbstwertgefühl den Konflikt günstiger und überwindet er sein Vermeidungsverhalten, so verläuft sein Leben diametral anders. Im Kern bleibt zwar das schwache Selbstbewusstsein, wird nach außen hin jedoch mit überzeugender Selbstsicherheit verdeckt. Das Motto: »Fake it, till you make it!« Die Selbstbezogenheit nutzt alles und jeden, um das geringe Selbstwertgefühl zu zerstreuen und stattdessen ein gutes Gefühl entstehen zu lassen. Daher ist die Welt, in der die betroffene Person lebt, schwarz-weiß. Menschen, die ihren Selbstwert stärken, sind ihre Freunde, alle anderen Feinde. So erklären sich die spaltenden Qualitäten eines Narzissten. Er selbst ist großartig, anerkennungssüchtig und arrogant, alle anderen Idioten, denen er die Verantwortung eigener Verfehlungen wie einen schwarzen Peter zuschiebt. Die Außenwelt ist schuldig an seinem Leid!

Das Problem: Narzissten mit geringem Selbstwert scheitern an der eigenen Selbstüberschätzung und geraten unter Druck, wenn nichts mehr so klappt, wie sich ihr aufgeplustertes Ego das vorstellt. Schließlich manifestiert sich das Desaster in Krankheit und Erschöpfung, wenn der Narzisst vor lauter hausgemachtem Stress unter der Last eigener Größenfantasien zusammenbricht.

Mit Glück erkennt er, selbst auch nur menschlich zu sein und sich vertan zu haben. Viel wahrscheinlicher jedoch reagiert er weiterhin narzisstisch, weil ihm kein anderes Repertoire zur Verfügung steht, diesmal allerdings mit spürbarem Leidensdruck, ahnungslos, jammernd und, natürlich völlig schuldlos, vom Schicksal schwer getroffen.

Diese Spaltung in zwei Lager, dem schlechten Selbstwert auf der einen und dem Versuch der eigenen Überhöhung auf der anderen Seite, ist typisch für die Struktur eines narzisstischen Charakters. Aus Angst, sich dem eigenen schlechten Selbstwertgefühl zu stellen, schiebt er seine Unzulänglichkeiten ins Unbewusste. Inkompetent zu sein, ist ein furchtbares Gefühl und wird aus der Wahrnehmung verdrängt. Erinnert man den Narzissten an das, was er nicht kann, auch in einer konfrontativen, klärungsorientierten Psychotherapie, verstärkt das sein schlechtes Selbstwertgefühl, und der Narzisst geht sofort dagegen an; wenn es sein muss, mit schwerem Geschütz.

Als Partnerin eines Narzissten mit schwachem Selbstwert sind Sie diesen Verteidigungsmechanismen schutzlos ausgeliefert. Und hierin liegt die Hauptursache, warum viele Frauen nicht in der Lage sind, sich neben ihrem narzisstischen Gatten zu behaupten. Weil er massiv seine schwache Flanke verteidigt, ist eine Partnerin mit gleichfalls schwachem Selbstwert unfähig dagegenzuhalten.

Das macht Partnerinnen aggressiv gegenüber ihrem Narzissten, und in Ermangelung einer besseren Idee stürzen sie sich kopflos in die Auseinandersetzung und gehen dabei hohe Risiken ein. Schließlich sind sie wertlos, und niemanden kümmert es, wenn sie sich gefährden. Sie haben vergessen oder verlernt, sich selbst als wertvoll zu empfinden. Spätestens der Lieblingsnarzisst hat es ihnen ausgetrieben.

Oftmals besteht der Selbstwertmangel jedoch schon lange, bevor das Opfer eine Beziehung mit einem Narzissten eingeht. Denn nicht selten sind es tief eingespeicherte komplexe Geschichten in Gestalt mächtiger Selbstanteile, die seit der Kindheit und bis heute sagen: »Du bist nichts wert.«

Der narzisstische Vater oder die herzlose Mutter haben der betroffenen Person diese negativen Selbstanteile durch Erziehung oder sogar Missbrauch antrainiert. Ein psychischer Fremdkörper, den Partnerinnen von Narzissten erst in seiner Wirkmacht abschwächen müssen, bevor sie souveräner auftreten können.

Die Krux dabei: Was selbstwertgeschwächte Menschen über Jahrzehnte verinnerlicht haben, lässt sich logischerweise nur sehr langsam wieder verlernen. Ich empfehle an dieser Stelle immer gern, diesen mächtigen Fremdkörper als inneren Selbstanteil zu visualisieren und ihn dann zu verkleinern, beiseitezustellen oder in den Urlaub zu schicken, um Platz zu schaffen für selbstwertstärkende Selbstanteile. Es geht, braucht jedoch Zeit und Beharrlichkeit. Genauso wie der Narzisst die Chance hat, mit seinem überzogenen Verhalten aufzuhören, kann die Partnerin die Überzeugung ablegen, schwach und nutzlos zu sein.

Beides ist leichter gesagt als getan und benötigt zumeist die Hilfe einer Psychotherapie.

Trifft mehr als eines der folgenden Merkmale auf Sie und Ihren Narzissten zu, sollten Sie sich Hilfe von außen holen:

- Sie erleben einen kritischen Einbruch Ihres Selbstwertes, glänzen durch Selbstherabsetzung und denken Sätze wie: »Ich bin nichts, ich kann nichts.«
- Alles, was schiefläuft, schreiben Sie Ihrer eigenen Inkompetenz zu. »Es liegt an mir.«

- Sowohl der Narzisst als auch Sie selbst bestätigen direkt oder indirekt Ihre Bedürfnislosigkeit und Unwichtigkeit. »Was ich möchte, zählt nicht.« – »Ich möchte gar nichts, entscheide du.«
- Sie schämen sich für Ihre eigene Schwäche und Inkompetenz.
- Ihr Neid und Ihre Wut richten sich gegen helfende Autoritäten (Ärztinnen, Therapeuten, Institutionen), denen Sie gern die Schuld an Ihrem Elend geben. Mit Vergnügen hilft Ihnen der Narzisst, das stützende Netzwerk, das Sie sich aufbauen, abzuwerten. »Wusste ich es doch, dass der nichts taugt!«
- Sie sind unfähig, sich selbstwirksam zu helfen.
- Sie haben keinerlei Ansprüche an sich selbst und zweifeln daran, großartig zu sein.
- Sie lösen beständig narzisstische Angriffe bei Ihrem Partner aus und wehren sie impulsiv und kopflos ab.
- Sie wirken oder sind »hysterisch«, hochemotional, sehr wechselhaft in Ihrer Stimmung und kämpfen erfolglos um die eigene Wichtigkeit in der Beziehung. Eine sehr ungünstige Selbstoffenbarung, die der Narzisst gegen Sie verwendet.

Durchschauen und verstehen

Unsichere und selbstzweifelnde Klienten treten häufig idealisierend auf. Sie heben mich als ihren rettenden Psychiater auf ein Podest und bewundern mich, den »Experten«, der die Antworten und die ultimativen Tipps parat hält, die sie selbst nicht entwickeln können. Im Umkehrschluss ist das eine höchst selbstentwertende Haltung und kann mitunter peinlich werden, weil ich nicht immer in der Lage bin zu helfen und der Hilfe suchenden

Person klarmachen muss, dass jede Lösung nur sehr individuell funktioniert und immer eine Veränderung bei einem selbst beinhaltet.

»Schon wieder hilft mir keiner!«, lautet der wütende Vorwurf auf diese Wahrheit, und plötzlich bin ich es, der die Hilfesuchende zum Opfer macht.

Dieses Dilemma lässt sich nur umgehen, wenn man bereit ist, aus dem unmoralischen Spiel zwischen Täter und Opfer ein abstraktes Kommunikationsproblem zu machen. Angenommen, es gibt keinen bösen Täter und kein armes Opfer, sondern lediglich zwei Spieler, deren Taten und Worte sich gegenseitig beeinflussen. Ein Zusammenspiel von zwei »komplizierten« Menschen.

Lassen wir die Moral einmal außen vor und betrachten für einen Moment ausschließlich die Kommunikation als Reiz-Reaktion-Modell. Was geschieht, wenn wir uns miteinander verständigen? Einer sagt/tut etwas, der andere reagiert darauf. Kommunikation findet niemals allein statt, sondern erfordert immer einen Interaktionspartner.

Erst wenn man diesen Umstand begriffen und akzeptiert hat, ist man in der Lage, den eigenen Beitrag zu ermitteln, der zur Auslösung einer ungünstigen Reaktion beim anderen führt. Es ist nämlich gar nicht möglich, dass es nur einen (oder eine) in der Beziehung gibt, der oder die schlecht kommuniziert. Es sind stets beide.

Teilen die »Spieler« unterschiedliche Normen und Regeln (»Ich sage, wie es läuft!«) oder wird einer mehr als der andere von inneren Antreibern (»Das muss jetzt sein!«) unter Druck gesetzt, so löst das im anderen stets einen Gegendruck und eine Reaktanz (Widerstand, Trotz, Gegenangriff) aus. Dabei ist es gleichgültig, ob die Beteiligten bewusst oder unbewusst handeln – meistens nimmt man sich ja nicht vor, der Bestimmende zu sein oder trotzig zu reagieren. Aus der Not heraus reagiert man sogar als Unterlegene »automatisch« narzisstisch und abwertend! Gibt es in der Konstellation keinen Spielraum mehr, um einen Kompromiss zu finden, bleibt einer der beiden Partner also unnachgiebig und erhöht damit den Druck im Kessel, kommt es früher oder später zwangsläufig zur Detonation.

Sind Sie als Paar in eine solche Situation geraten, versuchen Sie unbedingt, einen Schritt zurückzutreten und die Lage so objektiv wie möglich zu betrachten. Untersuchen Sie (gemeinsam), was hier gerade (schief-)läuft. Und stellen Sie sich die korrigierende Frage: Bin ich eventuell selbst diejenige, die den Druck erhöht? Bin ich gerade der Tyrann, der seine Normen durchsetzen will? Oder löst ein anderes Detail in meinem Verhalten eine Abwehrreaktion im Partner aus? Nutze ich gerade selbst den Gaslicht-Effekt für mich?

Es wird schmerzen zu erkennen, Teil des Problems zu sein. Ohne Schmerz entsteht jedoch keine Notwendigkeit zur Veränderung.

Verlassen die Partner die normale Art zu kommunizieren, kann es richtig schieflaufen, wenn zum Beispiel perfide spielende Narzissten absichtlich emotionalen Druck erzeugen, um ihr Opfer bewusst zu schwächen. Hier kommt dann doch wieder die Moral ins Spiel, denn der unfair spielende Narzisst deutet den Kontext um und verwendet vernünftige Argumente, um den eigenen Anteil zu verharmlosen und dem anderen die alleinige Schuld zuzuschieben: »Du hättest mich doch unterbrechen können! *Du* hast dich unterdrücken lassen! *Du* bist doch immer wieder auf mich eingegangen!«

Das ist das Gemeine und das Unmoralische an der Beziehung zu einem manipulativen Narzissten: Statt eine Veränderung in sich selbst anzustreben, richtet er die Argumentation grundsätzlich gegen den

Partner. Selbst der größere Teil des Problems zu sein und diese Tatsache beständig auf das Gegenüber zu übertragen und dort zu betonen, ist die Strategie des Narzissten. »*Du* bist der Narzisst, nicht ich!«

Sie merken selbst: Das ist kaum hilfreich. Genauso gut könnten Sie erwidern: »Du bist ein Pfannkuchen, nicht ich!« oder »Du bist Blabliblub, nicht ich!«, und haben damit nichts gelöst.

Was also tun, wenn der (Kommunikations-)Partner sich nicht an die in der Partnerschaft geltenden Normen hält? Wenn er die Regeln für sich selbst umdeutet, sie willkürlich ändert, Zweifel sät an Ihrer Wahrnehmung und Ihren Selbstwert destabilisiert?

Nehmen Sie unbedingt den Druck aus der Kommunikation! Das können Sie tun, indem Sie benennen, was Sie beobachten: »Ich habe dich angeschrien, weil mich deine Aussage verletzt und damit emotional unter Druck gesetzt hat.«

Damit nehmen Sie eine Beobachterrolle ein und gehen automatisch auf Distanz, was den Druck senkt. Sie behalten den Ärger für sich und warten auf die Reaktion Ihres Partners. Je nachdem, in welcher Weise er darauf anspringt, können Sie sich neu auf die Situation einstellen. Lassen Sie sich Zeit, atmen Sie durch. Wenn es Ihnen gelingt, sich Ihre Gelassenheit zu bewahren, wird sich das positiv auf Ihren Partner auswirken. Nehmen Sie sich zurück und steigen Sie aus der ungünstigen Kommunikationsspirale aus. Das hilft.

Falls Ihr Bemühen keine Besserung bringt und Ihr Partner weiterhin beständig Ihre gemeinsamen Normen und Ihre Bedürfnisse verletzt, dürfen Sie sich überlegen, ob diese Beziehung für Sie noch sinnvoll ist.

Läuft es nach der benannten Methode hingegen besser, weil Sie sich weniger nah sind und weniger Druck aufeinander ausüben, bleiben Sie dabei!

No Contact oder was?

Ein Großteil der Beraterliteratur ist schnell dabei, Ihnen vorzuschlagen, den Kontakt zu Ihrem Narzissten aufzugeben. Das ist durchaus sinnvoll, wenn es sehr unangenehm wird. Doch niemand garantiert Ihnen, dass Ihr Leben nach der Trennung ruhiger verläuft.

Bestehen zum Beispiel Verbindlichkeiten zwischen Ihnen oder haben Sie gemeinsame Kinder, wird sich der Narzisst in seinem lebensbestimmenden Streben, als der Bessere dazustehen, am Kontakt zu Ihnen festkrallen, um Ihnen unter allen Umständen zu schaden. Deshalb ist es manchmal besser, die Beziehung zu gestalten, sofern noch nicht alles verloren ist und die Trennung keine Perspektive, sondern lediglich Bestrafung und abwertende Zerstörung bedeutet.

In diesem Fall brauchen Sie eine wirksame Taktik, mit der Sie Ihren Selbstwert steigern und in der Beziehung bleiben können. Denn neben den Spielchen, die Ihr Narzisst mit Ihnen treibt, gibt es noch andere Strategien, die Sie umdrehen und vielleicht sogar für sich nutzen können. Wichtig dabei ist, dass es Ihnen nicht um Sieger und Verlierer gehen darf, sondern um ein besseres Miteinander. Denn aus einer Beziehung mit einem Narzissten können Sie auch persönliche Vorteile ziehen, was Ihren eigenen Selbstwert sogar stärkt und wachsen lässt!

Befreien Sie sich zunächst von der Vorstellung, Ihren Narzissten erziehen zu können. Es geht nicht! Sie können niemanden verändern, der schon über dreißig Jahre nach einem narzisstischen Prinzip funktioniert. Sie haben schlicht keine Zeit dafür. Akzeptieren Sie, dass Sie einen ganz besonderen Partner an Ihrer Seite haben. Vermeiden Sie die verletzte Opferrolle und werden Sie zu einem kompetenten Mitspieler!

So zähmen Sie Ihren Narzissten und sorgen dafür, dass er trotz seines Strebens, der Beste zu sein, gelassen bleibt:

- **Nur die Ruhe!** Fragen Sie sich als Erstes, was Ihr Partner braucht, um gelassen zu werden. Was löst seine Unruhe aus? Geben Sie ihm, was er benötigt, solange Sie diesbezüglich authentisch mitgehen können. Es soll Sie nicht pervertieren, jeden Mist mitzumachen! Gehen Sie auf eine bestimmte Art mit Ihrem Narzissten um, kann es richtig gut werden. Und Ihr Wissen um die Notwendigkeit der eigenen Haltungsveränderung zum Narzissten hilft.
- **Seien Sie positiv!** Wenn Sie sich auf die positiven Seiten Ihrer Beziehung konzentrieren, erreichen Sie eine positive innere Haltung. Betrachten Sie die guten Eigenschaften, die hinter den schlechten versteckt sind. Was kann er (oder sie) sehr gut? Jeder Mensch hat negative und positive Selbstanteile. Sofern Sie die Aufmerksamkeit bewusst auf die besseren Seiten legen, verstärkt sich automatisch der Blick hierauf, auch beim Narzissten. Das wird Sie beide froh machen und entlasten. Erinnern Sie sich an die guten Seiten. Vergessen Sie aber niemals, was schieflief, und lassen Sie sich nicht verbiegen! Achten Sie auf Ihre innere Grenze.
- **Gefallen tun!** Finden Sie heraus, was Ihr Narzisst mag. Machen Sie das. Denn sobald Ihrem Narzissten etwas nicht gefällt, wird er unruhig und sucht Trigger, um Sie auszulösen. Wenn Sie ihm hingegen geben, was er will, wird er Sie weniger provozieren. Das reduziert wiederum die Trigger in Ihnen, und Sie sind weniger verletzlich. Falls Ihr Narzisst dann doch ab und zu wieder strafend wird, reagieren Sie gelassener und können die

Phasen der Bestrafung als Marotte einordnen und besser aushalten.

- **Raus aus der Opferrolle!** Kehren Sie die Täter-Opfer-Konstellation in ein Spiel mit zwei Spielenden um: einer, der seine narzisstischen Possen treibt, und der andere, der sein ebenso starkes Spiel spielt. Zeigen Sie Ihre Stärken. Leisten Sie spürbar, auch ruhiger, Widerstand und lassen Sie sich nicht provozieren. Sie entscheiden über Ihre Reaktion! Dadurch wird der Narzisst ruhiger.
- **Nicht angreifen!** Vermeiden Sie Kritik an Ihrem Narzissten, denn damit lösen Sie sofort sämtliche Verteidigungsmechanismen in ihm aus. Verdeutlichen Sie ihm nicht seine Inkompetenz, sondern würdigen Sie seine Schwäche durch empathisches Erkennen (freundlicher Blick, verständiger Gesichtsausdruck). Stützen Sie Ihren Narzissten darin, das Problem selbst zu korrigieren. »Kann ich dir behilflich sein?« Will er keine Hilfe, dann akzeptieren Sie das. Halten Sie Distanz. Sagen Sie nicht »Problem« zu seinem Problem, denn Narzissten haben keine Probleme! Sprechen Sie von »Lösungen«, »Wegen« oder »Herausforderungen«. Erst wenn Narzissten in ein depressives Loch fallen und zusammenbrechen, haben sie ein Problem. Sagen Sie dann: »Diese Herausforderung schaffen wir auch noch zusammen.« Genießt Ihr Narzisst große Präsenz in der Öffentlichkeit oder ist er ein exponierter Künstler, kritisieren Sie nie, auch nicht auf Aufforderung. Sagen Sie: »Du hast super gespielt, Schatz.« Rational weiß er selbst, ob er gut oder schlecht war. Sagen Sie ihm, was gefehlt hat, damit er noch heller hätte glänzen können. Nehmen Sie die Ängste Ihres Narzissten wahr und

lassen Sie ihn spüren, dass Sie da sind, um die Sache gemeinsam durchzustehen.

- **Mut zur Veränderung!** Prüfen Sie knallhart, ob die Korrektur Ihres Eigenanteils zur Entschärfung der Situation führen könnte. Haben Sie etwas bei sich selbst gefunden, das die Situation verschlechtert, ändern Sie es. Halten Sie Ihre Zunge im Zaum. Ärgern Sie Ihren Narzissten nicht. Ärger entsteht immer dann, wenn eine Norm oder Grenze übertreten wird. Ein Narzisst hat Tausende davon, und viele kennen Sie nicht.
- **Selbstehrlichkeit, kein Selbstmitleid!** Viele Frauen, denen es schwerfällt, ihren Eigenanteil an den Auseinandersetzungen zu erkennen oder zuzugeben, neigen dazu, den Narzissten zu verlassen, weil sie mit der Situation schlecht umgehen können und ungünstige Lösungen wählen. Beobachten Sie sich selbst, reflektieren und handeln Sie! Wenn Sie in der Perspektive des Opfers verharren, fühlen Sie sich ständig verletzt und kraftlos, machen dem Partner Vorwürfe und versinken in Selbstmitleid. Verschließen Sie sich, spiegelt sich das im Umfeld, und alle anderen sehen Sie so schwach, wie Sie sich selbst empfinden. Ändern Sie Ihr Verhalten und holen Sie sich Hilfe, falls es Ihnen nicht gelingt. Machen Sie eine Therapie und seien Sie geduldig und gnädig mit sich selbst. Denn auch für Sie gilt: Was Sie über Jahrzehnte gelernt haben, können Sie nicht von jetzt auf gleich abstellen.
- **Keine Verteidigung ist die beste Verteidigung!** Geben Sie die Opferrolle innerhalb der Beziehung auf und gelingt es Ihnen, wirksam die Interaktion zum Narzissten zu korrigieren, kann das seine Verteidigungsstrategien

völlig unnötig machen und der gesamten Beziehung eine bessere Qualität bescheren. Stellen Sie sich den Tatsachen und akzeptieren Sie, was Sie nicht ändern können. Je mehr Druck Sie Ihrem Narzissten ersparen (und damit sich selbst), desto weniger glättende Ausreden, Rechtfertigungen und Lügen benötigt er. »Love it, change it or leave it!«

- **Füttern Sie ihn täglich, und er wird Sie zubomben mit Liebe.** Geben Sie Ihrem Narzissten das Gefühl, dass er besonders ist. So lösen Sie leicht die nächste Love-Bombing-Phase aus. Denn viele Narzissten sind, wenn man sie mit Anerkennung und Lob füttert, bereit, (noch) erfolgreicher, (noch) bunter, (noch) mutiger und (noch) positiver zu werden. Füttern Sie ihn mit allem, was Ihnen zur Verfügung steht! Fällt Ihnen das schwer, erlauben Sie sich die Frage, warum Sie Ihren Narzissten nicht loben wollen. Rächen Sie sich gerade an ihm? Dann wären Sie nicht besser als er, und Ihre Beziehung hat keine Chance auf Verbesserung. Oder meinen Sie, Lob sei unnötig, weil er doch weiß, dass Sie ihn toll finden und wie stolz Sie auf ihn sind? Sagen Sie es ihm trotzdem! Jeder Mensch freut sich, wenn man ihm etwas Liebevolles und Anerkennendes sagt. Können Sie sich nicht dazu überwinden, haben Sie übrigens Ihren Eigenanteil am Partnerproblem gefunden. Springen Sie über Ihren Schatten, und Sie werden reich belohnt. Und um Sie zu beruhigen: Es ist wissenschaftlich bewiesen, dass die gängige Befürchtung, mit Lob aus einem Narzissten einen noch größeren Narzissten zu machen, ein Irrglaube ist. Das Gegenteil stimmt: Einen narzisstischen Menschen mit Bestätigung zu füttern, vermindert den Narzissmus! Erhält er nämlich die ersehnte Anerkennung, ist es nicht länger notwendig, aktiv narzisstisch darum zu buhlen. Narzissten brauchen es! Also seien Sie nett und füttern Sie.

- **Füttern, auch wenn kaum Futter da ist?** Bei erfolglosen Narzissten, die ein überbordend schlechtes Selbstbild mit sich herumtragen, mag es kaum etwas geben, das Sie anerkennend loben können. Und manchmal reagieren diese Narzissten sogar gereizt und ungläubig auf Anerkennung, weil Applaus ihnen unbekannt und suspekt ist. Der Appell des renommierten Persönlichkeitspsychologen Rainer Sachse lautet trotzdem auch hier: »Füttern Sie, bis der Arzt kommt!« Irgendetwas Liebenswertes findet sich an jedem und jeder!
- **Zugewandte Korrektur!** Statt ihm seine Fehler unter die Nase zu reiben, kritisieren Sie Ihren Narzissten subtil: »Könntest du dir vorstellen, das weniger oder nicht mehr zu machen?« Kombinieren Sie Ihre Aussage mit Schmeichelei oder dem Rückschlag-Phänomen: »Warum machst du das, das passt gar nicht zu dir, sonst gelingt dir das besser.« Wichtig: Bleiben Sie nett und ruhig.
- **Schluss mit dem Gemecker!** Solange es für Sie echt ist, bemühen Sie sich als Partnerin oder Partner, gelassen zu bleiben. Vermeiden Sie schrille Stimmlagen und bleiben Sie ruhig und suggestiv anführend, als leiteten Sie eine Hypnose ein. Formulieren Sie kindgerecht und wertschätzend. Gerät Ihr Tonfall vorwurfsvoll, tadelnd oder hektisch, kippt der Narzisst sehr schnell in seinen aggressiven Verteidigungsmodus, und Sie wissen selbst am besten, wie erschreckend das ist.

In meiner Kindheit hieß es: »Toben Sie nicht, wenn Kinder toben«, und grundsätzlich gilt: **Erkennen Sie Ihren Eigenanteil an der Beziehung!** Gestalten Sie aktiv Ihre Partnerschaft und finden Sie das Positive. Zeigen Sie Stärke! Dadurch verlassen Sie die Opferhaltung und gewinnen an Selbstwert. Wertschätzung schwächt den Narzissmus – egal wessen.

Umgekehrt gibt es Verhaltensweisen, die Ihren Narzissten todsicher zum Angriff verleiten (unbedingt vermeiden!):

- Direkter Angriff: »Du, Du, Du! Du hast das gemacht!« Genauso riskant: »Was willst du!?«
- Nur Fehler oder Fehlverhalten benennen und drauf herumreiten.
- Lautstärke, Körpersprache, Mimik, die aggressiv wirkt.
- Aufgabe der eigenen Selbstkontrolle. Sobald Sie Unruhe, Ärger, Wut zulassen, überträgt sich das auf Ihren Partner. Suchen Sie sich Hilfe, wenn Sie unter einer Traumaerfahrung leiden und häufig Ihr Notfallprogramm anspringt.

So wie man in den Wald hineinruft, so schallt es heraus

Durch die Beachtung dieser Hinweise können Sie unheimlich profitieren, indem Sie die Kontrolle über die emotionale Kommunikation und an Selbstsicherheit im Umgang mit ihrem Lieblingsnarzissten gewinnen.

Der Zusammenhang ist denkbar einfach und hat mit der Funktionsweise unserer Psyche zu tun. Das, was wir selbst sind, übertragen wir auf unser Umfeld. Das tun wir unbewusst und automatisiert und zeigt sich immer dann, wenn wir Dinge und Verhaltensweisen in anderen sehen, die wir bei uns selbst nicht wahrnehmen, weil wir sie verdrängen. Plötzlich fühlen wir das, was wir in uns selbst unterdrücken, bei Menschen, die wir beobachten. Das geht blitzschnell. Wir sehen und spüren etwas und meinen, es gehöre zum anderen, obwohl es tief in uns selbst verankert ist. Wir verstecken es bloß, um nicht so sehr daran zu leiden.

Lassen wir uns von negativen Emotionen beherrschen, wird die Welt, in der wir leben, negativ auf uns zurückstrahlen. Gehen wir hingegen leicht und vergnügt umher, so zeigt sich uns die Welt heiter und gefällig. Zieht eine dunkle Wolke oder ein Sturm herauf, hat das immer irgendwie auch mit uns zu tun. Mit unserer eigenen Geschichte und unseren Erfahrungen, guten wie schlechten, die wir als Kind oder junger Mensch machten. Wir sind daran gewöhnt und suchen das Vertraute auf. Das geschieht unbewusst.

Hätten wir also an einem Zeitpunkt in unserem Leben die Möglichkeit zu entscheiden, dass wir selbst von einem viel größeren Wert sind, als andere das über uns meinen, und würden wir darauf aufbauen und diesen Selbstwert beschützen und verteidigen, so würde auch die Welt um uns herum diesen Wert erkennen und bestärken.

Wenn Sie diese Gesetzmäßigkeit Ihrer Seele erkennen und verinnerlichen, haben Sie viel über Beziehungsarbeit gelernt. Und es ist grundsätzlich Ihre Entscheidung, wie weit Sie mitgehen können, um durch Ihr eigenes Verhalten das Bestmögliche im anderen auszulösen, und ob Sie bereit sind, die schlechteren Seiten mitzutragen.

Es geht immer um die Interaktion, um das Wechselspiel. Sagen Sie die Dinge, die gesagt werden müssen, und sagen Sie sie freundlich. Sagen Sie Ihrem Kerl, dass Sie ihn cool finden, und drücken Sie ihm den Wischmopp in die Hand. Es ist sinnlos,

Verhaltensänderung des anderen zu fordern, ohne ihn regelmäßig anzuerkennen. Finden Sie Ihren Eigenanteil an der Dynamik!

Denn so viel ist sicher: Nachts nackt an das Bett des Partners zu treten und wild herumzuschreien, wird nicht funktionieren, um das Verhalten Ihres Lieblingsnarzissten zu verändern.

Kapitel 6

Das Spiel um Identität

Identität ist das, was uns ausmacht und von anderen unterscheidet. Ohne Identität könnten wir nicht sagen: »Ich!« Gleichzeitig ist Identität etwas, das einem verloren gehen kann. Eine Erfahrung, die man niemandem wünscht, denn der Zerfall der Identität bedeutet den Verlust der Rollen, die wir im Leben spielen: Vater, Kollegin, Tante, Geliebter, Spaßvogel, Freundin. Identität ist hochgradig von Kontexteffekten abhängig, also von dem Umfeld, das uns umgibt, und den sozialen Kontakten, die wir pflegen. Man könnte sogar sagen, wir *sind* die, die uns umgeben, bzw. werden erst durch die Begegnung mit den anderen zu denjenigen, die wir sind.

Bisher haben wir gelernt, dass im Spiel mit einem Narzissten derjenige bessere Karten hat, der als Person in seiner Selbstwahrnehmung gefestigt ist. Allerdings bedeutet ein starkes Selbstbewusstsein noch lange nicht, dass es dem bösartig agierenden Narzissten nicht trotzdem gelingt, sein Gegenüber zu manipulieren oder auszutricksen. Denn es kann passieren, dass wir zwar die Auseinandersetzung mit diesem starken Gegner bestehen, weil wir in uns selbst gefestigt sind, dabei jedoch das große Ganze übersehen, in dem der Narzisst sein Spiel betreibt. In diesem Fall laufen wir große Gefahr, das Nachsehen zu haben, weil wir uns bis zum Ende nicht bewusst sind, welches Spiel hier wirklich gespielt wird. Bis uns sehr unangenehme Umstände wachrütteln. Wie im Fall von Emma.

Emma und die Lebenslüge

Emma, die Frau eines wohlhabenden Kunsthändlers, schien wie aus der Zeit gefallen. Sie trug Haute Couture, viel Gold und zu viel Make-up. Etwas zu viel Leopardenmuster. Asymmetrischer Haarschnitt. Mit überschlagenen Beinen, die Füße in Pumps, bei deren Absätzen mir schwindelig wurde, saß sie auf meiner Couch und presste die Lippen aufeinander. Laut ihrer Privatversichertenkarte war sie 53 und nach meinem ersten Eindruck tief verzweifelt.

»Ich bin der Teufel, der ihn verlassen hat«, stieß sie hervor, kaum dass wir die Formalitäten geklärt hatten. »Jetzt bestraft er mich dafür.« Ihre Stimme begann zu zittern. »Ich hab's einfach nicht mehr ertragen. Und meine Tochter verloren.«

Ich griff nach der Box mit den Taschentüchern, doch Emma schüttelte den Kopf, kramte in ihrer kleinen Handtasche (Leder, goldene Kettchen und Schnallen) und zog ein Stofftuch heraus, mit dem sie sich die Augen tupfte.

Ich fragte sie, was sie nicht mehr ertragen habe.

»Seine Lügen.« Sie schnäuzte sich. »Wenn ich ihn damit konfrontiere und einen Beweis fordere, wird er erst aggressiv und dann eiskalt. Er hat riesengroße Angst vor Bloßstellung. Der gute Schein muss gewahrt werden. Und das setzt ihn so unter Druck, dass er ausflippt, wenn man auch nur die kleinste seiner Behauptungen geraderücken will. Er muss unbedingt die Kontrolle behalten, auch wenn es eine Fantasiewelt ist, die er sich aufgebaut hat. Er tut so, als ob er ein großartiger Kunsthändler sei, und das Absurde ist: Die anderen glauben ihm. Und dann ist er es wirklich, oder? Wenn genug Leute davon überzeugt sind, dann wird es real.«

»Erzählen Sie mir mehr von Ihrem Mann«, bat ich. »Damit ich mir ein Bild von ihm machen kann.«

»Haha, das Bild malt er schon selbst für Sie.« Emma lachte verbittert auf. »Aber gut. Emil ist ein Schauspieler. Er spielt das Opfer.

Spielt den Ahnungslosen. Den Überraschten. Er manipuliert. Jeden. Ich habe zu lange nicht gemerkt, dass er nicht ehrlich ist. Im Beisein anderer spielt er zum Beispiel den tollen Ehemann. Er zieht sein abgeschaltetes Handy aus der Tasche, tut so, als ob er mit mir telefonierte, und legt am Ende mit einem ›Ich liebe dich!‹ auf. Ich hab per Zufall davon erfahren, nachdem mir eine Malerin zuraunte, wie glücklich ich mich schätzen könne, einen so zärtlichen Mann erwischt zu haben. Die meisten Männer würden ja eher einen auf cool machen.« Emma zog ein Päckchen Zigaretten aus ihrer Tasche, um es sofort wieder zurückgleiten zu lassen. »Emil ist ein pathologischer Lügner. Manchmal muss ich jedes Wort daraufhin prüfen, ob es nicht gelogen ist.« Sie schnaubte. »Sie wollen wissen, wie mein Mann ist? Tja. Er ist einer, der mir beim Frühstück in aller Ruhe mitteilt, dass er nie in eine Scheidung einwilligen wird, weil er gar keine Scheidung will, sondern nur ein bisschen Drama, um auf die böse Frau an seiner Seite zeigen zu können. Unter seinen Freunden verbreitet er, dass ich fremdgehe und scharf auf sein Geld sei, dass ich ständig Partys feiere und nebenbei übrigens hundsmiserabel koche. Seine Freunde glauben, dass ich ihn schlecht behandle, während er angeblich alles für mich tut.« Ihre Stimme zitterte wieder, und sie hatte die Hände zu Fäusten geballt. »Alles gelogen. Ich war seit Jahren auf keiner Party, geschweige denn dass ich auch nur einmal ausgegangen wäre. Durch unseren fantastischen Ehevertrag bliebe mir bei einer Scheidung kein einziger Cent. Und wenn ich so schlecht kochen würde, wie er überall herumerzählt – warum beschwert er sich dann nie, sondern isst alles, was ich ihm vorsetze, ratzeputz leer?« Sie sah mich an, und ihr Blick bohrte sich in mich hinein. Ich hatte es mit einer starken Persönlichkeit zu tun, die durchaus in der Lage war, ihrem Mann Paroli zu bieten. Und dennoch saß sie hier.

»Was kann ich tun?«, fragte sie mich. »Helfen Sie mir, dass ich mich besser gegen ihn wehren kann. Immerhin war ich die Leiterin seines Büros und habe mich um den ganzen Papierkram gekümmert. Ohne mich hätte der ganze Laden gar nicht funktioniert!«

Ich bat sie, mir mehr Details über Emil zu erzählen, weil ich herausfinden wollte, wie es tief in ihm drin aussah, wie seine innere, verborgene Identität beschaffen war. Schwierige Menschen wie Emmas Ehemann verbergen ihre ursprünglichen und authentischen Bedürfnisse nach Anerkennung, nach Wichtigkeit, nach Sicherheit und Loyalität, nach Unabhängigkeit und Territorialität auf einer schwer zugänglichen Motivebene. Sie fühlen sich angreifbar und verletzlich, wenn sie ihre innersten Sehnsüchte freilegen, sodass sie sie verstecken und wie durch einen Filter mit ungünstigen Verhaltensweisen umlenken. Statt ihre mächtigen Motive offen darzulegen, erzeugen sie sogenannte Images, gewissermaßen Kunstbilder des eigenen Selbst, die den verdeckten Absichten dienen. Wie ein Avatar, den sie für sich aufs Schlachtfeld schicken. Naturgemäß sind diese künstlichen Bilder nicht authentisch, jedoch beherrschen Narzissten die Fähigkeit, sie zu produzieren, so gut, dass sie echt aussehen.

Für Narzissten ist es von immenser Bedeutung, wie sie bei anderen ankommen, weshalb sie sich eine entsprechende Identität verschaffen. Vielen manipulativen Narzissten ist dabei nicht einmal bewusst, dass sie auf diese Weise agieren. Möchten Narzissten überzeugend wirken, verknüpfen sie mit dem erzeugten Selbstbild sogenannte Appelle, in denen sich, wenn man genau hinhört oder hinsieht, die Motive erahnen lassen, die sie verfolgen: Liebe mich! Bleib bei mir! Arbeite für mich! Versorge mich! Unterwerfe dich! Bestätige mich!

Meistens folgt das Umfeld diesen Appellen, weil das vom Narzissten erzeugte Kunstbild so überzeugend funktioniert. Stellen Sie sich einen Landstreicher vor: Ihm würden Sie vermutlich viel eher ein paar Euro zuschieben als einem Porschefahrer. Umgekehrt öffnen sich für den Fahrer eines Luxusautos ganz andere Türen, wo der Landstreicher nie durchkäme. Steigt der Landstreicher aber aus einem Porsche, haben wir ein Wahrnehmungsproblem. Wir ertragen die Widersprüchlichkeit nicht (Ambiguitätsintoleranz) und reagieren dementsprechend selbstoffenbarend: »Cooler Typ!« oder »Dieb! Dieb! Dieb!« Es ist das Bild, das ohne Worte wirkt, das uns manipuliert. Weil wir immer eigene Meinungen, Normen und Überzeugungen mit diesen Bildern verknüpfen.[38]

Emma schilderte mir ihren Mann als einen hochsensiblen und zutiefst amoralischen Typen, der den Narzissmus früh als Schutz und Abwehr für sich entdeckte, um seine verletzte Herzensseite zu schützen, wie er sagte. Manchmal offenbarte er sich ihr und ließ sie in sein Inneres blicken, meistens abends, wenn beide nach einer Veranstaltung zusammensaßen und noch einen Drink nahmen. Dann wurde Emil nachdenklich und weich, fast melancholisch. Er habe ein Problem mit Beziehungen zu Menschen, gestand er bei einer solchen Gelegenheit, ihm fehle der Filter im Kontakt mit anderen, und seine größte Angst sei nicht nur, bedeutungslos zu sein, sondern auch mit Gefühlen anderer überfordert zu werden.

»Ich hasse Gefühle!« So formulierte er es. Und regelmäßig mündete der Stress, den Emotionen in Emil auslösten, in selbstschädigenden Mustern – in Alkoholsucht, im Raubbau an der eigenen Gesundheit und in schillernder Extraversion. Mitunter überfiel ihn zusätzlich die Panik, alles zu verlieren, was er sich über die letzten zwanzig Jahre aufgebaut hatte. Er wurde dann unsicher und zittrig, wie Emma beschrieb, und seine Muskeln zuckten. Nach außen hin besaß er eine hohe Führungskompetenz, vor allem sich selbst gegenüber. Wenn er sich in Arbeit stürzte, fühlte er sich geschickt und mächtig.

Emma seufzte tief. »Zu Hause ändert er dagegen ständig die emotionale Richtung. Erst zeigt er sich sensibel und anlehnungsbedürftig, und wenn ich darauf eingehe, sitzt da Sekunden später wieder dieser Blender neben mir, der so tut, als sei er der Held der Kunstszene. Sie sollten mal hören, was der alles behauptet, wen er schon alles getroffen hat. Und wenn man dann nachhakt und ihm beweist, dass das gar nicht sein kann, ist er beleidigt. ›Du bist ja bloß neidisch‹ – wissen Sie, wie oft ich mir diesen Satz anhören musste? Am besten noch mit einer ›blöden Kuh‹ hinterher. Ohne ihn sei ich gar nichts.«

Diesbezüglich hatte Emma insofern recht, als dass Emil sie so sehr in seine Realität eingesponnen hatte, dass ihr nichts daneben blieb. Sie war die Frau an seiner Seite, die Mutter seiner Tochter, die Dame, die sein Büro leitete. Das war, was er aller Welt präsentierte, und sie hatte so lange mitgemacht, dass er tatsächlich überall der blendende Strahlemann war, den er gab. Hätte sie mit der Wahrheit rausgerückt – dass er ein sensibler Blender war –, niemand hätte ihr geglaubt. *Er* hatte die gemeinsame Identität längst festgelegt, und sie hatte sie bestätigt.

»Kommen wir zu Ihnen zurück«, hakte ich ein. »Erzählen Sie mir, wie Sie ihn verlassen haben und warum.«

»Es war eine Nacht-und-Nebel-Aktion. Vor ein paar Wochen. Unsere Tochter habe ich bei ihm gelassen. Er hat sie mir total entfremdet.« Emma stiegen Tränen in die Augen. Ich reichte ihr erneut die Box mit den Taschentüchern, die sie wiederum ablehnte. »Wahrscheinlich muss ich noch Unterhalt zahlen, weil ich es bin, die gegangen ist. Dabei gehört ihm doch alles.« Sie ballte die Fäuste. »Ich habe damals diesen Ehevertrag unterschrieben, der ihm im Falle einer Trennung alles zuspricht – wie konnte ich nur! Dabei war *ich* es, die sich jahrelang um die Geschäfte gekümmert hat; er musste bloß immer seine Töne spucken – den Laden am Laufen gehalten habe ich! Der ist doch überhaupt nicht in der Lage, ein Unternehmen zu organisieren.« Sie lachte schrill auf. »Wissen Sie, wie ich ihn nennen musste? ›Mein Herrscher‹ sollte ich zu ihm sagen, stellen Sie sich das mal vor! Und ich dumme Kuh hab's jahrelang auch noch getan. Hab seinen Kram gemanagt und ihn bewundert. Und was ist der Dank?« Wütend starrte Emma zu mir herüber, bevor ihr ein ganzer Sturzbach an Tränen die Wangen hinunterströmte. »Er bestraft mich. Weil ich nicht mehr an ihn glaube, nicht bei ihm bleibe, will er mich unglücklich sehen und vielleicht sogar zerstören.«

»Ist er mächtig?«, fragte ich.

Emma dachte nach und schnäuzte sich in ihr eigenes Taschentuch, bevor sie erwiderte: »Ja, definitiv. Er sagt etwas, das echt klingt, verhält sich aber gegenteilig. Verstehen Sie? Mit voller Absicht macht er diesen leeren Blick und sagt dazu: ›Ich liebe dich.‹ Das, was er äußert, entspricht nicht dem, was er zeigt, also fühle ich es nicht. Daraufhin stellt er meine Wahrnehmung infrage und behauptet, dass ich verrückt sei.« Sie zerknüllte das Taschentuch und starrte auf ihre Hände hinab. »Obwohl ich es durchschaue, verunsichert es mich. Und das ist das eigentlich Verrückte!«

»Sie sprechen von Absicht«, sagte ich. »Aber könnte es auch sein, dass das Verhalten Ihres Mannes, das Sie beschreiben, automatisch und unbewusst abläuft? Sie sagten, er halte Emotionen nicht aus – ist es vielleicht möglich, dass er, sobald er welche äußert, dissoziiert und nicht mehr ganz da ist?«

Emma überlegte erneut, bevor sie antwortete: »Sie haben recht. Ihm ist nicht bewusst, dass er lügt. Er *ist* die Lüge. Und das mit den Emotionen hat er tatsächlich irgendwo gelesen und es dann von sich behauptet, um mich damit zu kriegen.«

Zur Trennung sei es gekommen, nachdem Emils Spannungen schlussendlich in Gewalt mündeten. Er habe Dinge nach ihr geworfen und sie geschlagen. Schließlich habe sie es nicht mehr ausgehalten, und obschon ihr überstürzter Auszug bereits mehrere Wochen zurücklag, höre sie immer noch Emils Schritte, den Schlüssel klappern und die Tür schließen.

»Ich bin ein einziges Nervenbündel«, schluchzte sie und warf die Hände vors Gesicht. »Ich kleide mich sogar noch so, wie es *ihm* gefällt. Dabei bin ich diesen Schickimickikram so satt!«

Ich zeigte Emma ein paar Körperübungen, mit denen sie sich selbst intensiver spüren und die Anspannungen ableiten konnte. Schmetterlingsumarmung. Streicheln. Schütteln. Ich empfahl ihr, das regelmäßig zu tun.

Nach sechs Monaten sah ich Emma wieder. Der Spuk in ihrem Kopf war vorbei. Aber Emma war nicht mehr Emma, die Managerin einer erfolgreichen Kunstgalerie und Mutter einer Teenagerin. Sie erschien im Schlabberlook, Mütze, goldene Sneaker, Jogginghose. Statt in erlesenen Kreisen zu verkehren, sich mit Schönem und Teurem zu umgeben und sich als Frau eines charmanten Strahlemannes feiern zu lassen, bezog sie eine Zweizimmerwohnung und lebte von Sozialhilfe. Nicht jede Frau, die sich über zwanzig Jahre hinweg ein Leben in Wohlstand aufgebaut hat, ist bereit, das alles einfach aufzugeben. Emma hatte ihren sozialen Status verloren und mit ihm die Tochter, die bei Emil geblieben war und die Mutter für ihre vermeintliche Schwäche verachtete. Was Emma dafür bekam, war die Chance auf eine neue, ganz eigene Identität.

Die Identitätskrise

Emma schaffte es. Es gelang ihr, sich von den Jahren an Emils Seite zu erholen und sich ein eigenes Leben ohne ihn aufzubauen. Doch es hätte auch anders kommen können. Eine weniger starke Persönlichkeit hätte mit dem Verlust der jahrelang gepflegten Identität womöglich jegliche Orientierung verloren.

»Man muss erst mit sich selbst klarkommen, bevor es mit anderen Menschen funktioniert«, sagte einmal einer meiner Klienten. Eine Tatsache, die unter den Lockdown-Bedingungen der Coronapandemie aktuelle Brisanz erfährt. Denn allein, auf dem Sofa oder zurückgeworfen auf die wenigen Personen des eigenen Haushaltes, muss man fähig sein, sich selbst auszuhalten. Das kann nicht jeder.

Stellen Sie sich selbst einmal die Frage: Wer bin ich? Aus welchen Selbstanteilen bestehe ich? Welche Rollen spiele ich im Leben? In meinem eigenen und im Leben der anderen.

Es ist wichtig, dass Sie zufriedenstellende Antworten darauf finden, denn die eigene Identität betrifft alle konflikthaften Selbstbereiche wie Geschlechtsidentität, religiöse, soziale und kulturelle Identität. Tochter, Mutter und Schwester zu sein. Sohn, Vater und Bruder. Geht ein Spalt durch Ihre Brust, ist das nicht ungefährlich. Die beste Freundin mag Ihnen einreden, dass der Lebensgefährte nichts für Sie ist. Der beste Freund macht sich lustig über eine Leidenschaft, die Sie selbst als identitätsstiftend empfinden. Oder Sie sind seit Jahren in einem Job gefangen, der Sie auffrisst, statt zu befriedigen.

Entstehen zu viele solcher Risse oder nutzt ein manipulativer Narzisst sie für seine Zwecke, kann Ihr seelisches Gebäude, das aus vielen Einzelidentitäten (Rollen) besteht, beträchtlichen Schaden nehmen und schlimmstenfalls in sich zusammenfallen. Sie zweifeln an sich und Ihrer Identität und finden keine Antwort mehr auf die Frage: Wer bin ich? Die Folgen sind emotionale Not und der Verlust von Orientierung und Lebenssinn.

Ohne eine mehr oder weniger definierte Lebensrolle besteht zudem die Gefahr, ferngesteuert und ahnungslos als Konsument vorverdauter Informationen durch den Alltag zu treiben oder endlosen Energieräubern anheimzufallen – Social Media zum Beispiel, das dem User vorgaukelt, ganz nah bei sich selbst zu sein. Um sich über den Verlust der eigenen Identität zu trösten, nimmt der Verlorene das Unmittelbare und Einfache hin. Ohne Identität bleibt nichts, wofür man sich einsetzen könnte, also neigt die betroffene Person zu Verharmlosungen und bagatellisiert das Furchtbare, das ihr geschieht.

Zweierlei kann geschehen: Der identitätsschwache Mensch leiht sich fremde Identitäten oder baut sich ein fiktives Leben. Manch einer sucht sich sogar einen Partner, der eine Identität spendet. Beruflich kann das so extrem werden, dass sich die betroffene Person übermäßig mit dem Unternehmen identifiziert, statt auf ihre eigenen Bedürfnisse und Rechte zu schauen. In einem solchen Fall muss dann meist der Besitz von Gütern und Geld über die innere Leere hinwegtrösten. Traurig, wenn sich ein Mensch nur noch über seine materielle Habe identifiziert: mein Auto, mein Haus, mein Boot, mein Handy.

Gefährlich wird es, wenn radikale Wortführer die innere Leere betroffener Personen mit Irrglauben, Halbwahrheiten und Fake News füllen und die Opfer unbedacht folgen, um sich selbst stark, im Recht und mächtig zu fühlen. Hier setzen Verführer an, impfen Willige so lange mit ihren Überzeugungen, bis diese sie für ihre eigenen halten. Und sind es erst eigene Grundsätze, wird es schwer, sie zu korrigieren. Das Spiel mit der Überzeugung dient allen Verführern, großen wie kleinen, um ihre egoistischen und zerstörerischen Ziele zu erreichen. Alle Verschwörungserzähler und Anstifter infizieren ihre Opfer mit neuen (oder alten und neu aufgezogenen) Überzeugungen, die sich im Opfer ausbreiten, wachsen und in Gewalthandlungen ihr volles Potenzial entfalten.

»Ich bin überzeugt, dass XYZ so ist! Ich *weiß,* dass es so ist!«, lautet deren Beweis. Mehr braucht ein Manipulator nicht. Vor allem funktioniert dieser Trick prächtig, wenn sich die Verschwörer in die Opferrolle begeben und beispielsweise gegen eine Elite stemmen, die uns alle ausbeutet.

Das gewinnt umso mehr an Brisanz, wenn man unsere heutigen Lebensbedingungen betrachtet. Nach dem Ende der Sowjetunion prägte die US-Army den Begriff der VUCA-World, der eine Welt beschreibt, die bestimmt ist von **V**olatility (Flüchtigkeit), **U**ncertainty (Unsicherheit), **C**omplexity (Komplexität) und **A**mbiguity

(Mehrdeutigkeit). Man wollte damit zum Ausdruck bringen, dass durch den Wegfall das alten Freund-Feind-Bildes neue Wertesysteme zur Orientierung entwickelt werden mussten.

Heutzutage beschreibt das VUCA-Modell in erster Linie unser digitales Zeitalter bzw. die Herausforderungen, die es mit sich bringt. In unserer schnelllebigen Zeit mit seinem Inszenierungs- und Bewertung-für-alles-und-jedes-Wahn gerät die eigene Rollensicherheit leicht ins Wanken, selbst wenn man keinem vorschädigenden Umfeld entstammt. Kurz: Die Welt, in der wir leben, verunsichert uns. Erfährt jemand zusätzlich emotionale Gewalt oder stammt aus einer Familie, die sich nie um den Aufbau einer stabilen Identität gekümmert hat, fehlt die nötige Rollensicherheit.

Hat man erst mal verlernt, was man für sich selbst will, und ist im Dümpeln angelangt, hat der bezaubernd manipulative Narzisst leichtes Spiel. Im Kleinen wie im Großen baut er das Opfer in *seine* Welt ein und nimmt ihm die Verantwortung, für sich selbst zu denken. Die betroffene Person wiederum lässt sich in ihrer Orientierungslosigkeit allzu gern an die manipulative Hand nehmen und verliert dadurch das letzte Stückchen eigener Identität. Auf Außenstehende wirken solche Menschen farb- und konturlos. Sie spielen, im wahrsten Sinne des Wortes, keine Rolle. Doch ohne Rolle kommt niemand weit.

Ein Beispiel: Der Unterschied zwischen einem erfolglosen Getränkehändler und einem erfolgreichen Finanzinvestor ist die Durchhaltekraft im Aufrechterhalten des Bildes, das er von sich hat. Der Getränkehändler betrachtet sein Geschäft als Möglichkeit, Geld zu verdienen, und beschränkt sich darauf, neue Kunden herzlich zu behandeln, damit sie wiederkommen. Sobald sie den Laden das zweite Mal betreten, ist das Ziel erreicht, und unser Händler verfällt in einen arroganten, kurz angebundenen Ton, schließlich hat er jede Menge anderes zu tun. Es gelingt ihm nicht, eine Stammkundschaft zu etablieren, und er wird ewig vor sich hindümpeln.

Der Finanzinvestor hingegen gibt sich stets charmant, mondän, großartig und verweist auf seine hohe Fachkompetenz. Er *identifiziert* sich mit dem, was er tut. Wer es mag, bleibt bei ihm und gibt ihm etwas vom Privatvermögen. Der Investor bleibt charmant, zuvorkommend, klug und raffiniert – genauso wie die Kunden sich einen Finanzinvestor vorstellen.

Halten wir solche Bilder, die wir beruflich wie privat in Rollen vor uns hertragen und leben, nicht aufrecht, wenden sich uns zugewandte Menschen wieder ab, und wir spüren das Gefühl von Haltlosigkeit. Dabei ist es entscheidend zu erkennen, wie viel von der gezeigten Rolle man tatsächlich ist oder ob man lediglich ein Trugbild vor sich herträgt. Denken Sie an Emmas Ehemann Emil, der sich nach außen als liebevoller Gatte präsentierte, zu Hause jedoch den Herrscher gab. In seinem Fall stimmten Rolle und Identität nicht überein – Emma verließ ihn.

Die meisten Narzissten kennen diese Problematik, sie leben ausschließlich in ihren Rollen und haben nicht selten das Gefühl, eine Mogelpackung zu sein. Das hat eine stark verunsichernde Wirkung, die den Narzissten dazu zwingt, sich in seinem Umfeld zu vergewissern, dass sein großartiges Selbstbild noch funktioniert.

Die Krise der Identität trägt also viele Früchte. Der Narzisst bewältigt sie, indem er noch narzisstischer wird. Ein wenig narzisstischer Mensch ist ehrlicher zu sich selbst und schaut nach innen. Er unterscheidet zwischen »Wer bin ich?« und »Wie wirke ich?« Ein Unterschied, den der Narzisst nicht macht.

Dabei hat die psychologische Forschung längst herausgefunden, dass unsere Identität zum Großteil aus der Gestaltung unseres sozialen Umfeldes erwächst. Wir müssen uns also nur entscheiden, mit wem wir uns umgeben, um eine Identität zu entwickeln, mit der wir leben können, und brauchen nichts zu erfinden.

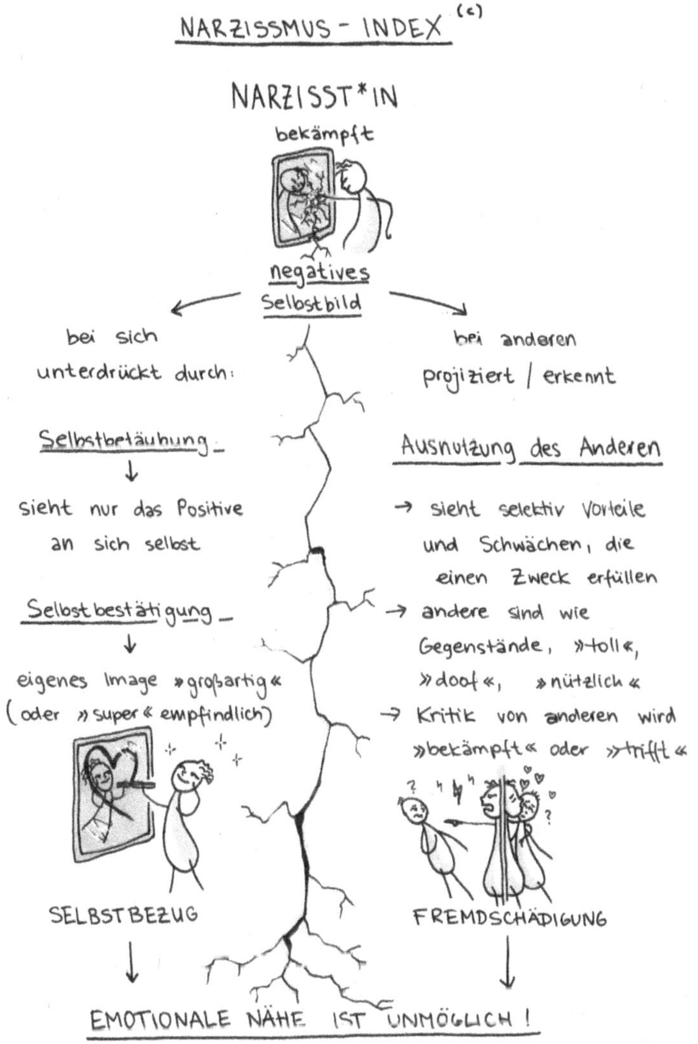

Der Narzissmus-Index: Eine narzisstische Person kann anhand des Narzissmus-Index schnell erfasst werden. Sie kann nur das Positive an sich erkennen, denn das Schwierige und Unangenehme wird betäubt. Andere werden für denselben Zweck – selbst großartig zu sein – ausgenutzt. Dabei greift der Narzisst zu gern andere an, um alles Negative aus seiner Wahrnehmung zu verbannen, und erkennt nur im Anderen und nicht mehr bei sich selbst die schwache Seite. Ist der Selbstbezug groß und die Fremdschädigung erheblich, haben Sie es mit einem toxischen Narzissten zu tun.

Wer bin ich und wenn ja, welche meiner Freunde?

Der Soziologe Jim Rohn sagte, wir sind die Summe unserer fünf engsten Mitmenschen. Und der US-amerikanische Verhaltens- und Sozialpsychologe David McClelland sprach davon, dass der eigene Erfolg und Misserfolg bis zu 95 Prozent von den Menschen in unserem Umfeld abhängen.

Positive, gesund lebende Menschen in Ihrem Umfeld machen Sie also zu einer positiven, gesunden Person. Dieser Einfluss ist unbewusst oder teilbewusst und bestimmt auf direktem oder indirektem Weg, was Sie entscheiden, tun oder unterlassen. Werden Ihre Ihnen nahestehenden Personen von schädlich wirkenden Dritten beeinflusst, so ist deren Effekt auf Sie zwar noch spürbar, aber deutlich abgeschwächter. Leben Sie hingegen in einem narzisstisch aufgeladenen Umfeld, ist die Wahrscheinlichkeit sehr hoch, dass Sie selbst narzisstische Züge entwickeln.

Je weiter weg schädliche Personen von Ihnen sind, desto geringer ist die schädigende Beeinflussung. Rauchen Ihre Freunde, rauchen Sie höchstwahrscheinlich ebenfalls. Umgeben Sie sich hingegen mit Personen, die Nikotin meiden, bleiben Sie mit hoher Wahrscheinlichkeit Nichtraucher. Das liegt daran, dass Menschen durch ihr großes Bedürfnis nach Bindungen, nach Leben in der und Definition über die Gruppe, bereit sind, eigene Identitäten aufzugeben, um dazuzugehören.

An dieser Stelle lade ich Sie zu einer kleinen Übung ein, mit der Sie leicht feststellen können, mit was für Menschen Sie sich umgeben.

Wie beeinflussen mich die Personen, die mir nah sind und mit denen ich die meiste Zeit verbringe:

- **Erstellen Sie zunächst eine Liste** mit den fünf bis zehn Personen, die Ihnen am nächsten sind: Partner, Eltern, Angehörige, Freunde, Arbeitskollegen.

- **Gehen Sie jede einzelne Person durch** und stellen Sie sich folgende Fragen:
  - Wirkt er oder sie positiv auf mich? Unterstützt mich die Person, hilft sie mir, fördert, befreit, bestätigt sie mich, spendet sie mir Stolz und Anerkennung, gibt sie mir Energie?
  - Oder beeinflusst er oder sie mich negativ? Begrenzt mich die Person, kritisiert, beschämt, entwertet sie mich, bedenkt sie mich und mein Tun mit abfälligen Kommentaren, lacht mich aus und raubt mir Energie?
  - Über welche Themen und *wie* sprechen Sie miteinander?
  - In welchem Ton?
  - Fördert die Person Ihre Bedürfnisse und Wünsche oder begrenzt sie sie?
  - Unterstützt die Person Sie beim Verfolgen Ihrer Ziele und Träume oder behindert und zerstört sie sie durch Scheinerklärungen und Abwertungen?

Gestalten Sie Ihre eigene Identität!

Wenn man verstanden hat, wie groß der Einfluss nahestehender Personen auf die eigene Identität ist, liegt die Erkenntnis nicht fern, wie wichtig es ist, mit wem wir uns umgeben. Viele Menschen in unserem Umfeld sind zufällig da – Nachbarn, Klassenkameradinnen, Arbeitskollegen, die Mitglieder aus unserem Sportverein. In solchen Zusammenhängen bleiben uns wenig Gestaltungsmöglichkeiten, und solange man Kind oder Jugendliche ist, wird es schwer, sich von Eltern oder Geschwistern zu lösen, die einen ungünstigen Einfluss ausüben.

Bei den engsten Vertrauten jedoch, Partnern und Freundinnen, besteht Handlungsspielraum, den wir nutzen können. Mehr noch: Im Laufe des erwachsenen Lebens *sollten* wir lernen, täglich die Entscheidung zu fällen, mit wem wir uns umgeben wollen und mit wem nicht. So gestalten wir aktiv unsere individuelle Identität.

Lesen Sie diese Zeilen und wissen, Sie haben einen toxischen Menschen in Ihrem nahen Umfeld, dann sollten Sie sich klarmachen (und sprechen Sie das ruhig laut und deutlich aus!), dass Sie sich aktiv für oder gegen diese Person entscheiden können.

Wahren Sie Grenzen!

Im Umgang mit narzisstisch-manipulativen und psychopathischen Menschen sind Grenzen notwendig. Emma fühlte sich zwar stark an der Seite ihres Emil, hatte jedoch an den entscheidenden Punkten keine Grenzen gezogen. Sie gestaltete ein Leben an seiner Seite, mit guter Kompetenz. Nicht immer muss in so einem Fall der Kontaktabbruch am Ende stehen. Aber Emma hatte es versäumt, eine eigene, robuste Identität für sich aufzubauen. Sie war immer nur die Frau an Emils Seite, der sie stark in ihrem Handeln und Denken beeinflusste und mit der Masche seiner inneren, emotionalen Bedürftigkeit an sich band.

Prüfen Sie daher sehr nachhaltig und tief, welche Menschen Sie verlassen oder wegschicken wollen und wer in Ihrem Umfeld verbleiben darf. Etablieren Sie Grenzen in der Interaktion mit Menschen, die Sie nicht loswerden können, obwohl sie einen toxischen Einfluss auf Sie haben. Verbringen Sie so wenig Zeit wie möglich mit schädigenden Personen. Manchmal muss das sein, es ist nicht zu vermeiden. Wenn Sie in Kontakt mit diesen Menschen gehen (müssen), achten Sie jedoch darauf, nicht zu authentisch zu werden, denn das könnte Sie beschädigen. Bewahren Sie eine Fassade, stellen Sie einen Pappaufsteller vor sich auf, generieren Sie eine sichtbare Identität, eine Rolle, und lassen Sie diesen Avatar in die

Auseinandersetzung gehen. Schützen Sie Ihr Innerstes vor dem Zugriff des anderen.

Fühlen Sie sich klein!

Es ist sinnvoll, sich klein zu fühlen. Es korrigiert. Die Welt ist bunt. Der Mythos, der Mensch stehe im Mittelpunkt und an der Spitze der Evolution, ist selbstüberheblich und damit auch irgendwie narzisstisch. Es gibt genug lebende Beweise, die bezeugen, dass es schlauere, effizientere und humorvollere Erdenbewohner gibt als uns (falls Sie mir nicht glauben, schauen Sie sich mal ein Video an mit Delfinen, die gerade lang genug auf einem giftigen Igelfisch herumkauen, um für eine Weile einen lustigen Rausch zu erleben). Da hilft es, ich sagte es in diesem Buch bereits, ruhig mal einen Blick in den Nachthimmel zu werfen, um sich angemessen klein zu fühlen.

Auch Emma machte schmerzlich die Erfahrung, sich verkleinern zu müssen, wenn sie überleben wollte. Sie spürte Demut und Scham, und nur der Glaube an sich selbst, an ein inneres, sakrosanktes Selbst, rettete sie. Emma erkannte, dass sich niemand über jemand anderen stellen kann oder legitimiert ist, andere abzuwerten. Wir sind alle auserwählt. *Alles* ist heilig. Statt zu denken, wir seien groß und wichtig, müssen wir uns als einen winzigen Teil des großen Ganzen begreifen. Ewige Expansion, ob eines egozentrischen Selbst oder einer narzisstisch-pervertierten Weltökonomie, kann nicht funktionieren.

Ein selbstbestimmtes, waches und mutiges Leben ist möglich, wenn Sie bereit sind, Ihre eigene Identität aufzubauen, indem Sie ...

- ... die Natur und das soziale Umfeld, in dem wir leben, wahrnehmen und respektieren.

- ... Grenzen setzen und Grenzübertritte und (emotionale, psychische, körperliche, sexualisierte) Gewalt nicht tolerieren.
- ... Güter wie Zeit und Energie nicht verschwenden, denn wir sind endlich. Wir vergehen, und unsere Energie verfliegt, daher:
  - Entscheiden Sie jeden Tag neu, mit wem Sie Ihre Zeit verbringen wollen und für was Sie Ihre Energie nutzen.
  - Setzen Sie Prioritäten, welchen Personen Sie sich als Gesprächspartnerin/Freundin/Kollegin zur Verfügung stellen.
- ... akzeptieren, dass Veränderung von Rollen zu Ihrer Identität gehört.
  - Erfinden Sie sich selbst jeden Tag neu, ein Leben lang.
  - Beschränken Sie sich nicht auf die eine Rolle – Sie sind mehr als Ehefrau, Vater, Chefin.
  - Erkennen Sie, dass es Ihre Entscheidung ist, welche Rollen und Eigenschaften Sie in Ihrem Leben verfolgen, pflegen und wachsen lassen wollen.
- ... Personen um sich herum sammeln,
  - mit denen Sie lachen, träumen, tanzen und kreativ sein können.
  - die Sie inspirieren, anregen, unterstützen, fördern, weiterbringen und Ihnen Mut und Spaß machen.
  - die Sie liebevoll korrigieren, anspornen und herausfordern.
  - die Sie lieben, halten, wärmen und beschützen.
- ... die Personen Ihres Umfeldes mit Eigenschaften verknüpfen, die von Bedeutung für Sie sind.
  - Umgeben Sie sich ausschließlich mit Personen, in deren Gegenwart Sie sich am wohlsten und am besten fühlen,

sodass Sie sagen können: »In deiner Gegenwart kann ich so sein, wie ich will, und das tut mir gut.«

- ... eine Auswahl an Personen treffen, zu denen Sie aufschauen (Mentoren, Künstler, Vorbilder aus nah und fern).
  - Bleiben Sie nah an jenen Menschen Ihres persönlichen Umfeldes, die Sie inspirieren, unterhalten und Mut machen.
  - In Zeiten der Pandemie haben Sie gelernt, wie Nähe zu Prominenten und Experten auch online über Insta, Facebook, Livestreams und Podcasts funktioniert. Nutzen Sie das!
- ... Beziehungen pflegen, die Ihnen guttun. Investieren Sie hier Ihre verfügbare Zeit und Energie.
- ... den Personenkreis um sich herum erweitern und neue Lebensweisen, neue Gedanken, neue Werte und Normen entdecken.
  - Nutzen Sie jede Gelegenheit für Ihr persönliches Wachstum: psychisch, intellektuell, spirituell, körperlich und beruflich.
  - Akzeptieren und begrüßen Sie es, wenn neue Menschen in Ihr Leben treten.
  - Akzeptieren Sie es genauso, wenn Menschen aus Ihrem Leben wieder verschwinden.
- ... anerzogene Ängste vor dem Fremden, vor Verlassensein und Ausgeschlossenwerden in Neugierde und Ansporn verwandeln und zur Entdeckenden Ihres eigenen Lebens und Ihrer wahren Freunde werden.
  - Gehen Sie souverän und angstfrei mit Dilemmata zwischen zwei Meinungen und Personenkreisen um (Beispiel Impfbefürworter und Impfgegner). Dann

müssen Sie keinen Spagat machen und sich nicht selbst zerreißen.
- Denken Sie immer daran: Freundschaftliche Beziehungen respektieren und werten nicht ab, drohen nicht, machen keine Angst und schließen nicht aus.

Wenn Sie bereit sind, so zu denken, sind Sie selbst irgendwann die Summe der Personen, für die Sie sich entschieden haben. Seien Sie geduldig, es dauert, bis Sie sich wirklich verändern, da es Zeit braucht, die Personen im eigenen Umfeld zu sortieren. Und bis Sie es schaffen, sich zu entscheiden, mit wem Sie sich umgeben möchten und mit wem nicht. Geben Sie nicht auf – die Mühe lohnt sich!

Mit einer gefestigten Identität schaffen Sie sich ein mächtiges Bollwerk gegen jeden narzisstischen, manipulativen Einfluss von außen. Sie werden Energie spüren und sich wohlfühlen und ermöglichen sich selbst eine persönliche Entwicklung. Mehr noch: Sobald Sie wissen, wer Sie sind, können Sie für die Personen, die Sie umgeben, selbst wertvoll und inspirierend werden.

Wer zuletzt lacht – Exit-Strategie!

Wer als Partnerin eines Narzissten kaum noch Luft zum Leben hat, kann sich entscheiden, aus dieser Beziehung zu treten. Wie Emma im genannten Fall, die keine weitere identitätsstiftende Aufgabe hatte, als neben ihrem Emil zu existieren und für ihn zu arbeiten. Die Chance: Wer zu Hause als Person nicht mehr existent ist, der kann sein eigenes Leben vor dem narzisstischen Partner zu hundert Prozent vertuschen.

Haben Sie vor, sich von Ihrem narzisstischen Partner zu trennen, beginnen Sie frühzeitig damit, alles vor ihm wegzuschließen und zu verstecken, damit er sich nichts davon aneignen kann. Tarnen Sie Ihre außerhäuslichen Aktivitäten als Yogakurs oder kleine Reisen mit der Freundin, um mehr und mehr einer identitätsstiftenden Strategie zu folgen.

Eine meiner Klientinnen führte ein Doppelleben in der Ehe und nutzte es erfolgreich als Exit-Strategie. Eines Tages, als ihr Ehemann von einer Geschäftsreise zurückkam, war sie weg. Unbekannt verzogen. Gone Girl. Ohne sein Wissen hatte sie eine Ausbildung zur Feldenkrais-Practitioner gemacht, in einer anderen Stadt eine Praxis eröffnet und sich damit eine Lebensgrundlage geschaffen. Da sich ihr narzisstischer Mann nie für sie interessierte, bekam er es nicht mit. Sie schwieg eisern und lieferte eine Geschichte zur Tarnung. Sie leide an einer Beckenbodenschwäche, müsse daher regelmäßig Trainingskurse besuchen und habe zur Diagnose Termine bei einem Spezialisten in einer anderen Stadt. Diese behauptete Unzulänglichkeit passte in das abschätzige Frauenbild, das ihr Ehemann pflegte, und er machte sich ständig darüber lustig, wenn sie wieder für ein verlängertes Wochenende verschwand, um zu ihrem »Pinkeldoktor« zu fahren.

»Immer schön zusammenhalten!«, witzelte er abfällig. Er konnte sich trefflich darüber amüsieren.

Meine Klientin lachte mit ihrer Feldenkrais-Ausbilderin so herzhaft über ihn, dass beide fast wirklich einpinkelten.

Kapitel 7

Das Spiel um Schuld und Scham

Wenn Macht der unsichtbare Elefant im Raum ist, dann müssen Schuld und Scham ein kleiner, doppelköpfiger Nacktmull sein, der in unserem Nacken hockt. Ein haarloses Schuld-Scham-Wesen mit faltiger, blasser Haut, das sich, wenn es uns befällt, in unsere Nackenhaare krallt und seine langen Nagezähne tief in unser Hirn treibt, hinein in die tiefsten Verdrahtungen unserer Psyche. Jeder von uns kennt solche Momente, in denen er den Zangengriff spürt.

Narzissten jedoch haben es raus, den Biss ihres doppelköpfigen Nacktmulls nicht wahrzunehmen. Obwohl sich der Nager Stück für Stück in die Tiefe bohrt, scheinen sich manipulative Narzissten kaum von Schuld- und Schamgefühlen lenken und begrenzen zu lassen. Sie lügen sich bekanntlich frei und froh durchs Leben und verbreiten ungeniert ihr Toxin. Unter den durchtriebensten von ihnen gibt es ausgemachte psychopathische Lügenbarone, die sich einen Sport daraus machen sich durchzumogeln und denen das Geschichtenerzählen so selbstverständlich geworden ist, dass sie allenfalls noch *wissen,* dass sie lügen, jedoch nicht längst mehr *spüren,* wen sie alles täuschen und blenden. Ihr Verhalten ist in transparent, und Menschen in ihrer Gegenwart beschleicht das komische Empfinden, dass hier etwas nicht stimmt. Sie werden das Gefühl nicht los, es mit einem Abziehbild zu tun zu haben, mit der flachen Version eines eigentlich mehrdimensionalen Menschen.

Baseline

Erst und nur wenn der manipulierende Narzisst ertappt ist und ihm droht, mit seiner fiktiven Erzählung überführt zu werden, gerät seine Psyche unter Hochdruck, und er verlässt die Baseline seines routinierten Verhaltens. Die Baseline bezeichnet den psychischen Normalzustand und wird von forensisch-psychologischen Profilern als das Normalverhalten beschrieben, das jeder zeigt. Es ist individuell, aber sehr gewöhnlich, die Mimik ist ruhig, entspannt, die Gesten unauffällig und passend zu den jeweiligen Situationen. Die Baseline lässt sich bei jedem beobachten, was hilfreich und sinnvoll ist, wenn man das Normalverhalten einer Person von plötzlich abweichenden Verhaltensweisen unterscheiden möchte.

Abweichendes Verhalten zeigt sich in defensiver Weise, etwa durch ein verstärktes Bemühen abzulenken, zu verharmlosen, zu verbergen und zu unterdrücken. In aggressiver Weise äußert sich das Verlassen der Baseline in durchschlagenden Impulsen, Wutausbrüchen und Gewalt.

Nicht nur Narzissten, sondern wir alle erleben mitunter Situationen, die unser Normalverhalten kurzfristig lahmlegen, aber nicht immer wollen wir, dass alle im Raum es mitkriegen. Wenn wir versuchen, innere Regungen wie Wut oder Angst vor der Selbstoffenbarung zu verbergen, wirken wir angespannt, und es zeigen sich Ausrutscher in unserem Verhalten. Ein Lachen. Ein Zucken. Unruhe. Eine merkwürdige Bewegung des Körpers oder im Gesicht. Das sind nicht immer nur kleine, kaum lesbare Mikromimiken, sondern können auch typische Verlegenheitsgesten sein wie Kopfkratzen oder ein wildes Drunter und Drüber der Mundpartie. Ein ausweichender Blick zur Seite. Der verlegene Blick nach unten. Der direkte (böse) Blick zum Angriff.

Wenn im Innersten des ertappten Narzissten Versagensängste wüten, dann zeigen sich diese auch im Gesicht und im Verhalten und durchdringen das Täuschungsbemühen. Das Schauspiel ist entlarvt, der Narzisst gerät unter Hochdruck und kann seine Impulse nicht länger verbergen. Seine Angst vor der Enttarnung lässt seine Selbstkontrolle zusätzlich bröckeln. Um den Ausbruch von Affekten oder Impulsen zu vermeiden, verlassen Narzissten oft die Situation, bevor sie die Beherrschung verlieren. Oder sie greifen an.

Kontrollverlust und Gedächtnis

Verlassen Narzissten den schmalen Bereich ihrer Baseline, dann geraten sie zunächst in eine Zone übertriebener Kontrolle. Stress macht sie zu Kontrollfreaks, was für den Außenstehenden besonders gefährlich ist, weil er keine Chance hat, den Umschwung in der Stimmung zu bemerken und gegebenenfalls gegenzusteuern. Während nach außen hin alles in Ordnung scheint, ahnt der Narzisst im Inneren nicht, dass er sich an einer Art Kipppunkt befindet. Er wird wütend, weil jemand ihn geärgert hat. Der andere hat Schuld! Der Stresspegel steigt, schließlich droht der Verlust der Selbstkontrolle, und der Ausbruch geschieht.

Überschreitet ein Narzisst diesen Kipppunkt, kann er sehr einschüchternd wirken, ein ernster Blick, Anspannung des Körpers, Lautwerden der Stimme. Die meisten Personen reagieren ängstlich-vermeidend auf solche Kipppunkte, abhängige Partnerinnen oder unterwürfige Kollegen fühlen sich bedroht. Mitunter zu Recht, denn verlieren Narzissten jede Selbstbeherrschung, schießen sie schnell über das Ziel hinaus. Männer üben dann meist Gewalt aus – von leicht bis extrem, emotional oder körperlich.

Was viele nicht wissen: An so einen Ausraster kann sich der Narzisst im Nachhinein manchmal nicht erinnern. Was wie eine der üblichen Lügen klingen mag, um sich aus der Verantwortung zu stehlen, entspricht in einigen Fällen mitunter durchaus der Wahrheit.

Während seines gewalttätigen Ausrasters ist der Narzisst wie in einem Rausch von animalisch entfesselten Kräften überflutet und erlebt eine Bewusstseinsstörung, wie sie sonst nur bei Traumatisierten bekannt ist, die sich unter extrem hoher innerer Anspannung und im Zustand der Dissoziation befinden. Tatsächlich ähneln die Augenblicke des »Neben-sich-Stehens«, die typisch sind für Traumatisierte, sehr jenen Momenten des »Aus-der-Haut-Fahrens«, die typisch sind für narzisstische Gewalttäter. Beide Betroffene können sich hinterher kaum noch an das erinnern, was eben geschehen ist, weil in diesen Hochstressphasen die Gedächtnisleistung erheblich beschränkt oder sogar aufgehoben ist.

Hält man betroffenen Narzissten später vor, was sie alles gesagt und getan haben, leugnen sie es oder streiten es ab. Sie haben nie die Inneneinrichtung des Autos zerstört, nie mit dem Tablet auf jemanden eingeschlagen, nie so etwas Furchtbares und niemals so laut gesagt.

Die engagierte Beweisführung der zweifelnden Partnerin führt erneut in die Eskalation, denn was immer sie sagt, klingt für den Narzissten wie eine unberechtigte Anklage. Eine Klärung *kann* unter diesen Umständen nicht gelingen. Selbst wenn die Trümmer seines Tuns vor ihm liegen – der Narzisst wehrt sich dagegen. Er verweigert die nachhaltige und tiefgreifende Konfrontation mit seinem eigenen Fehlverhalten und seiner eigenen Schuld.

Trotzdem dürfen wir nie vergessen: Psychopathische Narzissten lügen am dringendsten, wenn ihre Not am größten ist, weil ihr blütenweißes Ego in Gefahr gerät. Und in der kritischen Auseinandersetzung mit seinem Fehlverhalten ist es durchaus möglich, dass der ausgerastete Narzisst wusste, wie weit er gehen konnte, weil er zwar die Inneneinrichtung des Autos, aber nicht die Frau zerschlug. Ein klarer Beweis, dass er bei vollem Bewusstsein handelte und nicht dissoziierte. Denn wieso konnte er zwischen

Auto und Frau unterscheiden, das Auto zerstören und die Frau verschonen, wenn er doch von einer so mörderischen Wut überflutet war?

Sie sehen, es ist schwer zu entscheiden, was der Narzisst aus purem Selbstschutz verdrängt und was tatsächlich aus seinem Bewusstsein verschwunden ist.

Verzerrungen, Verdrehungen und Verunsicherungen

Partnerinnen von Narzissten erreicht nie oder erst sehr spät die Erkenntnis, dass der Narzisst nicht in der Lage ist zu erkennen, was gerade bei ihm selbst schiefläuft. Die Verantwortung am Scheitern der Beziehung teilt sich also auf und liegt einerseits bei ihm, dem Narzissten, der sich nicht im Griff hat, jedoch genauso auch bei ihr, die einer kolossalen Wahrnehmungsverzerrung unterliegt und das Leiden verharmlost, auf seinen Sinneswandel hofft und seine narzisstischen Verhaltensmuster nicht als solche erkennt. Partnerinnen von Narzissten erfassen nicht, wie schlimm es um die psychische Verfassung und um die Beziehung steht, und verharren im Aushalten, bis nichts mehr geht.

Wir haben bereits gelernt, wie der Narzisst in der Partnerin Zweifel an der eigenen Wahrnehmung sät (in Kapitel 4: Das Spiel um Macht), wie er ihr für alles die Schuld in die Schuhe schiebt – und sie das für sich annimmt! –, wie er das Leugnen, Abstreiten und Verdrehen pflegt, sodass die Partnerin dazu verdammt ist, ständig verunsichert, handlungsunfähig und ertränkt in Fragen zu sein. Ein Zustand, der sie zutiefst beschämt, weil es peinlich ist, im Freundeskreis unsicher und schwach dazustehen. Die Scham über den eigenen Selbstzweifel, die eigene Inkonsequenz und die eigene Ratlosigkeit blockiert den Impuls, sich im eigenen Netzwerk (Freunde, Familie, Therapeuten) mitzuteilen und Hilfe zu holen. Aus Angst, am Ende allein dazustehen, entscheiden sich viele Frauen zu schweigen.

Daran merken Sie, dass der Schuld-Scham-Nacktmull Sie voll im Griff hat:

- Sie fühlten sich schon immer in der Rolle der »Schuldigen«, Ihr Narzisst verstärkt das gern.
- Sie nehmen in übertriebener Weise jede Schuld auf sich, die an der Seite Ihres Narzissten entsteht.
- Selbstvorwürfe, Entschuldigungen und Scham sind für Sie lebensbestimmend.
- Ihre Haltung ist unterwürfig und überangepasst, voller Angst, sich schuldig zu machen. Der Narzisst nutzt das aus, um Sie zu beherrschen.
- Sie sind jederzeit bereit, Schuld durch angenommene Strafen auszugleichen.
- Lobt Sie Ihr Narzisst, reagieren Sie mit Unglauben und machen sich sofort Selbstvorwürfe, um die Anerkennung abzuwerten. »Der hat sich geirrt! So gut war mein Kuchen (oder meine Idee) gar nicht.« »Stimmt«, sagt der Narzisst.
- Entschuldigt sich Ihr Narzisst ausnahmsweise bei Ihnen, löst das sofortige Selbstbeschuldigung bei Ihnen aus. »Nein, nein, es war mein Fehler!« Das kann sehr hilfreich sein, um im sozialen Miteinander Spannungen rasch abzubauen, auf Dauer jedoch wirkt so eine Reaktion masochistisch und schwächt Sie.

Emotionale Erpressung

Die Fähigkeit vieler toxischer Narzissten zur emotionalen Erpressung ist legendär. Die Begabung liegt darin, schlechte Gefühle im anderen gezielt auszulösen, sei es bei nichtigen Anlässen oder bei einer echten Krise, um den anderen klein und beschäftigt zu halten. Auch ad hoc und ohne erkennbaren Anlass. Fragt man nach: »Was ist denn los?«, erntet man ein grimmiges oder enttäuschtes »Na, nichts…«

oder ein vielsagendes »Das weißt du schon…« und wird schweigend in Unklarheit stehen gelassen.

Spüren Sie in solchen Situationen eine gewisse Bringschuld in sich? Haben Sie das Bedürfnis auszugleichen, was auch immer Sie anscheinend irgendwie falsch gemacht haben?

Ein emotional spielender Narzisst handelt bewusst intransparent und schiebt Ihnen die Aufgabe zu herauszufinden, was los ist, wodurch er Sie nah zu sich ranzieht und an sich bindet. Betroffene fühlen sich reflexartig zuständig, den Narzissten glücklich zu machen, und beginnen mit einem versorgenden und tröstenden Tänzchen um ihn herum.

Prüfen Sie, ob Sie durch sein demonstratives Leiden und seine Appelle gelockt werden. Beachten Sie: Auch gute Emotionen kann ein Narzisst gezielt in Ihnen auslösen. Lassen Sie sich nicht darauf ein, sondern gehen Sie auf Distanz und beobachten Sie nur.

Von Psychopathen sagt man, sie könnten jede Form von Emotionen herstellen und andere glauben lassen, dass sie echt sind. Es handelt sich um erlernte, komplexe Fassaden von Gefühlen, die psychopathische Narzissten niemals spüren, auf die ahnungslose, empathische Normalos allerdings sofort reagieren und wie Motten ins Licht fliegen. Der Narzisst weiß: »Bekomme ich es nicht, dann weine ich. Weine ich, dann bekomme ich es.«

Erhalten Sie sich den Blick auf die Realität und machen Sie sich klar, dass alles nur gespielt ist.

Scham und Schweigen

Viele Partnerinnen sind lange bereit, die Lügen, auch die, die der perfide Narzisst über sie erzählt, mitzutragen, um die Fassade aufrechtzuerhalten. Denn die Realität infrage zu stellen, die der Narzisst so kunstvoll für beide errichtet hat, aktiviert mächtige Schuldgefühle und Scham, weil man sich eingestehen müsste, sein Leben an der Seite eines Menschen zu führen, der notorisch lügt. Nichts, das man leicht oder gern zugibt, sodass betroffene Personen lieber lächeln und schweigen.

Manipulative Narzissten führen ihre Opfer also, indem sie deren innerste Schuldgefühle auslösen und ausnutzen, dass die Partnerin nicht untreu sein möchte, indem sie gegen die Normen des Narzissten verstößt. Weil sie (wieder) nicht erkannt hat, wie dies und jenes gemeint war. Das hätte sie doch erahnen können! Wie dumm von ihr!

Erkennt man das inszenierte Spiel der Emotionen und koppelt sich davon ab, dann hat man als Partnerin des Narzissten das Gefühl, endlich in der Realität angekommen zu sein und klar zu sehen, was läuft, während der narzisstische Gegenpart weiterhin in fantastischen Gefilden unterwegs ist. Das nimmt nicht selten wahnhafte Züge an. Trotzdem schämt sich die betroffene Person, aus Angst oder Sorge, dem Partner mit dem harten Realitätscheck die Illusion zu nehmen, und schweigt weiterhin. Obwohl der scheiternde oder erfolglose Narzisst seiner falschen Realitätswahrnehmung beharrlich aufsitzt und nur sein darf, was er (oder sie) als Realität zulässt, wird der eigene Versuch, das Gegebene kritisch zu hinterfragen, durch die innere Schuld-Scham-Bremse gestoppt – zumal aus der Erfahrung, dass der Narzisst jede Form der Kritik mit massiver Reaktanz abwehren und seine Fantasie nach Größe verteidigen wird.

Zusätzlich fühlen sich Partnerinnen sofort schuldig, sobald sie eigene, egoistische Bedürfnisse in Gegenwart ihres Narzissten empfinden oder sogar äußern. Eigene Bedürfnisse, so glauben sie, bedrohen die Beziehung, weil sie sie vom Narzissten entfernen. Die egoistischen Bedürfnisse des narzisstischen Partners hingegen sind auf magische Weise nicht bedrohlich für die Beziehung. Nur die der Partnerin sind es. Das ist verwirrend. Und erneut schweigen alle.

Manch eine hofft, dass der narzisstische Partner sich fangen, ändern, die Wahrheit erkennen wird, bemerkt, wie er wirkt, und lässt wertvolle Zeit ungenutzt verstreichen. Sie übernimmt die Verantwortung für das eigene Versagen, das Scheitern der Ehe, die Überforderung im Job oder sogar für eigene Krankheiten. »Es ist meine Schuld, es ist meine Schuld, es ist meine Schuld.«

Eine Beziehung, in der grundsätzlich nur einer von beiden schuldig ist und sämtliche Verantwortung übernimmt, ist zum Scheitern verurteilt. Auch hier gilt: Setzen Sie Grenzen! Hauen Sie auf den Tisch! Stehen Sie für sich ein und brechen Sie das Schweigen!

Scham, Verlustangst und Veränderung

Wollen Partnerinnen endlich aus der verschwiegenen Gefangenschaft der Schuld und Scham entfliehen, blockiert sie die Angst vor der eigenen Veränderung. Ich will mich nicht verändern! *Er* soll sich verändern! Denn wenn ich mich ändere, verliere ich mein eigenes Selbst!

Ja, in Kapitel 6: Das Spiel um Identität haben wir erfahren, wie durch Veränderung die eigene Wesenseinheit zerbrechen kann, wenn sie sich zuvor ausschließlich über die Fantasiegebilde des Narzissten definierte. Sich selbst zu verlieren, ist undenkbar, gefährlich und bedrohlich, und kommt dann noch ein geringer Selbstwert hinzu, hat die verunsicherte Partnerin keine Chance, sich unbeschadet aus der missbräuchlichen Beziehung zu lösen. Aus purer Angst hält sie am Narzissten fest.

Niemand will sich selbst abschaffen, und niemand will schuld sein, dass eine Beziehung zerbricht. Betroffene Personen entscheiden sich für die Sicherheit, weil sie ihnen nutzt und wichtig erscheint. Gleichzeitig schämen sie sich, weil es so schlecht für sie läuft, weil sie schwach sind und sie keinen anderen Ausweg sehen, als sich zu unterwerfen, damit das Leben für den Narzissten prächtig funktioniert und für sie selbst wenigstens so lala läuft. Die Opfer schämen sich vor sich selbst. Und zwar massiv.

Wie der Psychoanalytiker Léon Wurmser schreibt, geschieht Scham vor dem inneren Auge. Es ist das eigene Benehmen, für das man sich schämt und das ein sehr hohes Ideal verletzt, nämlich das eigentliche Sein und die innere, heilige Beziehung zu sich selbst.[39] Wer gegen seine Bedürfnisse und Überzeugungen lebt, neigt zu Selbstvorwürfen und Selbstbestrafung, die er mit Entschuldigungen und Rechtfertigungen zu neutralisieren versucht. Betroffene Personen nehmen jede Schuld auf sich, wenn eine Krise auftaucht, die sie bedroht, und sind zur Selbstbestrafung jederzeit bereit. Werden sie krank, weil sie sich für ihren Narzissten aufopfern und stressen, oder schwächeln sie im Job und werden von den Kollegen geschnitten oder sogar gemobbt, empfinden sie das als verdiente Strafe.

Schuldprojektion, Sünde und das schlechte Gewissen

Nimmt der Passive im Konflikt um die Schuld alle Verantwortung auf sich, verdrängen Menschen im aktiven Modus alles, was einem Schuldgefühl nahekommt. Den Fehler bei sich selbst zu suchen, kommt nicht infrage. Niemals. Kleinste Schuldeingeständnisse werden mit ausladenden Rechtfertigungen korrigiert: »Es ist deine Schuld, du hättest aufpassen müssen!» – »Du weißt doch, dass ...« – »So wie der sich benimmt, will er es ja gar nicht anders.« – »Sie hätte ›Nein‹ sagen können. Hat sie aber nicht.« – »Sie hat's ja darauf angelegt!«

Aus der völligen Abwesenheit von Schuldgefühlen wächst schnell ein Gefühl von Paranoia, wenn andere einem Taten anlasten wollen, von denen man überzeugt ist, sie nie begangen zu haben. Misstrauen, bedroht, verfolgt und benachteiligt zu sein, zementieren und beweisen: Schuldig sind die anderen.

Folgerichtig kennt die betroffene Person auch keine Scham, denn wenn man davon überzeugt ist, reinen Gewissens zu sein, gibt es keinen Grund sich zu schämen.

In der Beziehung zu einem Narzissten entstehen viele kleine und große Geschichten um Schuld und Scham. Beispielsweise wenn die Partnerin in der Öffentlichkeit als Arbeitskollegin und nicht als Lebensgefährtin vorgestellt wird. Wenn sie niemandem verraten soll, dass sie verheiratet ist. Auch nicht den eigenen Kindern, Eltern und besten Freunden. Wenn sie darüber schweigen soll, dass er sie herabwürdigt, herumkommandiert, bestraft.

Es sind diese intimen, privaten Geheimnisse und merkwürdigen Bedingungen, die keinen Sinn ergeben, die Schuld und Scham auslösen, weil sie ständig vom Verrat bedroht sind. Behalte es für dich! Sonst verrätst du mich, dich und unsere so wertvolle Beziehung!

Die schlimmsten Geschichten in diesem Spannungsfeld sind Missbrauchsgeschichten mit Kindern. Wenn etwas Unerlaubtes, Verbotenes geschieht, wenn ein erwachsener Mann in tiefer Vertrautheit einem Kind zu nahekommt, Grenzen überschreitet und zugleich, um das Geschehene zu vertuschen, ein Gebilde von Heimlichkeit und Schuldandrohung aufbaut. Es sind subjektive Überzeugungen, Behauptungen, Geschichten, die sich ein missbräuchlicher Mensch ausdenkt, um sich selbst zu legitimieren, den angeblichen Verrat von vornherein zu sanktionieren. »Verrate nichts, denn ich werde hart bestraft, wenn das herauskommt. Möchtest du schuld daran sein, wenn ich eine Strafe bekomme? Es ist doch schön, was wir hier haben. Möchtest du wirklich, dass deine Eltern davon erfahren und dich dafür zur Rechenschaft ziehen?«

Den Verrat als Drohung zu missbrauchen, um das eigene Ego zu schützen, ist ein typischer Verdreher der narzisstischen Psyche.

Mein Ich ist durch das, was *ich* getan habe, in Gefahr, also bedrohe ich *dich*, um mich zu beschützen. Und ich strafe dich streng und hart, um zu zeigen, wie ernst mir das ist!

Ein perverser Kniff, wenn man das Opfer der eigenen Missbrauchstat zunächst als Komplize und dann, zum Schutz vor Verrat, als äußeren Feind erschafft, um von der eigenen Verfehlung abzulenken.

Wenn solche Einschüchterungstaktiken bereits bei Erwachsenen funktionieren, und das tun sie bestens, können Sie ermessen, mit welcher Wucht sie die Psyche eines Kindes treffen, das in der Folge erstickt wird von Angst, Trauer und Scham, sich schuldig gemacht zu haben und sich möglicherweise noch mehr zu verschulden. Kein Wunder, dass so viele Opfer schweigen!

Weil dieser Mechanismus so gut funktioniert, ist es eine traurige, menschliche Tradition, Drohszenarien aller Art aufzubauen, um über die Bande des schlechten Gewissens Menschen zu beherrschen und an sich zu binden. Besonders erfolgreich sind Autoritäten gegenüber Schutzbefohlenen, zwischen denen ohnehin bereits ein Machtgefälle herrscht. Denken Sie beispielsweise an die katholische Kirche mit ihren pädosexuellen Missbrauchsskandalen. Man benötigt keine Fantasie, um sich die Argumentationen vorzustellen, mit denen die Opfer mundtot gemacht werden. »Wähle nicht den Weg des Bösen, indem du dich gegen mich und damit auch gegen Gott stellst.« – Oder, um das Feld des pädosexuellen Missbrauchs zu verlassen: »Wenn es der Wille Gottes ist, dass du wie dein Vater Bäckermeister werden sollst, dann wirst du es. Entscheidest du dich dagegen, versündigst du dich!«

Die Sünde und vor allen Dingen die missbräuchliche Erweiterung auf alles Mögliche, das ebenfalls Sünde sei, funktionieren seit vielen Jahrhunderten bis heute sehr wirkungsvoll unter Menschen.

So lösen Narzissten Schuld- und Schamgefühle aus – wahre Geschichten aus meiner Praxis

- Der missbräuchliche Therapeut sagt zu seiner 14-jährigen Klientin: »Was machst du nur mit mir?«, und beginnt ein jahrelanges Verhältnis mit ihr.
- Der stolze Vater liefert seinen siebenjährigen Sohn nach einem Bad im Bergsee schwer unterkühlt bei seiner Ex-Frau mit den Worten ab: »Das war cool!« Wenn sie jetzt über den »coolen« Paps schimpft – ganz egal wie begründet –, ist sie blitzschnell die »blöde Mama«.
- Das Kind erklärt der Familiengutachterin: »Mama gehört nicht mehr zur Familie.« Ein Satz, den nur Väter den Kindern einflüstern.
- Der Schwiegersohn verlangt von den Eltern seiner Zukünftigen eine Mitgift, damit seine Ehefrau »nicht so blank« in die Ehe kommt. »Sie braucht davon ja nichts zu wissen.«
- Der Sohn verweigert beständig das klärende Gespräch mit seiner besorgten Mutter und schmettert ihre Fürsorge ab. »Ich habe keine Zeit, dieses Thema jetzt zu besprechen.«
- Die Tochter behauptet: »In unserer Familie hat es nie Vertrauen und Liebe gegeben.« Gleichzeitig lässt sie ihre Mutter nach stundenlanger Anfahrt zwei Stunden vor der Haustür im Auto warten und schickt sie nach fünf Minuten »Gespräch« zwischen Tür und Angel wieder weg.
- Jedes Mal, wenn die Schwiegertochter Hilfe brauchte, sprangen die Großeltern ein und kümmerten sich ums Kind. Am Ende schreibt sie: »Ihr seid für eure eigene Halsstarrigkeit selbst verantwortlich. Es ist eure Schuld, wenn ihr eure Enkel nicht aufwachsen seht.«
- Der Sohn stellt die Eltern vor die Wahl: »Wenn ihr es so macht, wie wir das wollen, dann geht es, sonst nicht.«

- Das Bedürfnis der Eltern zur vertieften Kommunikation bezeichnet die Tochter als »Seelenstriptease« oder »Egokotzen«.
- Der Ex-Mann sieht keine Notwendigkeit darin, sich an Kosten, die über den Unterhalt hinausgehen, zu beteiligen, und die Kinder plappern nach: »Der Papa sagt, er zahlt dir schon so viel Unterhalt.«
- Der Vater kauft einen PC für die Kinder und zieht den Geldwert vom Unterhalt ab.
- Der Vater gibt an, er versorge die Kinder gut, lässt sie allerdings auf dem Fußboden schlafen.
- Männer suchen einen Therapeuten auf, um die »Störung« der Frau zu klären.
- Der Narzisst sagt, sein Therapeut rate ihm, die Frau »sexuell mal so richtig ranzunehmen«.
- Der Narzisst hält sich selbst für den großartigsten Psychoanalytiker der Welt. »Ich gehe doch nicht mit zu deinem Therapeuten. Dir hat er ja eh längst den Kopf verdreht, liest dir aus seinem Buch vor und kassiert noch zweihundert Euro dafür.«
- Der Ehemann lässt seine Frau wissen: »Je langsamer die Mühlen unserer Trennung mahlen, desto eher bist du bankrott.«
- Der Mann hat stets Erklärungen, die plausibel klingen. Alle Beweislast obliegt ihr.
- Der Mann, der ein teures Sportauto und zwei Häuser besitzt, spricht von existenziellen Nöten: »Ich zahle viel zu viel. Ich werde verarmen.«
- Sie bemüht sich um Transparenz auf ihrer Seite. Er versteckt sich hinter Floskeln.
- Zur Rettung der Beziehung soll sich die Ehefrau verbiegen. »Ich hatte einen Hängebusen, und er wollte ihn vergrößern. Irgendwann dachte ich, es könnte auch meine Idee sein, und habe zugestimmt. Während der Termin näher rückte, hatte ich

das Gefühl, nicht sein zu dürfen, wer ich bin, und habe abgesagt. Nach der Trennung war ich froh, keine Brust-OP gemacht zu haben. Aber ich hab mich erschrocken, dass ich zunächst bereit dazu war.«

- Er nennt sie schuldig, weil sie sich nach der Trennung in eine neue Beziehung rettet.
- Die Gegenseite fühlt sich von den eigenen Lügengeschichten und Erfindungen verfolgt und provoziert und meint, dahinter die Machenschaften der Frau zu erkennen. Salopp gesagt: Der Narzisst spuckt jemandem in den Bart und fragt: »Warum sabberst du denn?«
- Die Kinder verzeihen dem Vater und fühlen sich zu ihm hingezogen, weil er der Stärkere ist. Gleichzeitig demütigt er die Mutter, untergräbt ihre Autorität und stellt ihre Erziehungsfähigkeit infrage. »Ihr wisst doch, wie Mama ist.« Augenrollen, komplizenhaftes Lächeln in Richtung der verunsicherten Kinder.
- »Mama zockt Papa ab.« Vor Gericht und den Kindern behauptet er, alle Rechnungen bezahlt zu haben, auch die Fernreisen mit der Schwiegermutter, vieles in bar und ohne Quittungen, weil er naiv, verliebt und großzügig war. »Und jetzt muss ich auch noch Unterhalt bezahlen.«
- Papa weint und steht kurz vor dem Zusammenbruch, obschon er sich konträr zu dem verhält, was er der Kindsmutter erzählt. Mit seiner Krise punktet er bei den Kindern.
- Der Narzisst wirft seine Partnerin aus der gemeinsamen Wohnung, weil sie klar gegen seine Richtlinien verstoßen und ihn verraten hat. Den Rauswurf bezeichnet er als ihre »gerechte Strafe«.
- Niemals ist sie gut genug, egal wie sehr sie sich bemüht, ihm alles recht zu machen. Zu begreifen, dass sie keine Chance hat, ihm zu gefallen, dauert Jahre.

Rosenkrieg oder doppeltes Spiel?

In einer Gerichtsverhandlung werden vom Täter als begleitende Gefühlsäußerung zum Geständnis oft Scham und Reue gefordert. Wer sich entschuldigt, um Verzeihung bittet und wem es leidtut, der erhält eine mildere Strafe.

Was dabei gern übersehen wird: Es kann sich nur derjenige vor seiner eigenen Tat schämen, der ein inneres Wertesystem besitzt und von seiner abweichenden Verhaltensneigung oder Inkompetenz tatsächlich beschämt ist. Im Spiel mit dem Narzissten schämt sich jedoch viel eher das Opfer, weil es Teil einer toxischen Beziehung ist oder war und unfähig ist, die Partnerschaft erfolgreich zu führen.

Der taktierende Narzisst wird vermutlich also nur so tun als ob, und Laien tun sich sehr schwer damit, die Wahrheit zu erkennen. Wer ist hier der Täter und wer das Opfer?

Der Spürsinn der Richter und Richterinnen hängt sehr von den Sachverständigen ab, an denen sich das Gericht meist orientiert und inwieweit diese das Spiel durchdringen und den gewöhnlichen Rosenkrieg vom perfiden Doppelspiel des Narzissten abgrenzen können. Leider meinen immer noch viel zu viele Familienrichter, dass sie selbst den Durchblick haben, und glauben zu erkennen, wer lügt und wer nicht. Ein grober Fehler, wie wir bereits gesehen haben (siehe Kapitel 3: Das Spiel um Versorgung).

Unglaublich, aber leider wahr

- In begleitetem Umgang wird das Thema psychische und körperliche Gewalt immer noch größtenteils ausgeklammert.
- Es gibt noch viel zu viele »vaterfreundliche« Richter, die sich von den überzeugenden Narzissten einspinnen lassen.
- Viele Sachverständige wählen den Kompromiss, muten den »Opfern« mehr Verantwortung zu und verschonen damit indirekt die narzisstischen Täter, um die eigene Geschäftsgrundlage durch

»radikalere, einseitige« Einschätzungen nicht zu gefährden. Denn wer sich als Gutachter »zu sehr aus dem Fenster lehnt«, macht sich unglaubwürdig.

- Sachverständige sind wissenschaftlich nicht immer auf dem neuesten Stand und haben alte, »patriarchalische« Rollenbilder im Kopf, wo Narzissmus in seiner perfiden Wesensart keinen Platz hat, oder verkennen das Phänomen der komplexen Traumatisierung durch spurlose Gewalt.
- Spurlose Gewalt (psychische Partnerschaftsgewalt, meist von Männern auf Frauen ausgeübt) kennt in Deutschland kein Gesetz und hat keine einheitliche Rechtsprechung.
- Obwohl Partnerschaftsgewalt in aller Regel unter Ausschluss von Zeugenschaft stattfindet, was den Tätern zum Vorteil gereicht, sind Ton- und Filmaufnahmen strafrechtlich verboten und, wenn sie doch vorliegen, nicht zugelassen bei Gericht. Gibt es keine sichtbaren Narben, weil nicht geschlagen, sondern beleidigt, entwürdigt, herabgesetzt, beschimpft, demontiert wurde, fehlt den Opfern der offensichtliche Beweis (eine Auflistung solcher unsichtbaren Gewalttaten finden Sie weiter unten).
- Nicht jeder Familienrichter ist darin geschult, gewaltbereite Männer gekonnt zu befragen. Um solche Täter der Lüge zu überführen, muss man wissen, was Mikromimik, Baseline und Sakkaden (typische Augenbewegungen) sind und wie man sie zu deuten hat.
- Die Last der Veränderung und Anpassung liegt ausschließlich bei den Müttern. *Sie* müssen ihre psychische Last »rasch verarbeiten« und sich wieder »stabilisieren«, um ihre »Erziehungskompetenz« zurückzugewinnen – ein sehr hoher Anspruch für traumatisierte Mütter und traumatisierte Kinder.
- Unter dem Vorwand, als Gewalttäter »stigmatisiert und kriminalisiert« zu werden, übergehen Väter immer noch zu häufig

Therapiemaßnahmen, die bei der Verantwortungsübernahme der Gewalt helfen könnten. Paradoxerweise vermeiden Familiengerichte Auflagen zum Umgang mit dem eigenen Gewaltpotenzial und gewähren heuchlerisch »kompromisshaft« den Umgang mit den Kindern, was nicht nur den Gewaltschutzparagrafen, der Körper, Gesundheit und Freiheit eines jeden Menschen schützen soll, aushebelt, sondern auch zur Retraumatisierung der Kinder und Mütter führt. Das ist kein Kompromiss, sondern ein Skandal und beweist, dass noch zu viele Richter zu wenig über Traumatisierung und psychische Gewalt wissen.

- Gewinnen Mütter wieder an psychischer Stabilität, drohen Sorgerechtseinschränkungen und Ordnungsgelder, wenn sie aus Angst das Umgangsrecht des Vaters blockieren. Auch das zeigt, dass zu viele Familienrichtende keinen blassen Schimmer von Narzisstenspielen haben.
- Selten folgen Familiengerichte der »Regelvermutung zur Kindeswohldienlichkeit« (§ 1626 Abs. 3 BGB), die fordert, sich zweifelsfrei davon zu überzeugen, dass bei einem Umgang keinerlei Gefahr für das Kind besteht. In der Folge müssen viel zu viele Minderjährige gegen ihren Willen den Umgang mit dem gewaltbereiten Elternteil wahrnehmen.
- Endet der begleitete Umgang, kracht es erneut zwischen den Eltern, denn meistens haben beide Seiten nichts in dieser Zeit »gelernt«.

Gewalt, die keine sichtbaren Spuren hinterlässt – dokumentieren Sie solche Situationen, um später beschreiben zu können, was Ihnen widerfahren ist:

- Der Narzisst drängt Sie gegen die Wand.
- Er baut sich vor Ihnen auf und bläst Ihnen ins Gesicht.
- Er klatscht nah vor Ihrem Gesicht in die Hände.

- Er drängt, schubst, stößt Sie.
- Er verpasst Ihnen Ohrfeigen und streift seine Hand anschließend langsam an Ihrem Gesicht ab.
- Der Narzisst packt Ihr Gesicht, knetet es und reibt Ihre Haut.
- Er verpasst Ihnen Kopfnüsse von hinten.
- Seine Aktionen kommentiert der Narzisst mit ekligen Bemerkungen wie: »Na, gefällt dir das?«
- Er stößt Drohungen aus: »Ich mache dich fertig.«
- Er sperrt Sie aus der gemeinsamen Bleibe aus, zum Beispiel wenn Sie den Müll rausbringen.
- Der Narzisst zerrt Sie aus dem Heim und lässt Sie im Auto übernachten.
- Täglich hagelt es Beleidigungen, mitunter in ganzen Tiraden, beispielsweise während Sie Gymnastik machen, abwaschen, Gartenarbeit erledigen.
- Der Narzisst nimmt Ihnen den Wohnungsschlüssel weg, behält persönliche Dinge ein oder versteckt sie.
- Sitzen Sie in der Badewanne, schaltet der Narzisst Licht und Wasser ab.
- Durch Beschimpfungen um zwei oder vier Uhr morgens stört der Narzisst Ihren Schlaf.
- Sie und der Narzisst planen eine gemeinsame Mahlzeit? Der Narzisst deckt nur für sich. Oder lässt Sie gleich allein essen.
- Morgens vor der Arbeit nimmt der Narzisst den Autoschlüssel an sich und erklärt: »Heute ohne Auto zur Arbeit!«
- Durch Falschbehauptungen löst der Narzisst Polizeieinsätze aus: »Ich mache mir Sorgen, sie sagte, dass sie lebensmüde ist!«

- Er erstattet Strafanzeigen wegen Körperverletzungen, die nie stattfanden.
- Er zeichnet das Bild einer psychisch Kranken von Ihnen: »Sie ist verrückt.«
- Er streut falsche Informationen über seine vermeintlich redlichen Absichten.
- In der Öffentlichkeit äußert der Narzisst Bedauern über Ihr Verhalten, weil Sie sich angeblich weigern zu kooperieren, obschon seine Hilfsangebote so großzügig und fair sind.
- Er fügt Ihnen finanziellen Schaden zu. Im Falle von gemeinsamen Kindern bemüht er sich beispielsweise um die alleinige Fürsorge, um Ihnen eine Unterhaltspflicht aufzudrücken.
- Der Narzisst beauftragt Inkassounternehmen, um den Geldwert ursprünglicher Geschenke zurückzufordern (Computer, Fahrrad, Akkubohrer).
- Geldwerte Gegenstände, die ursprünglich Ihnen gehörten, stellt der Narzisst als sein Eigentum dar (Küche, Schmuck, Porzellan).
- Bargeldgeschäfte oder Geldgeschenke fordert er per Rechtsbeistand und unter Klagedrohung zurück.
- Ihren minderjährigen Kindern verbietet er, Sie zu treffen. Außerdem wertet er Sie vor den Kindern ab und beschimpft Sie als »dreckige Fotze« und »verfaulte Schlampe«.
- Stellvertretend für Sie schikaniert der Narzisst Ihre Tochter.

Sind Sie Opfer solcher Drangsale, suchen Sie sich schnellstmöglich Unterstützung und Hilfe und bemühen Sie sich um Zeugenschaft, bevor Ihr psychopathisch-narzisstischer Partner Sie endgültig zerstört!

Merke: Partnerschaftsgewalt ist ein deutlicher Hinweis auf einen Psychopathen, obschon es auch einen Zusammenhang mit vulnerablem männlichen Narzissmus gibt.

Narzissmus beschämt, Schamwut befreit – befreien Sie sich aus dem Schuld-Scham-Sumpf.

Wenn Sie die gegnerische Seite vor sich selbst oder vor Gericht als Narzissten »überführen« wollen, ist es wichtig, dass Sie und alle Beteiligten die vorherrschenden Verhaltensmuster erkennen. Zeigen Sie dabei nicht mit dem Finger auf Ihr Gegenüber und beschimpfen es von vorn herein als Narzissten – das kann negativ auf Sie zurückfallen. Erzählen Sie stattdessen von den vielen emotionalen Verletzungen, die Ihr Gegenüber Ihnen beigebracht hat. Verdeutlichen Sie, wie stark die Beschämung in Ihrer schwierigen Paarbeziehung war. Sprechen Sie aus, wie sehr Sie sich geschämt haben!

Machen Sie sich außerdem klar: Intensive Scham ist nicht nur das, was zwischen Menschen passiert, wenn der eine den anderen beschämt, sondern genauso ein innerer Vorgang. Stehen Sie dazu, dass Sie sich selbst etwas zugemutet haben, das Ihre höchsten, eigenen Prinzipien verraten hat, sodass Sie sich selbst untreu geworden sind. Beschreiben Sie das Gefühl jener Erfahrung, von einem Partner, den Sie lieb(t)en, fürchterlich abgewertet und gedemütigt zu werden.

Sobald Sie (und andere) durchschauen, dass Ihr perfide spielender Narzisst Bilder und Narrative als Lügen und Ablenkungen lanciert, um die eigene Wichtigkeit zu unterstreichen und eigene Verfehlungen zu vertuschen, schamlos, wirkungsvoll und ohne Schuldgefühle, sind Sie auf dem richtigen Weg. Partnerinnen narzisstischer Männer spüren kaum noch Scham, wenn sie sich endlich eingestehen können, dass ihre Bemühungen nie erfolgreich sein werden. Dass, egal was sie tun, sie den Narzissten nie erreichen werden.

Wenn Ihnen das und anderen Opfern langsam deutlich und bewusst wird und Sie sich selbst in Ihrem Schuld-Scham-Sumpf erkennen und verstehen, dass es nur ein Spielchen Ihres Partners ist, werden Ihre Schuldgefühle verschwinden und Ihre Scham wird abflauen. Versprochen. Dann sind Sie so weit, in einen konstruktiven, rationalen Modus zu wechseln, um die »Sache« mit Ihrem Mann zu »erledigen«. Ich darf Ihnen verraten: Einige meiner Klientinnen hatten großen Spaß daran.

Kapitel 8

Das Spiel um Empathie

Empathie bezeichnet die Fähigkeit, mit dem anderen mitzufühlen, sich durch die eigene Vorstellungskraft emotional anstecken zu lassen, die Perspektive des Gegenübers einzunehmen und wirklich betroffen und berührt zu sein von seinem Erleben. Empathie ist ein komplexer kognitiver und emotionaler Vorgang, und eine der häufigsten Empathie-Übungen, die wir tagtäglich vollziehen, ist das Schauen von Fernseh- oder Kinofilmen, in die wir uns hineinbegeben und von denen wir uns mitreißen lassen.

Im wirklichen Leben ist Empathie hochmanipulativ einsetzbar und leicht zu missbrauchen. Lassen Sie uns zunächst mit dem Vorurteil aufräumen, Narzissten seien unempathisch. Das sind sie nicht. Der Unterschied zu einem Nicht-Narzissten besteht schlicht darin, dass der Narzisst im Laufe seines Lebens gelernt hat, Empathie ein- und auszuschalten, je nachdem, welcher Modus ihm gerade nutzt. Der Narzisst denkt sich etwas und stellt es her. Mit Gesichtsausdruck, mit Worten und mit Taten. Hilft es ihm, sich einer Situation anzupassen, indem er nett ist und sich so verhält, wie andere es sich gerade wünschen, tut er es. Ist das Ziel erreicht, stellt der Narzisst das »Nettsein« umgehend wieder ab.

Um sein Gegenüber von sich selbst und von dem, was er verkaufen/erreichen will, zu überzeugen, gibt ein Narzisst ihm genau das, was der andere braucht, und zeigt sich betroffen, traurig, anerkennend, engagiert, positiv oder was sonst akut gewinnbringend ist. Alles andere kostet Energie und wird unterlassen.

Aus dem neurolinguistischen Programmieren (NLP) wissen wir, wie wirksam es ist, die Worte, Sprache und Semantik einer Person zu benutzen, wenn sie fühlen und denken soll, dass wir sie verstehen, sodass sie bereit ist, sich emotional steuern zu lassen. Sinnvoll und nicht missbräuchlich eingesetzt, kann das NLP im Rahmen einer Therapie den Klienten/die Klientin stärken und ihm/ihr bei der eigenen Persönlichkeitsentfaltung helfen.

Allerdings weiß ein manipulativer Narzisst NLP ebenfalls zu nutzen, um sein Opfer in einen angenehmen, bejahenden und letztlich schutzlosen Zustand zu bringen, wodurch es mehr und mehr an ihn gebunden wird. Ist die emotionale Verbindung erst einmal hergestellt, lenkt der Narzisst sein Opfer wie im Sog auf sein eigenes Ziel. Das Opfer merkt es nicht und ist hochgradig einverstanden. Und das ist Missbrauch.

In einer milden Form kennen wir diesen Mechanismus aus der Werbung, die ihre Botschaften zielgruppengenau und in entsprechender Sprache formuliert. Prüfen Sie mal, wo in Ihrem Leben Menschen (und Unternehmen) lauern, die diese Form der Manipulation mehr oder weniger erfolgreich bei Ihnen anwenden. Worauf fallen Sie besonders herein? Welcher Inszenierung können Sie nur schwer widerstehen?

Die weniger selbstkontrollierten, meist impulsiv-psychopathischen Narzissten übertreten oft ihre scheinempathische, sozial erwünschte Fassade. Ihnen fällt es deutlich schwerer, ihre Manipulationstechniken nonstop anzuwenden, sprich: ihr Gegenüber 24 Stunden und 7 Tage pro Woche mit dem Auslösen von Emotionen (»Das ist klasse, wie du das machst!«) und Verständnis (»Ich verstehe dich sehr gut!«) nach ihrem Willen zu lenken. Lebt man länger mit so einer Person zusammen oder hat beruflich mehr als eine kurze Weile miteinander zu tun, dann bekommt man irgendwann das wahre Gesicht hinter der Maske zu sehen – ein kleiner, selbstgefälliger oder dümmlicher narzisstischer Ermüdungsunfall im dauerhaften und anstrengenden Unterfangen, sich und andere mit der eigenen Großartigkeit einzulullen. So ein verräterischer Lapsus äußert sich entweder in einem Zuviel an Emotionen oder in der Abwesenheit einer gefühlsmäßigen Regung. Eine eiskalte Miene, die Stimmlage passt nicht, der Blick wirkt abwesend, ein Lachen an der falschen Stelle, abwertender Sarkasmus, Spott oder unpassende Kommentare, ein aggressiver Gesichtsausdruck oder eine Handlung, die nicht zu den Worten, jedoch gut zu vergangenen Untaten passt.

Wichtig: Die Abwesenheit von Empathie ist kein Alleinstellungsmerkmal für das Vorliegen eines narzisstischen Musters! Empathieermüdung tritt genauso häufig in dysfunktionalen Familien auf, bei gestressten Eltern und in sozialen, helfenden Berufen. Denn manchmal ist es durchaus sinnvoll, keine Empathie zu zeigen, wenn man sich selbst vor zu viel fremdem Elend schützen, etwas hart durchsetzen oder sich konzentrieren muss, um eine Angelegenheit zu einem guten Ende zu bringen. Das macht es doppelt schwierig, die wahren Narzissten von erschöpften Empathen zu unterscheiden.

Bei Dominik lag klar auf der Hand, was für einem Menschentypus er anheimgefallen und wie groß seine Bereitschaft war, selbst Grenzen zu überschreiten.

Dominik und die Empathie-Lüge

Wer zu dicke Ringe und zu viel Pomp mit einem Anzug von der Stange kombiniert und seine Krawatte wie ein Pennäler trägt, besitzt in meinen Augen keinen Stil. Wer sich mit Sales-Ausdrücken schmückt und das »next Level« mit »emotionaler Intelligenz«, »Empathie für den Client« und »Transformation für das Team« zu erreichen glaubt, der will mir etwas verkaufen, vielleicht seine »Master-Lections« zur übernatürlichen »Super-Schöpfungskraft« im »Business«, um das »Ding« zu »closen«.

Wie Dominik, den ich vor ein paar Jahren kennenlernte. Er war Mitte zwanzig und ein schmaler, unsicherer Typ, der seine Schwäche mit vermeintlicher Coolness zu vertuschen suchte. In einem teuren Trainingsanzug und Luxussneakers nahm er meine Couch ein, und mir fiel sofort der teure Ring auf, den er trug und der etwas zu groß war und wenig zu Dominiks aggressivem, bubenhaften Gesichtsausdruck mit der bräunlichen Zahnlücke passte.

Dominik hatte eine mörderische Wut. Auf Kurt. Er wolle ihn töten, knurrte er, und um das zu vermeiden, hatte er mich um einen Akuttermin gebeten.

»Sie wollen diesen Kurt wirklich umbringen?«, fragte ich Dominik, als er jetzt vor mir saß. Seine Kiefermuskulatur mahlte, während er die Fäuste ballte, wieder öffnete, erneut ballte.

»Kurt hat mich abgezockt!« Eine der beiden Fäuste drosch zweimal auf die Lehne meiner Couch ein. »Erst war ich seine Number One, und dann hat er mich einfach abserviert, dieser fucking Jerk!«

Dominik beschrieb sich als Jungunternehmer und war offenbar einem selbst ernannten Verkaufsgott auf den Leim gegangen. Neben seiner Unsicherheit litt er an extremer Selbstüberschätzung, eine Kombination, die ihn wie viele junge Männer (und Frauen) anfällig machte für Gurus jedweder Art. Sie ahnen nicht, wie viele selbst gekrönte Businessstars es da draußen gibt, die aus den Anerkennungsproblemen ihrer Jünger ein Geschäftsmodell entwickeln, indem sie ihre allzu willigen Opfer mit jeder Menge Zuspruch und viel Bestätigung zu Handlangern betrügerischer Geschäfte machen. Die Masche ist einfach: Such dir ein paar erwachsene Jungs mit schwächelndem Selbstwert, erzähle ihnen, wie toll, großartig und bejubelnswert sie sind, und locke sie mit dem ganz großen Geld. Sie würden staunen, bei wie vielen jungen Menschen das funktioniert.

Und nicht nur bei ihnen – niemand von uns ist sicher davor, auf mehr oder weniger geschickt operierende Verkäufertypen reinzufallen, die ein System auf die eigene Person hin zuschustern und Betrug ermöglichen. So was kommt selbst bei Vorstandsvorsitzenden von DAX-Unternehmen vor, Stichwort Wirecard. Volkswagen. Deutsche Bank. Die Liste ließe sich ergänzen.

Dominik erzählte mir zunächst, er sei selbst so ein Typ, der andere gern austrickse, um daraus Vorteile für sich selbst zu ziehen, sodass ich mit meinem Montblanc-Füller »Trickser« in seine Akte notierte und empathisch nickte. Gleichzeitig schloss ich mit mir selbst die Wette, dass Dominik bestimmt versuchen würde, um die Begleichung meiner Rechnungen herumzukommen oder etwas mitgehen zu lassen.

Kurt, der Salesgott, hatte Dominik als seinen Mentee aufgebaut. Dominik stand in der zweiten Reihe gleich hinter ihm und hatte das höchste Level in dessen Consulting-Firma »Geld-Optimal« erreicht. Mithilfe eines Systems falscher Versicherungsvertreter zockte das Unternehmen ahnungslose Rentner ab, indem es ihnen teure Optimierungsverträge aufschwatzte, die niemandem nutzten außer Kurts Firmenkonto.

Die vielen Mitarbeiter, alles genauso junge, hoch motivierte, von sich selbst überzeugte und nach Anerkennung hungrige Männer wie Dominik, hingen an den Telefonen und erzählten den ahnungslosen Opfern, was zu tun sei, um bei ihren Versicherungen Kosten zu sparen. Dominik überwachte die Arbeit der Jungs, die sich streng an das Verkaufsskript hielten, das Kurt vorgab. Tag eins: Kaltakquise. Tag zwei: Druck ausüben. Tag drei: Informationen abschöpfen. Tag vier: Beraterwechsel und sich als Versicherungsfirma melden. Tag fünf: E-Mail-Formular schicken zum Tarifwechsel. Tag sechs:

auf Einzahlung drängen. Tag sieben: Beraterwechsel und Hinweis auf Deadline, denn »morgen werden sich die Verträge ändern, entscheiden Sie sich lieber sofort!«. Tag acht: Zahlungseingang verzeichnen.

Die Masche funktionierte prächtig, das Firmenkonto explodierte, und Kurt ward nur noch im Nadelstreifenanzug gesehen. Dominik als seine Nummer zwei erhielt einen Porsche, was die anderen anspornte, weiterhin ihr Bestes zu geben, weil, seht her, Fleiß unter Kurts Führung zahlt sich aus.

Allerdings war alles, was die »niederen« Jungs bekamen, ein mickriges Gehalt – gespickt allerdings mit einem Feuerwerk an Lob und Anerkennung, mit dem Kurt das hungrige Anerkennungsmotiv seiner vulnerabel-narzisstischen Mitarbeiter fütterte.

Obwohl sie mit knapp tausend Euro monatlich herumkrebsten, hofften die Angestellten auf den baldigen Aufstieg im System Kurt. Einige gingen. Als die Stimmung etwas kippelig wurde, lud Kurt eine Gruppe von zwölf Auserwählten nach Dubai ein und vertiefte dort die emotionale Bindung. Er gab sich als Mentor und ging auf den Schmerz seiner Jungs ein.

»Ich liebe dich, aber du musst lernen, mit der Nachgiebigkeit in dir umzugehen. Mit dem Schmerz. Lass dein altes, kleines Ich hinter dir! Wie fühlt sich der Schmerz an? Spüre ihn! Niemand hat dich je so gesehen, wie ich dich sehe. Von wem wurdest du denn geliebt? Von niemandem. Gehe hinein in den Schmerz und werde neu geboren, großartig und zum Super-Ich!«

Solche und ähnliche Phrasen funktionieren prächtig, wenn sie auf ein kleingehaltenes, verletzliches Ego treffen. Ein paar der Jünger weinten, und Kurt sprach ihnen Mut zu, lachend mit einer Umarmung. »Komm her, ich tröste dich. Komm her!«

Kurt gab diesen jungen Männern all das Gute, das ihnen ein Leben lang gefehlt hatte. Er war ihr Vater, ihr Bruder, ihre Mutter, und er gab ihnen Liebe, Sehnsucht, Halt, Sicherheit, Wärme und Nähe. Kurt gab ihnen einen Sinn.

Ein paar der Jungs erwischte es tief emotional, und Kurt avancierte zu ihrem persönlichen Helden und einzigem Vorbild. Er überwies allen ein paar Tausend Euro. Sie liebten ihn. Sie prahlten mit ihm. Er war der Größte! Und Kurt lächelte sein schiefes Lächeln. Sein eigenes grandios-narzisstisches Selbstwertgefühl peitschte nach oben und erfreute sich selbst an seinem sinnstiftenden Leben!

Dann ging es zurück nach Deutschland, in die Provinz und ans Telefon, illegale Abschlüsse machen.

»Kurt ist ein echter Leader!«, betonte Dominik. »Kritik bettete er immer in ganz viel Lob. Das war die Schluckhilfe für die bitteren Pillen, weil er nicht nur unsere Kunden, sondern auch die Jungs alle abzockte!«

Anerkennung, warme Worte, Verständnis – und leere Versprechungen. Das war es, was Kurts »Jungs« bekamen. Dominik spielte mit, weil er als Einziger neben Kurt viel Geld verdiente. Er lernte von Kurt, andere durch positives Eindringen umzudrehen und zu bearbeiten. Kurt bot Gratis-Coaching-Termine an, in denen er jungen Unternehmern, Fotografen, Softwareentwicklern, Bäckern, Studenten und Berufsanfängern zeigte, wie sie ihre Kunden an sich binden konnten. Und band sie sogleich an *sich* und verkaufte ihnen anschließende Beratungs-, Coaching- und Mentoring-Programme. Am Ende stiegen die selbstunsicheren jungen Männer in Kurts Firma ein und gaben die eigenen Unternehmungen auf.

Dominik erklärte mir, wie Kurts **Empathie-Lüge** funktionierte. Im persönlichen Gespräch trifft man eine persönliche Aussage über den anderen, die, wenn das Gegenüber sie bestätigt, für eine engere Beziehung sorgt, weil sich ja beide einig sind. Dem Manipulierenden spielt dabei in die Hände, dass das Gegenüber, sofern die Aussage nicht zu extrem ist, mit hoher Wahrscheinlichkeit allein aus purer Höflichkeit zustimmt.

Der Manipulator sagt beispielsweise: »Dir fällt es sicher schwer, mal ›Nein‹ zu sagen, weil du ja, wie ich sehe, gern im Kontakt mit anderen bist!«

Darauf kann man nur mit »Ja, schon ...« antworten und ist überrascht über die profunde Menschenkenntnis des Gurus und wie gut er sich in einen hineinversetzt. Relativiert man die Aussage später, »Na ja, privat sage ich schon manchmal ›Nein‹, wenn ich nicht will!«, nickt der Manipulator wissend und mit einem warmen Lächeln: »Denk ich mir!«

Erneut ist das Opfer begeistert, was der Guru alles so weiß über einen und wie gut er einen versteht. Je mehr man jemanden bestätigt, egal worin, desto näher rückt man ihm, und alle Zweifel verfliegen.

»Geben, geben, geben!«, nannte Dominik das und grinste, »dann denkt der andere, man sei supergut.«

Gute Gefühle nähern uns an, schlechte trennen uns. Also muss alles super sein (was der grandiose Narzisst spielend beherrscht!). Spricht man eine positive Seite in jemandem an, bleibt der wie eine Fliege am Honig kleben. Das ist der erste Schritt. Als Nächstes streut der Guru so viele Suggestionen, bis sein Opfer auch den letzten Zweifel verliert. Er beginnt seine Sätze mit: »Ich kann mir vorstellen ...«, und ergänzt sie durch ein zu erwartendes Verhalten: »... dass du viel besser wirst, wenn du deine Engpässe überwunden hast.«

Die angesprochene Person bestätigt: »Ja, genau...«, und gibt mehr Informationen über sich preis, die meist Probleme mit dem Selbstwert verraten. »Ich wäre gern erfolgreicher, fühle mich aber unsicher in meinem Auftreten und mit meiner Stimme ...«

»Deine Stimme? Ach was, die ist dein Markenzeichen, die ist super!« Ab jetzt weiß der Manipulator, dass ihm ein unsicheres Selbst gegenübersitzt. Die perfekte Beute! Die nicht mal bemerkt, wenn sich die Aussagen des Vorbildes widersprechen, solange sie positiv und bestätigend sind.

Vor solch einer Manipulation kann sich nur schützen, wer über ein gefestigtes Selbstvertrauen verfügt, das sich niemals abhängig macht von dem, was andere äußern.

»Kurt ist ein kluger Hund«, sagte ich, und Dominik nickte. Ihm wurde schließlich die Herodes-Methode zum Verhängnis, nach der ein Herrscher erst einen Nachfolger und Handlanger aufbaut, ihn jedoch vernichtet, wenn er zu gefährlich wird. Dominik wusste und durchschaute zu viel. Außerdem kann es immer nur einen Guru geben.

Als schließlich die Kripo vor der Tür stand, weil sie den illegalen Geschäften der Firma auf die Spur gekommen war, gelang es Kurt, Dominik einen Großteil der Schuld in die Schuhe zu schieben und sich selbst aus der Affäre zu ziehen.

»14 Monate war ich im Knast«, erboste sich Dominik. »Ich hab alles verloren!«

Ich gebe zu, ich spürte wenig Mitleid, und helfen konnte ich Dominik auch nicht. Aber wenigstens hat er Kurt nicht getötet.

Ein paar Jahre später entdeckte ich ihn zufällig beim Ego-Googeln wieder. Er hatte in Österreich ein spirituelles Beratungsinstitut gegründet und bot drei Seminare an, um eine höhere Empathie-Stufe zu erreichen: Selbstfindung. Selbststärkung. Selbstoptimierung. Von seiner Homepage aus feixte Dominik mich zahnlückig an. Auf einem anderen Foto entdeckte ich meinen Montblanc-Füller, mit dem er strahlend einen Vertrag unterzeichnete. Ich grinste. Wette gewonnen.

Mein Honorar hat er ebenfalls nie beglichen, aber Dominik sah gut aus. Irgendwie erwachsener.

Zusammengefasst: Eine narzisstisch böse spielende Person missbraucht Empathie ...

- ... um Sie durch Lob, Bewunderung, Anerkennung und Bestätigung aufzuwerten und Ihre Aufmerksamkeit zu binden.
- ... um Ihre Kooperation auszulösen.
- ... um Sie auf der Beziehungsebene zu kapern, damit Sie sich selbst offenbaren und spontan und unüberlegt von sich erzählen. Auf diese Weise gelangt Ihr Gegenüber an wichtige, persönliche Informationen über Sie, mit denen es Sie bestätigen und Ihnen schmeicheln kann.
- ... um durch Kontrolle, Aufmerksamkeitsbindung, Bestätigung, Lob, Anerkennung von etwas anderem abzulenken (beispielsweise kriminellen Machenschaften).
- ... um Sie mit Nebensachen zu beschäftigen, die Ihre Aufmerksamkeit binden.
- ... um die Kontrolle über die Situation zu haben, ohne inhaltlich etwas Substanzielles oder wirklich Neues beizutragen.
- ... als »Schluckhilfe« für unangenehme Entscheidungen oder unangebrachte Handlungen.
- ... um den »Gaslicht-Effekt« einzusetzen, also freundlich Zweifel zu säen, Sie zu destabilisieren, zu verwirren und zu schwächen, um Sie enger an sich zu binden.

Eine narzisstische Person schaltet Empathie aus ...

- ... um Sie zum Gegenstand, zum »Opfer« oder »Täter«, zu machen.
- ... um Konflikte aufrechtzuerhalten, die Ihnen schaden und ihr nutzen.

- ... um Ihnen und Ihren Bedürfnissen keine Zeit und keinen Raum zu geben und Sie auf Abstand zu halten.
- ... um hart den »Gaslicht-Effekt« einzusetzen und zwischen Zuwendung und Abstand zu wechseln, damit Sie sich noch mehr bemühen, Ihre »Fehler« und Ihre »Schuld« wiedergutzumachen.
- ... um Sie auf die Probe zu stellen und zu testen, ob Sie die missbräuchliche Art längerfristig ertragen, in der Abhängigkeit verbleiben und sich ausbeuten lassen, auch wenn die toxische Seite spürbarer wird.

Um eine narzisstische Person, die Empathie vortäuscht oder missbraucht, zu stoppen, hilft es ...

- ... auf die Beziehungsebene oder die Art der Kommunikation einzugehen: »Bemerken Sie, wie laut Sie mit mir sprechen?« – »Willkommen in meinem Satz!« – »Worum geht es hier eigentlich?« – leicht manipulativ: »Ich könnte mir vorstellen, dass Sie mir erst mal offen erklären, worum es Ihnen geht.«
- ... sie zu spiegeln und genau das Gleiche zu sagen und zu tun, was sie mit Ihnen machen: Wickeln Sie Ihr Gegenüber um den Finger, fragen Sie es aus, schmeicheln Sie, fordern Sie heraus, seien Sie überzeugend.
- ... sie zu testen, ob sie einem entgegenkommt, einen Gefallen oder Wunsch erfüllt, selbstlos, opferbereit, vertrauensvoll und zuverlässig ist.
- ... die Suggestionen, Andeutungen, Behauptungen und nicht belegbaren Aussagen sofort zu hinterfragen, um die davongaloppierende Argumentationskette voller Märchen und Unwahrheiten zu durchbrechen, bevor sie sich festsetzt.

- ... herauszufinden, welche verdeckten Ziele (Nutzen), Werte (innerer moralischer Kompass), Stärken (Charme, Stimmungsbombe, Energie, Leidenschaft, Sinnlichkeit, Stil, Niveau, Handlungsorientierung) und Schwächen (Anspruchshaltung, Selbstüberschätzung, Wahrnehmungsverzerrung eigener Fähigkeiten und des eigenen Status) die manipulative Person hat.
- ... zu prüfen, ob Sie gerade Opfer des »Gaslicht-Effektes« werden, also ob Ihr Gegenüber alles, was Sie wahrnehmen, denken und fühlen, bezweifelt und Ihnen einredet, dass Sie fehlerhaft, schwach, inkompetent, vergesslich, verwirrt, psychisch belastet oder verrückt sind, und Sie Ihr Gegenüber daher brauchen, um durch Ihr schwieriges Leben zu navigieren, was Sie in Ihrer Inkompetenz allein nie schaffen werden.
- ... an allem zu zweifeln, was Ihr Gegenüber behauptet. Besinnen Sie sich unbedingt nur auf das, was Sie mit Sicherheit und völlig unverfälscht über sich selbst wissen, was Sie für sich wollen und was Sie an sich selbst mögen. Stehen Sie dafür ein, egal was andere dazu meinen.
- ... zu überlegen, welcher Persönlichkeitsstil im anderen vorherrscht, ob leicht oder deutlich narzisstisch, ob typisch männlich grandios-narzisstisch (blendend, übertrieben, prahlerisch, arrogant, selbstüberzeugt, charmant, dominant, wenig empathisch, intransparent, ausnutzend, manipulativ), Typ »Blender« oder Typ »männliche Venusfalle«. Oder typisch weiblich, vulnerabel-narzisstisch (still, ängstlich, selbstunsicher, zerbrechlich, sensibel, kritikempfindlich, kränkbar, scheinbar selbstlos, egozentrisch, unempathisch), Typ »Mimose« oder Typ »angeschossene Hündin« – oder eine Mischung von allen.

- ... sich zu fragen, ob das Verhaltensmuster so fest und unveränderbar eingefahren ist, dass es die Diagnosekriterien einer Persönlichkeitsstörung erfüllt und damit nur graduell veränderbar ist.
- ... zu reflektieren, wie groß der psychopathische Anteil im Wesen der Person ist (wie ausnutzend, betrügerisch, verlogen, risikobereit, grenzüberschreitend, angstfrei, fordernd, feindselig, bedrohlich, impulsiv, aggressiv, sadistisch verhält sie sich) und ob Sie es mit dem schwer erkennbaren Mischtyp aus Psychopathie und Narzissmus zu tun haben, Typ »psychopathischer Wolf im narzisstischen Schafspelz«.

Die narzisstische Not

Dominiks Geschichte hätte Potenzial für einen Kinofilm, denn es geht um all das Schlechte im Menschen, das hervortritt, wenn Gier, Angst und ein egoistischer Zweck anderen schadet und sie zerstört. Die Empathie, die Kurt seinen »Jungs« gegenüber vorgaukelte, war nie echt, genauso wenig wie jene zwischen ihm und Dominik. Gemeinsam zockten sie andere ab, weil sie es konnten und weil sie damit durchkamen. Angetrieben von einem sehr berechnenden, simplen Narzissmus, der durchaus zurechnungsfähig war, aber hochgradig manipulativ und zu weiten Teilen kriminell organisiert.

Wir als Gesellschaft unterschätzen, dass es diese Organisierte Kriminalität tatsächlich gibt, weil deren Akteure selten offen in Erscheinung treten und ihren illegalen Aktivitäten im Stillen nachgehen. Dabei lässt sich immer wieder feststellen, wenn man sich die Biografien der Dominiks und der Kurts dieser Welt anschaut, dass Betrüger, Preller, Mafiosi mitnichten als Monster auf die Welt kommen. Das Klischee der unglücklichen Kindheit und Jugend ist tatsächlich wahr: Viele dieser Jungs wurden ein ganzes Leben lang nie geliebt.

Für die meisten Straftaten, denen letztlich immer ein egoistisches, mehr oder weniger notwendiges, die Normen und Gesetze verletzendes Verhalten zugrunde liegt, ist die narzisstische Selbstüberhöhung die zentrale und voraussetzende Bedingung. Die narzisstische Not, wie der Psychoanalytiker Hans-Joachim Maaz[40] sie nennt, ist die innere Notwendigkeit zum Zusammenhalt des Selbst, bevor es zerspringt. Weil es nie gelernt hat, für sich selbst zu stehen, und sich lediglich in Bezug auf andere definiert.

Wenn ein Leben lang Anerkennung und der Zuspruch fehlen, gut genug zu sein, wie man eben ist, und stattdessen stets das Gefühl vorherrscht, zu wenig zu sein und zu wenig zu erhalten, entstehen Frustration, Verbitterung mit der Welt und eine große Selbstentwertung, die schlussendlich andere für die eigenen Probleme verantwortlich macht. Ruhen der fremde wie der eigene Blick ausschließlich auf den eigenen Schwächen, Schwierigkeiten und Hindernissen, kann die Wahrnehmung gar nicht anders, als sich ebenfalls aufs Schwere und Negative zu fokussieren. Das fördert ein Verhalten, dessen Ziel es ist, Konflikte auszulösen, andere durch emotionale Spielchen unter Druck zu setzen, durch Bloßstellung oder durch verletzende Abwertungen, durch Kränkungen sich selbst zu überhöhen und sich ein wenig besser zu fühlen im allgegenwärtigen Elend. Auf traurige Weise heitert es auf, wenn es dem anderen mindestens genauso schlecht geht wie einem selbst.

Betroffenen Personen wohnt meist eine tiefe seelische Notlage inne, in der ihr schwaches Selbstwertgefühl wieder und wieder herabgewürdigt wird, sei es durch eine prekäre Lebenssituation, durch Kompetenzmängel wie schlechte Bildung und erlernte

Ahnungslosigkeit oder durch die Abwertung durch lieblose, gewalttätige, unmoralische, chaotische, perverse, erkaltete, ermüdete, erschöpfte, betrunkene und betäubte Bezugspersonen. Wer weder geliebt noch bestärkt wird, lernt nicht, was es bedeutet, Verständnis mit dem anderen zu haben, und wird aus innerster Notwendigkeit heraus immer bereit sein, Gelegenheiten selbstbezogen zu nutzen und dafür den Schaden anderer in Kauf zu nehmen.

Beim psychopathischen Narzissten, der mehr impulsiv und weniger überlegt vorgeht, herrschen die reine Lust am Tun oder der Trotz vor; sie suchen einen Ableiter für ihre diffusen Spannungsgefühle und ihre Wut, ohne daraus direkt einen Nutzen zu ziehen. Raffinierter und zielstrebiger agieren die klugen, gewitzten und geduldig, böse spielenden psychopathischen Narzissten, die mit Beharrlichkeit konkrete Ziele verfolgen. Eine meiner Lieblingsfragen in der Erkundung der dunklen Seite der menschlichen Psyche ist die, wie oft jemand beim Ausführen einer Straftat *nicht* erwischt wurde. Manchmal huscht dann ein kleines Lächeln über das Gesicht der befragten Person. »Ja, das waren schon mehr als die paar, für die ich bestraft wurde.«

Jeder Mensch ficht seinen eigenen inneren Kampf darum, sich nicht beschämt, schuldig, schlecht oder zurückgestellt, verlassen oder schlecht versorgt zu erleben – mitunter auch narzisstisch. Und viele von uns, nicht nur die Verunsicherten, verwechseln äußere Güter als Zeichen von Erfolg mit tatsächlicher, liebender Aufwertung. Die eigentliche Reise des Menschen – und meiner Erfahrung nach die größte und bereicherndste aller Reisen – ist die Reise in unser Inneres. Eine Erkundungstour, um die Sinnhaftigkeit der eigenen und sich entfaltenden Existenz zu ergründen.

Ich erinnere mich an eine Klientin, die über ihren Partner sagte: »Also, als er bemerkte, dass ihm die emotionale Empathie, diese Tiefe, fehlt, wurde er wütend. Seine Intelligenz, auf die er so stolz ist, konnte dieses tiefere Erleben einfach nicht verstehen. Er findet keinen Zugang zu sich selbst.«

Ja, wir können anderen Menschen nur so tief begegnen, wie wir uns selbst gegenüberstehen, und der Partner meiner Klientin hatte den Kontakt zu sich selbst bereits vor langer Zeit verloren. Seine Not war tatsächlich groß, und er hatte es nicht einmal bemerkt.

Selbsterkenntnis und die Reise nach innen

Die narzisstische Welt ist eine nach außen gerichtete Welt, und der Weg nach innen ist verbaut. Der Tiefensinn[41, 42] muss eingeübt werden. Man muss lernen zu spüren, was jetzt, in diesem Moment, ist, was jetzt gut wäre und was man für die eigene Existenz anstrebt, besser noch, was die sich entfaltende Existenz im eigenen Inneren will.

Von Anbeginn an entfalten wir uns, von der allerersten Zelle bis zum jetzigen Augenblick, in eine sichtbare Äußerlichkeit und in eine Innerlichkeit, die sich vor unserem eigenen Blick verbirgt. Je weiter wir wachsen, desto tiefer wird dieses Innere, desto weiter weg rückt es aber auch. Mithilfe einer Tiefensinnmeditation können wir jedoch nachspüren, welche Dinge seit Anbeginn in uns verborgen sind.

Was fühlen Sie tief im Inneren? Nichts, Leere, Wut, Trauer? Fragen Sie sich rein sprachlich, hören Sie keine Antwort. Formulieren Sie jedoch gemäß Ihren Bedürfnissen: »Was wäre jetzt gut? Für mich?«, nehmen Sie etwas wahr. Sie tun es mit Bereichen Ihres Gehirnes, die üblicherweise wenig von Ihnen genutzt werden, daher muss man dieses Wahrnehmen der eigenen Tiefe üben.

Kleine Meditation: So trainieren Sie Selbstempathie.
Nehmen Sie sich ernsthaft Zeit. Suchen Sie einen ruhigen Platz auf. Schließen Sie die Augen und achten Sie auf Ihren Atem. Lassen Sie alle Gedanken strömen. Nehmen Sie sich wahr. Körper und Geist.

Stellen Sie sich mit viel Geduld folgende drei offene Fragen:

- Was braucht es jetzt?
- Was brauche ich jetzt?
- Was ist jetzt gut für mich?

Drei Fragen, die wie ein Trichter zulaufen auf Ihr innerstes, tief in Ihnen liegendes Selbst. Warten Sie auf die Antwort, die von allein kommen wird. Warten Sie auf sie wie auf ein Reh, das sich in der Abenddämmerung an der Waldlichtung zeigt.

Die Triangulierung als empathische Geheimwaffe

Narzissten bevorzugen es, ihren Willen indirekt und behutsam wie einen Vorschlag oder einen Wunsch durchzusetzen. Dabei nutzen sie häufig einen psychologischen Hebel, den Fachleute Triangulierung oder den »normativen Hebel« nennen.

Die agierende Person bezieht sich dabei geschickt auf eine größere Macht, Instanz oder Persönlichkeit außerhalb der aktuellen Beziehungskonstellation, an dessen Bedeutung und Wirkmacht das Opfer unbedingt glaubt. Woran es glaubt und was oder wen es fürchtet, findet der Narzisst durch ein exploratives Gespräch heraus.

Typische Triangulierungen sind Gott (der für viele sehr real ist und als Druckmittel bestens funktioniert), Institutionen wie das Finanzamt (auch wenn das für viele nicht real ist) oder Personen wie die Schwiegermutter (die sehr mächtig und gnadenlos in ihrer strafenden Reaktion sein kann). Ein gutes Druckmittel sind auch Wunschträume und Erwartungen im sozialen Vergleich (reich und erfolgreich zu werden wie die anderen).

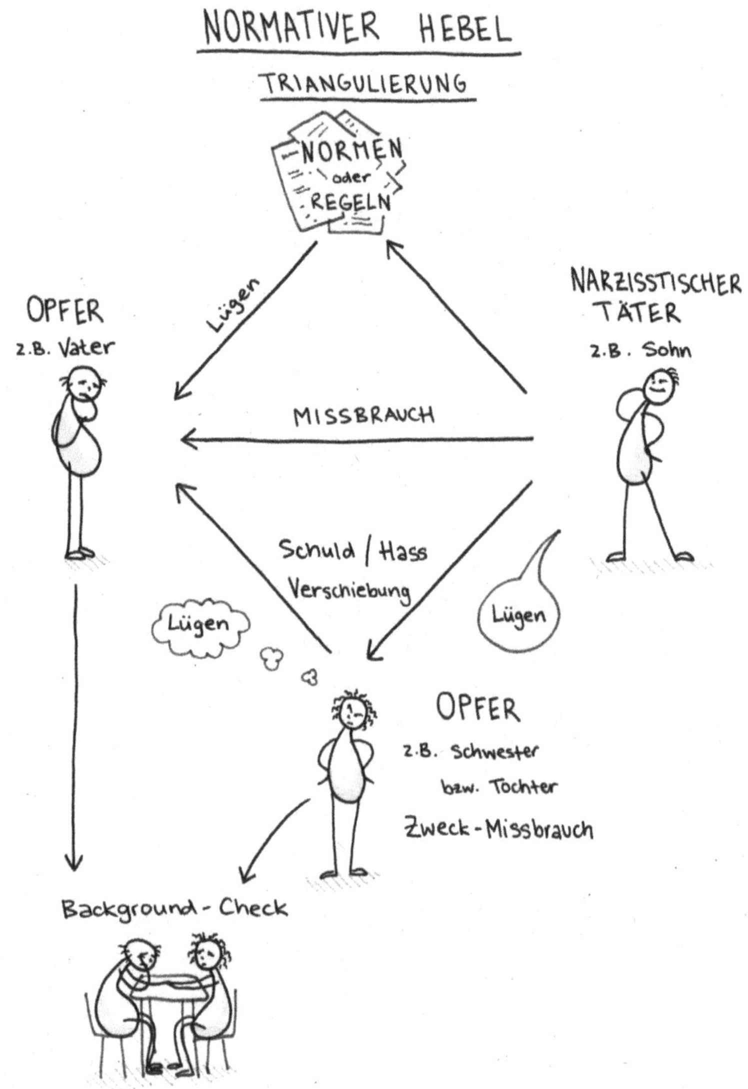

Die Triangulierung: Ausgefuchste narzisstische Trickser benutzen andere Personen, die sie bewusst belügen, um moralische Normen oder selbst aufgestellte Regeln durchzusetzen, um eigenen, egoistischen Zwecken zu dienen. Das ist missbräuchlich, wenn scheinbar Gutes und Wertvolles wie beispielsweise die emotionale Nähe einer Familie dazu missbraucht wird, die einen gegen die anderen auszuspielen.

Übrigens lässt sich dieses Phänomen des bedrohlichen oder verheißungsvollen Dritten genauso gut umkehren, um sich elegant aus dem Spiel des Narzissten zu winden, auch wenn er kaum an etwas glaubt außer an seine eigene Fähigkeit zur Manipulation.

Entziehen Sie sich einer unangenehmen Situation, indem Sie behaupten: »Meine Oma hat Geburtstag!« oder »Ich muss noch mit dem Hund raus!« oder »Wenn ich um elf Uhr nicht zu Hause bin, dann ruft meine Mutter die Polizei!«

Allerdings sollten Sie aufpassen, wie oft Sie zur Beerdigung der eigenen Großmutter müssen – einige haben da ungewöhnlich große Familiensysteme.

Übrigens machen sich sogar Profis die Triangulierung zunutze, beispielsweise wenn es um Geiselnahmen geht, wie mir ein KSK-Soldat berichtete: »Die höher gelegene Instanz begrenzt grundsätzlich die Forderungen des Geiselnehmers. Tut mir sehr leid, Helikopter geht nicht, den bekomme ich nicht genehmigt. Aber Fluchtfahrzeug, das geht immer.«

Interaktionsproblem

Kaum Beachtung findet in der populär gewordenen Narzissmus-Diskussion die wechselseitige Beeinflussung beider Spieler, die sich vor allem in den sozialen Medien »Opfer« und »Täter« nennen. Viel zu gern wird nur einer Partei das Ungeheuerliche zugeschrieben, was, wie ich betonen möchte, in den meisten Fällen unstrittig ist. Dennoch ist es wichtig, sich bewusst zu machen, dass Aussagen, bestimmte Formulierungen und die Wortwahl des »Opfers« das manipulative Verhalten im anderen genauso auslösen können, wie dessen Gebaren Sie als Betroffene steuert. So kann eine Formulierung wie »Du verletzt meine Gefühle, wenn du das so sagst!« den Narzissten genauso auslösen wie seine Aussage: »Du stellst dich aber wieder blöd an!«.

Typischerweise beginnt der eine oder die andere, nachdem das strittige Thema aufkommt, mit grenzverletzenden und manipulativen, einflussnehmenden oder in der Reaktion defensiven und aggressiv-reaktiven Verhaltensweisen – häufig automatisch und unbewusst für beide. Natürlich kochen die Emotionen dann sehr schnell hoch: Furcht, Angst, Wut, Ärger und die Not, sich zu verteidigen oder anzugreifen, um zu bestehen. Da hinein mischen sich zusätzlich Reaktion auf vergangenen oder aktuellen narzisstischen Missbrauch, auf alte psychische Wunden durch Traumatisierungen und aufgrund eigener nicht stabiler, psychischer Struktur.

Das Interaktionsproblem ist so komplex, dass hier kaum pauschale Tipps funktionieren, sondern der Weg über die Auseinanderknotung in einer Paartherapie (bei Paaren) oder Coaching/Supervision (bei Familienproblemen, Schwierigkeiten am Arbeitsplatz) angeraten ist.

Typisch manipulativ wird es bei Themen wie: Haushalt, Umzug, Jobwechsel, Job, Studium, Ausbildung, Freizeitprogramm, Urlaub, Politik und Geld.[43] Sie können ja mal reflektieren, welche Inhalte in Ihrem Fall gern zu manipulativer Interaktion führen, die übrigens, ebenfalls gut zu wissen, mitunter erst nach einer gewissen Verzögerung auftauchen. Das rührt daher, dass sich der manipulative Partner seine Manipulation oftmals erst *ausdenken* muss, denn nur die ganz schnellen Köpfe reagieren unmittelbar und sind damit klar im Vorteil, wenn es dem anderen nicht gelingt, den Akteur zu bremsen.

Um aus diesen schieflaufenden Wechselwirkungen in der Kommunikation auszusteigen (Opt-out), vertrauen Sie Ihrer eigenen Realitätswahrnehmung, stärken Sie Ihren Selbstwert und probieren Sie folgende Formulierungshilfen (die im Übrigen Ihre Empathie beweisen!):

- »Ich merke, dass du eine andere Ansicht hast.«
- »Danke für diese Gedanken, ich werde darüber nachdenken.«
- »Ich merke, dass du dir die Situation zurechtdrehst – das ist sehr unangenehm für mich.«
- »Ich wünschte mir, dass du meine Ansichten/Pläne/Absichten respektierst.«
- »Ich habe das Gefühl, dass du mir deine Ansicht aufzwingen möchtest.«
- »Mir gefällt nicht, wie du deine Meinung hier ausbreitest. Ich habe auch eine, zählt die nicht?«
- »Merkst du nicht, wie du hier auftrittst und dass du dich sehr respektlos verhältst?«
- »Ich beachte gern deinen Punkt, aber mein Eindruck ist, dass du meine Wahrnehmung völlig ignorierst. Warum machst du das?«
- »Lass uns auf die Fakten schauen, um nicht in Verwirrung zu enden.«
- »Du verhältst dich aggressiv und viel zu laut – so kann ich nicht weiter mit dir kommunizieren.«
- »Lass uns neu verabreden, wenn wir uns beruhigt haben. Bis dahin sind wir uns einig, uneinig zu sein.«
- »Wenn wir beide wieder entspannt sind, lass uns genau und ernsthaft schauen, was dich und was mich so auslöst.«

Kommunikation auf Augenhöhe gelingt besonders gut, wenn Sie gelassen, humorvoll und distanziert miteinander umgehen. Die Emotionen dürfen nur hochkochen, solange Sie und Ihr Partner sich nicht gegenseitig manipulativ verdrehen, verletzen und die Realität des anderen zerstören.

Letztlich lernt dann auch der narzisstische Partner, dass seine Probleme teils aus der Wechselwirkung im Paar, aber auch aus ihm selbst heraus und den eigenen Persönlichkeitsmerkmalen entspringen. Es ist der Mangel eigener Anpassungsfähigkeit, der die Konflikte in Paarbeziehungen am Leben hält. Entsprechend lassen sich Schwierigkeiten lösen oder zumindest abmildern, wenn jeder für sich bereit ist, die eigenen Baustellen anzugehen und sich zu verändern. Das ist harte Arbeit, denn es bedarf viel Aufmerksamkeit füreinander, Vorsicht in der Kommunikation und große Empathie. Daher: Bleiben Sie *beide* empathisch! Dann kann es gelingen!

Empathie-Übung

Zur Betrachtung aller Perspektiven, der eigenen und der des anderen, schlage ich eine kurze Reflexion vor. Sie kann achtsam und bewusst *von allen Beteiligten* durchgeführt werden und legt offen, welche Persönlichkeitsmerkmale bei Ihrem Partner und bei Ihnen selbst zu viel oder zu wenig ausgeprägt sind. Regelmäßig wiederholt, prägen sich diese fünf Fragen schnell ein, und irgendwann kommen sie automatisch.

- Was ist jetzt *zu viel?*
- Was ist jetzt *zu wenig?*
- Was brauche *ich* jetzt?
- Was braucht *die Situation* jetzt?
- Was braucht *der andere* jetzt?

Haben Sie die Antworten gefunden, geben Sie, wenn Sie mögen, was Sie, die Situation und der andere braucht, und reduzieren Sie, was im Augenblick *zu stark* ausgelebt wird.

Aus? Und wieder Einsteigen

In jeder Phase einer Beziehung zu einem Narzissten kann man sowohl als »Opfer« als auch als »Täter« jederzeit die Option wählen, graduell auszusteigen. Opt-out geht immer! Distanzierung ist möglich. Trennung manchmal unausweichlich.

Bevor man sich jedoch fürs Gehen entscheidet, ist es sinnvoll, innezuhalten und nachzudenken, denn manchmal steckt man in einer toxischen Phase besonders fest und kann sich einfach nicht vorstellen, dass danach eine weitere Phase möglich ist. Auch wenn die zunächst vermutlich schwieriger ist als die toxische selbst, weil aufgrund der emotionalen Verletzungen das Vertrauen zerstört ist und erst wieder aufgebaut werden muss.[44] Tatsächlich sehen Personen, die in der zerstörerischen zweiten Phase stecken, typischerweise keine Perspektive. Dabei ist es durchaus möglich, mit einem schwierigen Partner, der ein narzisstisches Muster zeigt, zu leben, solange man die Beziehung als Entwicklung und Reise begreift und das Zusammenleben aktiv mitgestaltet. Und natürlich kann man in jeder Phase der Partnerschaft einen Berater, Coach oder Therapeuten zurate ziehen, der Sie dabei unterstützt, die Qualität der Beziehung lebbar zu gestalten.

Je häufiger man Erfahrungen mit einem narzisstischen Menschen macht (auch als Geschäftspartner oder Vorgesetzter), desto leichter und bestimmter entkommt man der Abfolge der Phasen, ist in der Lage, sie durch Korrektur schneller hinter sich zu lassen oder gar nicht erst hineinzurutschen.

Ganz gleich, in welcher Rolle Sie stecken, Sie sind immer Mitspieler. Und um das Spiel zu verändern, ist es am wirksamsten, sich selbst aktiv zu verändern. Die folgenden fünf Phasen stellen mögliche Entwicklungen der Paarbeziehung dar, in der Sie sich vielleicht gerade befinden. Die erste und zweite Phase dürften Ihnen bekannt sein, die erste voller Leidenschaft und Glück, die zweite voller emotionaler Zerstörung.

Wenn Sie es schaffen, sich deutlich abzugrenzen und auf sich selbst zu fokussieren, stärken Sie Ihr Selbstbewusstsein und distanzieren sich aus der verletzenden Beziehungsspirale. Es folgt die dritte Phase, in der Sie nah bei sich sind und sich um sich selbst kümmern, statt ständig in Gedanken beim Partner zu sein. Diese Phase bietet Gelegenheit zur Distanzierung und eventuell Trennung auf Probe. Vielleicht gelingt das sogar unter einem Dach.

In der vierten Phase nähern Sie sich Ihrem Partner wieder an und probieren behutsam, respektvoll miteinander umzugehen. Klappt die Annäherung nicht so gut, kehren Sie zu Phase drei zurück, um sich (noch) mehr zu festigen.

In der vierten Phase teilen Sie ein Leben nebeneinander, ohne sich gegenseitig zu manipulieren, bis Sie in der fünften Phase so weit sind, dass Sie selbstständig neben Ihrem Partner, oder nach einer Trennung ohne Ihren Partner, einen eigenen Entfaltungsraum finden und erhalten, der ganz neue Aspekte Ihrer Persönlichkeit weckt. Dann sind Sie bereit, gute und gesunde Beziehungen einzugehen, innerhalb, außerhalb und/oder nach Ihrer Partnerschaft.

Die fünf Phasen *aus* einer toxischen Beziehung

- **Phase 1: Alles ist toll!**
  - Diese Phase ist bestimmt von Idealisierung, Überhöhung, gemeinsamen Träumen, fantastischem Sex, »Love Bombing«, Fantasien einer rosigen Zukunft, Beschleunigung, großartigen Versprechen, Hingabe, Leidenschaft. Sie und Ihr Partner ziehen zusammen.
- **Phase 2: Opfer-Täter-Spiel**
  - Die Täter- und Opferrollen etablieren sich, es kommt zu Schuldumkehr und Schuldzuweisungen, außerdem herrschen strenge Normen. Sie tauchen ein in ein Wechselbad aus emotionaler Kälte und Nähe, sind narzisstischem Missbrauch ausgesetzt, machen traumatische Erfahrungen, erleben Grenzverletzungen,

gegenseitige Verletzungen, Kränkungen, Abwertungen, Zerstörungen. Sie verlieren sich in endlosen Diskussionen. Ihr Partner verweigert die Kommunikation und nutzt den »Gaslicht-Effekt«. Er reagiert mit Rechthaberei, Verdrehungen, emotionalen Explosionen und übt körperliche, sexualisierte und psychische Gewalt aus.

- **Phase 3: Selbstliebe**
    - Gehen Sie auf Abstand! Bewahren Sie sich Ihren Anstand, seien Sie achtsam und ehrlich zu sich selbst. Üben Sie Selbstschutz, Reflexion, Meditation, Tiefensinn, machen Sie Pausen und gönnen Sie sich Ruhe. Pflegen Sie Selbstkontakt, Selbstempathie, Dankbarkeit, Liebe, Einsicht, Veränderungsbereitschaft, Ernsthaftigkeit, Realitätssinn und Selbstwahrnehmung.
- **Phase 4: Miteinander nebeneinander**
    - Entwirren Sie Ihr Beziehungsgeflecht und sortieren Sie die Aspekte Ihres Lebens in Mein und Dein. Kooperieren Sie und bauen Sie auf die Gemeinsamkeiten zwischen Ihnen und Ihrem Partner, indem Sie eine gemeinsame Wertebasis etablieren, Ziele und Normen definieren, Respekt üben und sich auf Augenhöhe begegnen. Nutzen Sie Vorteile, verringern Sie Nachteile, erarbeiten Sie zusammen eine gute Kommunikation, begegnen Sie sich mit Humor. Verwirklichen Sie sich selbst und lassen Sie ausreichend Raum für sich und den anderen.
- **Phase 5: Das neue Selbst**
    - Diese Phase ist von Ruhe geprägt, von Langsamkeit, Gelassenheit, Selbsterkenntnis, Tiefensinn, Klarheit, Bestimmtheit, Empathie, Selbstvertrauen, Wachstum. Sie sind offen für neue, gute, gesunde Beziehungen.

Kapitel 9

Das Spiel um Liebe und Sexualität

Wir haben die Orientierung verloren. Sexuell betrachtet. Nahezu alles in unserer westlichen, freien Welt definieren wir über Sex, Erotik und Rollen, sei es der Joghurt auf dem Werbeplakat, den eine hübsche Lady lasziv von ihrem Löffel schleckt, oder das Vorstellungsgespräch, zu dem wir figurbetont und zurechtgemacht erscheinen. Sex sells, und Sex ist überall. Das Unmoralische daran überhöhen wir als Fantasie oder verdrängen und tabuisieren es. Das gerade noch moralisch Erlaubte leben wir offen oder, wenn es grenzwertig wird, verdeckt.

Unsere geschlechtliche Identifikation wird immer komplexer. Was ist männlich, was ist weiblich? Die Anerkennung als Frau oder als Mann ist wichtig für unsere Identität und spielt deutlich in den Narzissmus hinein, auch wenn sie nicht primär damit zu tun hat.

Seit wenigen Jahren »gendern« wir in Deutschland, was bei Personen, die klare Rollenzuschreibungen und eine klare Sprache gewohnt sind, zu Irritationen führt. Bei mir ist es auch noch so, und ich kann mich mit dem Sternchen bislang nicht anfreunden. Doch natürlich sind die Menschen, die sich als divers, inter- oder transsexuell fühlen und so leben, ebenfalls Teil unserer Gesellschaft und nicht wegzuargumentieren. Es gehört sogar zur menschlichen Biologie, divers zu sein; pro Jahr werden allein in Deutschland knapp vierhundert sexuell undefinierte Menschen geboren.

Daneben hat sich die wichtige MeToo-Bewegung gebildet; eine richtige, weil korrigierende Entwicklung, um männliche sexualisierte Gewalt, meist durch Machtmissbrauch, aufzudecken. Noch immer gibt es zu viele Männer, die im Job ihr Umfeld sexuell kontaminieren, und viel zu viele Frauen, die aus Angst vor Sanktionen und aus Scham schweigen. Sich durch MeToo zu solidarisieren, ist nicht nur mutig, sondern bietet immer mehr Frauen einen Ausweg.

Typischerweise, man kann es mittlerweile wöchentlich nachlesen, stolpern Männer über ihre Neigung, sich sexistisch übergriffig Frauen gegenüber zu verhalten. Die beiden Fälle – Klaus Dörr, Intendant der Volksbühne Berlin, oder Bild-Chefredakteur Julian Reichelt –, die im Frühjahr 2021 für Schlagzeilen sorgten, seien hier als Beispiel genannt.

Spannend und weniger bekannt ist der umgekehrte Weg, wenn Frauen über ihre Neigung, sexualisierend grenzüberschreitend zu sein, zu Fall kommen. Das gibt es ebenfalls, tritt jedoch deutlich seltener auf. Ein Grund sind die geschlechtlichen Rollenbilder, die wir in unserer Gesellschaft pflegen.

Trieb oder Ziel?

Die libidinöse, also die triebhaft-lustvolle Ausrichtung unseres Handelns, Denkens und Fühlens ist aus klassischer, psychoanalytischer Sicht der Antrieb unserer Psyche. Triebhaftes treibt unsere Motivation an, das wusste schon der Begründer der Psychoanalyse Sigmund Freud. Heute sind wir zwar deutlich weiter, aber immer noch befeuert der animalische Trieb im Narzissten das Anerkennungsmotiv. Oder andersherum gesagt: Bei vielen Männern zeigt sich das Bedürfnis nach Bewunderung und Respekt in einem gesteigerten sexualisierten Verhalten. Nur sind wir heute im Wissen um die inneren Motive als Psychologen überzeugt, dass wir auch nach inneren, reflektierten Überzeugungen handeln und unsere Handlungsziele daran orientieren, wie wir die Welt sehen und welche Bedeutung wir der Sexualität und uns selbst darin geben. Das heißt, wir tragen eine viel größere eigene Verantwortung an dem, was wir tun, und können unsere (Misse-)Taten nicht elegant und supernarzisstisch unseren Trieben in die Schuhe schieben. Sexualverhalten ist erlernt und entlässt niemanden aus der Schuld.

Möglicherweise ist der Sexualtrieb die größte anzunehmende Frechheit, die es je in der Psychoanalyse gab. Obwohl Freud zumindest teilweise überholt ist, liefert er nach wie vor die willkommene Ausrede, gerade für die Männer, die sich sexuell anzüglich, übergriffig und despektierlich verhalten und sich dabei groß und, nur weil sie Männer sind, auch legitimiert fühlen, ungebeten ihre sexuellen Handlungen durchzuführen. Sie haben irgendwann in ihrem Leben mehr oder weniger gut gelernt, wie man Sexualität praktiziert, von wenig, normal bis missbräuchlich-pervers. Dafür sind sie verantwortlich. Und weil Männer sich ihr sexuelles Verhalten frech und missbräuchlich herausnehmen, stehen sie zu Recht im Fadenkreuz.

Sexualisierte Gewalt ist männlich, und Männer mit grandiosem Narzissmus drängen am heftigsten darauf, ihr Recht auf Sex einfordern zu dürfen. Das liegt am grandiosen Narzissmus selbst, wenn auch unterstützt durch jenes anerzogene Rollenbild, das Mütter und Väter ihren Jungs immer noch einimpfen und als Vorbild leben und das männlichen Kindern aufträgt, körperlich und sexuell stark und potent zu sein, ohne ihnen eine sinnvolle Verhaltensalternative anzubieten. Das gilt übrigens genauso für die Industrie mit ihren Produktwelten, die extra zugeschnitten sind auf Mädchen *oder* Jungs und niemals beide Geschlechter zugleich bedienen. Mädchen sollen sich in rosa-glitzrigen Shopping- und Stylingwelten wiederfinden, Jungs erleben Abenteuer, jagen Verbrecher und machen sich schmutzig. Besonders absurd: Mittlerweile kann man rosafarbene Spielzeugmüllautos kaufen. Überlegen Sie selbst, was das für Botschaften sind, denen wir unsere Kinder aussetzen.

Frauen glitzern und glänzen, Männer dürfen und müssen Druck ablassen. Samendruck. Stressdruck. Vor allem psychopathische Narzissten haben es nicht anders gelernt, und wenn es emotional mal nicht so gut läuft, bleibt ihnen nur der Weg über die sexualisierte Gewalt, um emotionale Spannungszustände zu lösen.

Körperliche Gewalt besteht aus testosterongetränkten Muskeln, und das ist angsteinflößend. Aber das ist nicht alles, was diese Männer können. Wer sich nicht auf seinen Bizeps verlassen will, greift auf die unsichtbare psychische Gewalt zurück, um Frauen zu nötigen, als Gegenleistung für einmal »chic ausführen« sexuelle Gefälligkeiten zu erweisen, um ihren Aktivitätsradius einzugrenzen und stärker an sich zu binden. Werden Frauen bedrohlich, weil sie sich an die beste Freundin wenden, Schluss machen wollen oder schlicht »Nein« sagen, neigen extrem narzisstische Männer dazu, sie, die ihnen einst zu Diensten waren, zu bestrafen oder zu zerstören.

Solche Muster verfestigen sich, und Täter, die niemand stoppt, werden es wieder und wieder tun.

Sinnlichkeit und Sex-Appeal

Auch Frauen stehen unter Druck, wenn es um die geschlechtliche Identität geht; und bei ihrer anerzogenen Prägung liegt mindestens genauso viel im Argen. Mädchen müssen vor allem hübsch sein und glänzen, sich mit Accessoires und Zubehör schmücken und gefallen. Kein Wunder, dass sich im Erwachsenenalter viel zu viele Damen bis heute auf die Rolle des »schwächeren« Geschlechtes reduzieren, zumal wenn sie in einem stark sexualisierten Umfeld aufwachsen. Gleichzeitig entwickeln viel zu wenige Frauen selbstwirksame Strategien, um sich abseits ihrer Sexualität zu definieren – im Gegenteil, oft scheint ihr Geschlecht ihre einzige Ressource zu sein, um sich zu behaupten. Denken Sie an das Klischee der Bürokraft, die nur dann »Gehör« beim Chef erlangt, wenn sie mit Pumps, Minirock und Dekolleté zum Meeting erscheint.

Bei gleicher Arbeitsleistung erhalten Frauen im Durchschnitt weniger Gehalt als Männer. Woran soll das liegen, wenn nicht am Geschlecht? Im Vorstellungsgespräch prahlen Männer mit ihren Fähigkeiten und Erfolgen. Frauen zählen sachlich ihre Stärken und Schwächen auf und schätzen sich realistisch ein. Dreimal dürfen Sie raten, wer den Job bekommt.

Das Absurde: Bringt eine Frau ihre Sinnlichkeit und »Sexyness« selbstbewusst ein, weil es in unserer sexualisierten Gesellschaft nun mal gut funktioniert, und kann sie damit tatsächlich punkten, wird sie nicht selten von anderen Frauen angegriffen und vielleicht sogar als »Narzisstin!« beschimpft. Was die Neiderinnen übersehen: Es ist nicht unfair, eigene Ressourcen für sich vorteilhaft zu nutzen, um erfolgreich zu sein, solange sich die Person nur selbstbezogen verhält und nicht fremdbeschädigend. Das ist ein Unterschied, und wir machen einen Fehler, selbstbewusste Frauen anzugreifen, nur weil sie, um sich zu behaupten, selbstbezogen auftreten und alles einsetzen, was ihnen zur Verfügung steht. Vielmehr sollten wir uns als Gesellschaft infrage stellen, solange Frauen leichter mit Sinnlichkeit und Sexyness punkten als mit Intelligenz, Ausbildung und Wertebasis.

Geschlechtliche Identität bringt also Konflikte mit sich, und wie in den anderen bisher betrachteten Spielen hängt es maßgeblich von Ihrer Rollensicherheit ab, inwieweit Sie Gefahr laufen, Opfer von missbräuchlichen Tätern zu werden, und in welchem Maße (mehr dazu am Ende des Kapitels).

Wie weit Missbrauch über die Liebes- und Sexschiene führen kann, zeigt die extreme Geschichte von Domenika.

Domenika und ihr Loverboy

Domenika, eine junge Frau Anfang zwanzig, suchte mich in meiner Praxis auf. Sie hatte wallendes Haar, trug High Heels, einen kurzen Rock und ein so tief ausgeschnittenes Dekolleté, dass ich kaum wagte hinzusehen, weil mir bereits der bloße Anblick wie eine Verletzung ihrer Intimsphäre vorgekommen wäre.

»Dieter ist weg«, eröffnete sie das Gespräch, während sie auf meiner Couch Platz nahm. »Vor einer Woche habe ich ihn zuletzt gesehen. Wir wollten zusammenleben, uns ein gemeinsames Leben aufbauen.« Domenika sprach leise, hatte die Beine aneinandergepresst und strich sich beständig mit einer Hand über den Rücken der anderen. Manchmal schob sie sich die Haare hinters Ohr oder kniff die Lippen zusammen, bevor sie weitersprach. »Ich weiß einfach nicht, was ich ohne ihn machen soll.«

»Vielleicht erzählen Sie der Reihe nach, damit ich mir ein Bild machen kann«, bat ich, und sie nickte.

»Wir haben uns auf einer exklusiven Privatparty kennengelernt. Er fiel mir auf, weil er so schöne, große, dunkelbraune Rehaugen hat.« Ein Lächeln huschte über Domenikas Gesicht. »Er wirkte schüchtern und ein bisschen verloren und stand in der Ecke des Raumes, da hab ich ihn angesprochen. Das war ... Sie können sich das nicht vorstellen, da war sofort eine Intimität zwischen uns – ich hatte das Gefühl, mein Hirn schmilzt, so tief hat er in mich hineingesehen.«

Doch, das konnte ich mir vorstellen, so etwas höre ich öfter. Geschichten von Männern, die eine gewisse Hilflosigkeit ausstrahlen und damit anziehend wirken auf eine bestimmte Sorte Frau – Frauen mit Helfersyndrom und/oder geringem Selbstwert, die im Kümmern um den anderen Aufwertung erfahren und sich geschmeichelt fühlen durch seine Aufmerksamkeit. Narzissten, die sich gezielt an solche Frauen »ranmachen«, treten zunächst besonders charmant auf und nutzen, wie wir bereits gesehen haben, das »Love Bombing«, um die auserwählte Person rasch an sich zu binden.

Domenika fuhr fort: »Er wirkte so zerbrechlich. Er lebte allein, hatte keine Freunde. Er war nett, und ich hatte Mitleid mit ihm. Wir verbrachten die Nacht zusammen und wurden ein Paar. Das war vor acht Monaten.«

»Was ist seitdem geschehen?«, fragte ich. »Weshalb sind Sie zu mir gekommen?«

Sie zuckte mit den Schultern, strich mehrmals ihren tadellos sitzenden Rock glatt, bevor sie erwiderte: »Ich ... ich weiß nicht. Ich bin durcheinander, weil er weg ist. Ich hab keinen Job, alles drehte sich um ihn. Er mochte meine Freunde nicht, sagte, die seien schlecht für mich. Also hab ich sie nicht mehr getroffen. Er wollte eine Familie mit mir gründen.« Domenika sah mich an, als erklärte das alles, und ich ahnte, dass Dieter Domenika mit seinen rasch erfolgten Zukunftsversprechen emotional von sich abhängig gemacht hatte. Auch die Isolation von ihren Freunden passte ins Bild.

»Ich habe alles gemacht, um ihm zu gefallen«, flüsterte sie.

»Alles? Was meinen Sie damit?«

Zunächst hörten sich Domenikas Schilderungen nach einer üblichen Narzissmus-Geschichte an. Sie erzählte von Situationen und Verhaltensmustern, in denen ich das ein oder andere perfide Spiel erkannte. Doch dann ließ sie einen Satz fallen, der mich aufhorchen ließ.

»Ich hab niemanden mehr getroffen«, sagte sie, »außer die anderen Männer, die zu Besuch kamen.«

»Andere Männer?«, hakte ich nach. »Was waren das für Männer?«

»Mit denen haben wir Geld verdient«, erklärte Domenika und rieb sich erneut über den Handrücken. »Das musste sein, Dieter hatte finanzielle Probleme.« Jetzt legte sie die Arme um sich selbst, wirkte dabei jedoch, als bemerke sie ihre eigene Geste nicht.

Wieder hakte ich nach, und Stück für Stück breitete sich ein furchtbares Szenario vor mir aus, das mit Dieters Verhaftung endete, worin der Grund lag, dass er, wie Domenika es formulierte, »weg« war.

Ich fasse hier zusammen, was im Laufe der nächsten Sitzungen nach und nach zutage trat: Die anderen Männer, die laut Domenikas Äußerungen regelmäßig »zu Besuch kamen«, schliefen mit ihr, zahlten für besondere Sexspiele und das Ausleben spezieller Fantasien. Domenika liebte ihren Dieter und prostituierte sich für ihn als Investition in ihre gemeinsame Zukunft und »nur so lange, bis wir genug Geld haben«. Doch nun war er weg, und sie wusste nicht weiter.

In unserer ersten Sitzung hatte ich noch nicht viel herausgefunden und kam der Geschichte in den nächsten Wochen nur deshalb auf die Spur, weil Domenika, als sie am Ende einer Stunde aufstehen wollte, an der Couch »festklebte«.

»Ich kann nicht aufstehen«, sagte sie mit einem hilflosen Lächeln. »Das habe ich immer, wenn ich an ... an *das* denke. Meine Beine werden dann taub. Es geht aber wieder weg, wenn ich an was anderes denke.« Sie sprach leicht beschämt und zog die Schultern nach oben. »Wissen Sie, was das ist?«

Ich brauchte einen Moment, um mich zu sammeln, bevor ich eine Vermutung äußerte: »Ich tippe auf eine dissoziative Störung, eine psychogene Lähmung, die im Zuge einer Traumatisierung auftritt.«

Domenikas »sexy« Auftreten und die vagen Andeutungen, die sie bis jetzt gemacht hatte, brachten mich darauf. Besonders bei jungen traumatisierten Mädchen findet man solche Erscheinungen, und meist beschränkt sich das Taubheitsgefühl nicht nur auf ein Körperteil wie die Beine, sondern betrifft die ganze Persönlichkeit, die sich entzweispaltet. Das Furchtbare daran ist, dass es sich bei diesem Phänomen nicht um ein Geheimnis handelt, das lediglich Experten unter sich diskutieren. Täter bandenmäßig organisierter Prostitution machen sich die Abspaltung verschiedener Selbstanteile bei Frauen und Kindern zunutze und setzen sie gezielt ein, um die Opfer zu unterwerfen. Mehr noch, im Darknet finden sich sogar Handbücher, wie man diese Spaltung gezielt auslöst und abgespaltene Selbstanteile »programmiert«, um vor allem Kinder und junge Menschen mit einem schwachen Selbstwertgefühl gefügig zu machen. Das geschieht, indem sich jene Anteile des Selbst, die der sexualisierten Gewalt ausgesetzt sind, neben der Alltagsperson manifestieren und sich wie eine andere Person anfühlen. Je nach Schwere der Traumatisierung geht diese Spaltung so tief, dass die Alltagsperson sich nicht mal an das erinnert, was das abgespaltene Selbst erlebt. Löst man diesen Vorgang gezielt aus, ist es die perfekte Vorbereitung auf ein späteres Leben in der organisierten Prostitution.

Besonders heimtückisch daran ist, dass diese strukturelle Dissoziation in den Augen der Justiz viel zu häufig als unglaubwürdig erscheint, wie der Traumaexperte Jan Gysi bestätigt.[45] Dadurch, dass sich die Opfer durch die innere Abspaltung nicht an das Tatgeschehen erinnern können, wirken sie verwirrt und psychisch labil, sodass viele Richter sie nicht ernst nehmen. Dermaßen ungeschützt, werden Opfer immer wieder Ziel narzisstischer, abwertender, diskreditierender oder selbstgerechter Angriffe. Ob vor Gericht oder durch andere Personen – Betroffene erleiden wiederholt psychische, emotionale und körperliche Übergriffe, vor denen sie wehrlos sind.

So etwas kann im Kleinen geschehen wie im Großen – so wie bei Domenika, die, wie sich herausstellte, tatsächlich nicht erst durch Dieter, sondern bereits mehrfach Opfer sexuellen

Missbrauchs geworden war, zum ersten Mal mit etwa 14 Jahren. Sie besaß keine vollständige Erinnerung an ihre traumatischen Missbrauchserfahrungen, an die frühen noch weniger als an die erst kürzlich erfolgten, und sprach zunächst nur immer wieder von den »anderen Männern«, die »zu Besuch kamen«, damit sie Geld für Dieter verdienen konnte. Lediglich ihre kurze Beinlähmung, die sie fast beiläufig erwähnte und leichtnahm, lieferte einen Hinweis auf ihre langjährige Traumatisierung und innere Spaltung.

Behutsam versuchte ich im Folgenden, ihr die Idee nahezubringen, dass es solche Phänomene der Abspaltung und des Vergessens gibt. So weit, dass sogar Anteile des Selbst in der Amnesie verweilen und nur bewusst werden, wenn die Situation es auslöst.

Mit meinen Ausführungen konnte Domenika nicht viel anfangen, sie wollte nicht glauben, dass sie mehrere Anteile in sich trug, die sich zeigten, je nachdem, in welcher Lage sie sich befand.

»Es würde Ihre Erinnerungslücken erklären«, sagte ich und verwies darauf, dass sie mir erzählt hatte, sie wache manchmal nackt auf, ohne zu wissen, warum sie keine Kleidung trug. Außerdem verspüre sie regelmäßig Schmerzen im Vaginalbereich, die sie sich nicht erklären könne.

»Und manchmal habe ich Klamotten an, die ich nicht kenne. So komisches Zeug, das man in Sexshops vermuten würde.« Sie lachte unsicher. »Aber so was besitze ich gar nicht.«

Domenikas Beinlähmung ließ nach, sobald wir über das Wetter sprachen und die Aufmerksamkeit von den traumatischen Erfahrungen ablenkten, die sich tief in ihre Seele geschoben hatten.

In der vertiefenden Arbeit mit ihr zeigte sich einer ihrer Selbstanteile offen und motiviert, über das Geschehene zu sprechen. Ein anderer Selbstanteil jedoch wollte jedes Eingestehen und Zurückerinnern verhindern, denn über die Geschehnisse zu erzählen, brachte Domenika zurück in die Fänge der sexuell missbräuchlichen Täter. Der blockierende Selbstanteil dominierte sie und hinderte sie daran, über das Erlebte zu sprechen und damit Dieter und all die anderen Männer zu verraten. Jener Selbstanteil hatte sogar einen Namen, hieß Marco und lähmte ihre Beine, um ihr zu befehlen, nicht tiefer in die Erinnerung zu »gehen«.

Wir beschlossen, zunächst nicht über die alten Geschichten zu sprechen, sondern vereinbarten, lediglich jene Selbstanteile zu thematisieren, die Domenika stabilisierten. Damit konnte der blockierende Selbstanteil leben, und sogleich löste sich die eingebildete Lähmung. Es zeigte sich, dass sogar noch weitere Anteile in meiner Klientin existierten, die immer tiefer abgespalten waren und immer grausamere Erinnerungen zutage förderten.

Die Therapie half Domenika, sich zu verändern. Sie trug weniger sexy auf, wurde ruhiger und klarer. Sie gab an, sich besser selbst wahrnehmen und traurig sein zu können, die Erinnerungen auszuhalten, ohne ins Vergessen zu gehen, und besser und frühzeitiger zu erkennen, wenn etwas zu ihrem eigenen Nachteil passierte. Sie zog klarere Grenzen und war in der Lage, »Nein, das will ich nicht« und »Ja, das möchte ich« zu sagen – etwas, das sie sich vorher nie getraut hatte. Sie geriet kaum noch in missliche Situationen und lernte, auf sich aufzupassen.

Viele Monate nach Therapiebeginn fanden wir ein Bild, das Domenikas Aufspaltung in die Selbstanteile erklärte und die traumatisierten Anteile und den kompetenten Alltagsanteil verdeutlichte: »Es ist wie ein Schwamm, der sich mit den furchtbaren Erlebnissen aufsaugt, die Sie erleben und den Sie zurück an die Spüle legen, sobald der Spuk vorbei ist. Am Abend und am Morgen, wenn sie von

Neuem vergewaltigt werden, wenn Sie also den Abwasch machen, nehmen Sie den Schwamm in die Hand und sind voll drin. Ist es vorbei, legen sie ihn zur Seite und vergessen für den restlichen Tag, dass er existiert.«

Schutz vor dem Schrecklichen

Dissoziative Symptome wie die Lähmung in Domenikas Beinen äußern sich auch im Gefühl von »weggetreten sein« oder »neben sich stehen«, und jeder von uns kennt Momente, in denen er oder sie so etwas schon erlebt hat; etwa wenn man die Überbringung einer schlechten Nachricht als »wie im Traum« erlebt oder, ganz alltäglich, eine Sache so routinemäßig erledigt, dass man hinterher nichts über die Details sagen könnte (denken Sie ans Autofahren oder den Abwasch).

Dissoziative Situationen, in denen man sich von sich selbst abgekoppelt wahrnimmt, halten meist nur über einen sehr kurzen Zeitraum an. Treten die Symptome wie bei Domenika regelmäßig auf oder bleiben über längere Zeit bestehen, haben wir es mit einer Störung zu tun, die auf ein tiefes Trauma hindeutet. In diesem Fall ist die Dissoziation ein Schutzmechanismus, der die Psyche vor Unerträglichem zu schützen versucht.

Domenikas Fall mag extrem sein, doch können dissoziative Symptome in jeder belastenden Beziehung auftreten. Achten Sie auf die Anzeichen!

Was Sie über dissoziative Symptome wissen sollten:

- Alles, was körperliche Ursachen haben kann, lässt sich genauso gut auf psychogene Gründe (also ohne physischen Auslöser) zurückführen: Erblindung, Ertaubung, Sprachverlust, Schwindel, Nystagmus (zuckende Augenbewegungen), Stürze, motorische Lähmungen, Querschnittssyndrom,

Sensibilitätsstörungen, Bewegungsstörungen (Feinmotorik, Zuckungen), Bewusstseinsstörungen.

- Zu möglichen psychischen Phänomenen gehören Gedächtnisstörungen, Gedächtnislücken, Desorganisation (chaotisches Verhalten, Unordnung), Aufmerksamkeitsstörungen, Abwesenheit (Starren).
- Falls Sie unter einem oder mehreren der genannten Symptome leiden, lassen Sie zunächst fachärztlich abklären, ob nicht eine körperliche Ursache dahintersteckt.
- Typischerweise treten dissoziative Symptome in einem dafür passenden Umfeld auf, also wenn das, wovor das Symptom Sie zu schützen versucht, in Gefahr gerät, aufgedeckt zu werden, etwa bei einem Arztbesuch. Meist weisen sie (bewusst oder unbewusst) auf eine Gewalterfahrung hin.
- Stoppen oder verändern Sie die Symptome nicht mit Gewalt! Protokollieren Sie sie und führen Sie ein Tagebuch darüber, wann welches Phänomen auftritt und mit welcher Intensität.
- Suchen Sie eine Beratungsstelle für sexualisierte Gewalt oder Traumata auf.
- Überlassen Sie die Arbeit den Profis. Begeben Sie sich in eine Traumapsychotherapie, wenn möglich bei fundiert ausgebildeten Fachpsychotherapeuten, Traumatherapeutinnen, Psychologen oder PsychiaterInnen. Es gibt auch gute Psychotherapeuten nach dem Heilpraktiker-Gesetz (HP), die sich auf Traumata spezialisiert haben – erkundigen Sie sich nach deren Qualifikationen. Denn: Falsch angegangene traumatische Erfahrungen können die Symptome und Störungen verschlimmern!

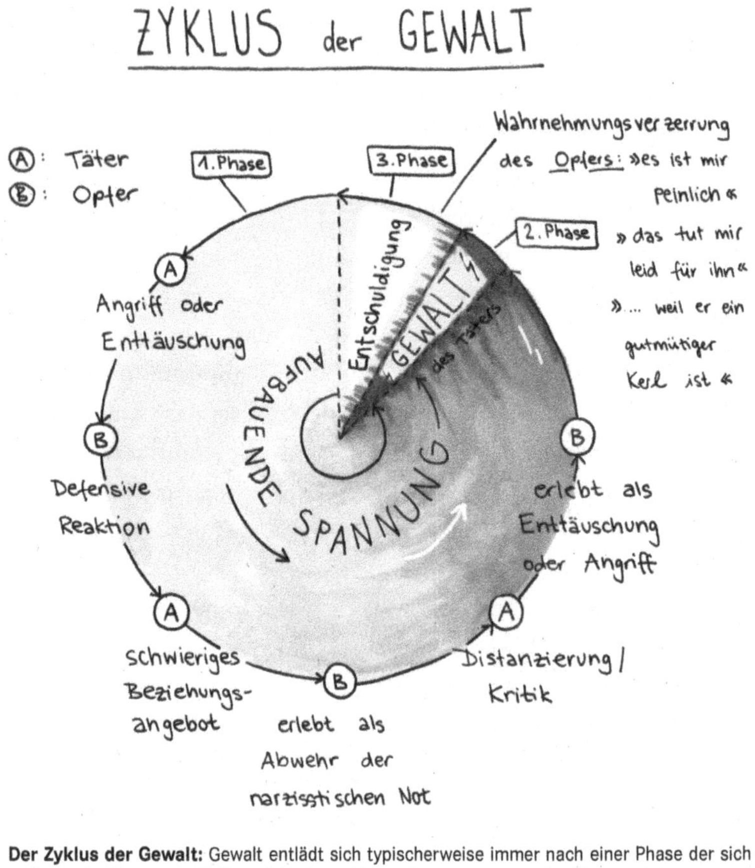

Der Zyklus der Gewalt: Gewalt entlädt sich typischerweise immer nach einer Phase der sich aufbauenden Spannung (1. Phase). In dieser Wahrnehmungszone werden Grenzverletzungen und Unangenehmes so lange ertragen und geleugnet, bis man den Ärger darüber nicht mehr wegschieben kann. Die Gewalt entlädt sich plötzlich verbal, körperlich oder sexualisiert (2. Phase). Anschließend folgt eine kurze oder keine Reue, häufig wird sich der Gewalttäter für seinen Ausbruch nur hier entschuldigen (3. Phase). Der Zyklus wird durch die ungünstige Kommunikation zwischen Täter und Opfer angetrieben. Der Täter (A) greift an oder ist enttäuscht, das provoziert die Abwehrhaltung im Opfer (B). Während A versucht, das ungeschickt und narzisstisch zu lösen (schwieriges Beziehungsangebot), erlebt B dies als einen Versuch mit seiner narzisstischen Notlage – z.B. »Alle anderen sind schuld, nur ich nicht!« – klarzukommen. Weil A sein Problem nur narzisstisch löst, wird dies erneut von B abgewehrt. Enttäuscht zieht sich A zurück und kritisiert obendrein noch das abwehrende Verhalten von B. Das erlebt B nun umgekehrt als Enttäuschung oder Angriff durch A. Schließlich entwickelt sich der Kreislauf zu einer Spirale, bis die ausgeübte Gewalt immer brutaler wird. (Angepasst nach dem »dysfunktionalen Zirkel« der OPD-2 und dem »Kreislauf der Gewalt« von Leonore E. Walker)

Vorsicht bei der Partnerwahl

Domenikas Fall ist nicht alltäglich, begann jedoch wie viele Geschichten rund um pädosexuell handelnde Verbrecher. Dieter gab sich schutzbedürftig und erregte damit Domenikas Mitleid. Er beflügelte ihr Selbstwertgefühl, indem er sie sich um ihn kümmern ließ und ihr damit das Gefühl gab, gebraucht zu werden. Er band sie mit gemeinsamen Zukunftsvisionen emotional an sich und isolierte sie gleichzeitig von ihren Freunden, um ihr jeden anderen Rückhalt zu nehmen. Derart in sein Netz eingesponnen, gab es für Domenika am Ende keine andere Möglichkeit, als seinen Forderungen nachzukommen. Perfide daran ist, dass sie ihn dafür auch noch liebte, weil sie glaubte, es geschähe für ihr beider gemeinsames Leben.

Andere sexualisierte Gewalt ausübende Narzissten benutzen andere Tricks, um ihr Opfer um den Finger zu wickeln und dann die Grenzen reuelos zu überschreiten.

Sie gewinnen Einfluss, indem Sie ...

- ... Ihre körperliche Erscheinung einsetzen, um zu beeindrucken.
- ... ein erotisierendes, sexualisiertes Verhalten an den Tag legen (subtil, angemessen sinnlich oder unangemessen: übertrieben, ordinär, schamlos, frivol, distanzlos ...).
- ... mit erotischen Anmachen, Andeutungen, Kommentaren, Nähe, Berührungen provozieren: »Komm noch etwas näher, ab fünf Zentimeter Körpernähe fange ich automatisch an zu küssen!«

Es gibt Frauen, die sich generell von solchem Verhalten geschmeichelt fühlen und darauf anspringen, denn vergessen Sie nicht: Steht der grandiose Narzisst als Diva, Primadonna, lecker

Kerl oder Platzhirsch im Mittelpunkt der Aufmerksamkeit, strahlt dieser »Ruhm« auf die Frau an seiner Seite ab.

Während sie sich (zumindest anfänglich) in seinem Glanz sonnt, setzt sich der auf diese Art spielende Narzisst einem Durcheinander der Emotionen aus, da er stark wechselhaft dramatisiert, sich mal charmant, mal schamlos und angriffslustig gebärdet. Durch seine Masche verstrickt er sich in einen ständigen Kampf um Vorrang, Konkurrenz und Rivalität und läuft Gefahr, durch sein übertrieben provokantes Auftreten auch peinliche Ablehnung zu erfahren. So erhöht sich der innere Druck, erfolgreich zu sein, das aufdringliche, prahlerische Gehabe verstärkt sich.

Moralapostel

Neben dem narzisstischen Macho gibt es jene perfide spielenden Narzissten, die ihre eigene Sexualität leugnen, sie unterdrücken und als »schmutzig« oder »Sünde« deklarieren. Genauso wie ihre eigene versuchen sie sehr häufig, auch die natürliche sexuelle Entwicklung nahestehender Personen (Kinder) oder Partner (Ehe) zu unterbinden. Wenn sich jemand ihrer Meinung nach »unzüchtig« oder »ordinär« verhält, kritisieren und strafen sie das massiv und verstärken gleichzeitig die Schuldgefühle des anderen.

Der Spielraum sexueller Entfaltung ist dabei sehr eng gefasst, häufig in strengen, traditionell-religiösen Normen. Sexualität und der Versuch, sie auf normale Weise zu leben, ob allein oder zu zweit, wird von diesen Personen nicht selten als »unnatürlich« beschimpft. Abweichendes Verhalten gilt als Vertrauensbruch.

Doppelt perfide wird es, wenn solche »Moralapostel« insgeheim doch ein verborgenes Sexualleben führen, das sie hinter ihrer strengen Sittenregel vertuschen (zahlreiche Vertreter der katholischen Kirche, aber auch Sekten und sektenähnliche Gruppierungen können hier als Beispiel genannt werden).

Fühlen Sie sich anfällig für narzisstische Männer – unabhängig vom Typus –, achten Sie unbedingt auf die Gefahrenzeichen, bevor Sie sich einem neuen Partner zu schnell öffnen oder gar eine gemeinsame Zukunft planen.

So erkennen Sie, ob Sie gefährdet sind, in die Fänge sexualisierter Narzissten zu geraten:

- Sie fühlen sich wenig bewundert, nicht anerkannt und sexuell unattraktiv.
- Sie fühlen sich sexuell unterlegen.
- Sie verdrängen Ihre Sexualität aus der eigenen Wahrnehmung, dem Erleben und Gefühlsleben.
- Sie geben sich harmlos, langweilig, grau und kindlich.
- Sie haben keinerlei Erfahrung mit dem rivalisierenden und anerkennenden Spiel der Sexualität.
- Beim Thema Sex reagieren Sie unbeholfen, scheu, beschämt oder kokett.
- Statt über eine solide Bandbreite von Gefühlen im Umgang mit Sexualität zu verfügen, spüren Sie lediglich Schüchternheit und Scham/Angst.
- Sie vermeiden Sexualität, präsentieren sich asexuell, unattraktiv, »geschlechtsneutral« und wirken sexuell uninteressant.

Das Buch *Das Trauma häuslicher Gewalt überwinden – ein Selbsthilfebuch für Frauen*[46] von Edward S. Kubany, Marie A. McCaig und Janet R. Laconsay listet außerdem folgende **Frühwarnzeichen** auf, an denen **Sie erkennen, ob sie möglicherweise Gefahr laufen, von Ihrem narzisstischen Partner gewalttätig angegangen zu werden:**

- Ihr Partner verhält sich besitzergreifend.

- Er ist eifersüchtig.
- Er mag weder Ihre Familie noch Ihre Freunde.
- Er hatte es sehr eilig, eine Liebesbeziehung mit Ihnen zu beginnen.
- Er lügt und ist geheimniskrämerisch.
- Er zwingt Ihnen seine Meinungen und Überzeugungen auf.
- Er ist jähzornig, beleidigt andere und ist ihnen gegenüber körperlich gewalttätig.
- Gibt anderen die Schuld für seine eigenen Probleme und Fehler.
- Gebraucht beim Sex »spielerische« Kraft.
- Konsumierte oder konsumiert noch immer übermäßig Alkohol und/oder Drogen.
- Er hat den Ruf eines Weiberhelden.
- Er ist unzuverlässig.
- Er verhält sich Ihnen gegenüber anders, wenn Sie allein sind, als im Beisein anderer.
- Er greift in Ihre Privatsphäre ein.
- Kindern und Tieren gegenüber verhält er sich grausam.
- Er ist charmant und charismatisch.

Sex ist das eine – aber wie steht es um die Liebe?

Liebe ist kompliziert, und der perfide spielende Narzisst nutzt Liebende für sich aus. Langfristig jedoch wird er damit scheitern, denn psychologisch betrachtet besteht Liebe aus drei Zutaten:[47]

- **Leidenschaft** – sexuelle Leidenschaft, Verlangen. Der leidenschaftliche Narzisst kann sie anfeuern und damit spielen. Darin ist er gut, das nutzt er.
- **Intimität** – Aufrichtigkeit und Verständnis. Diese Tiefe wird ein oberflächlich fühlender Narzisst nicht erreichen, aber ersehnen.

Er reagiert traurig, ratlos oder ablehnend, weil diese Tiefenschichten für ihn unerreichbar bleiben.
- **Verpflichtung** – Ergebenheit und Opfer. Schwerlich wird sich ein Narzisst für denjenigen, den er liebt, opfern und sich ihm ergeben. Vielleicht kurz, um den Schein zu wahren, aber nie dauerhaft.

In einer ernsthaften Beziehung ist Liebe die Feuerprobe für den männlichen und weiblichen Narzissmus gleichermaßen. Denn ist die anfängliche Leidenschaft erst einmal verraucht, gelingt es Narzissten typischerweise immer weniger, an Intimität und Verpflichtung zu arbeiten. In einer solchen Liebesbeziehung nehmen der Stress und leider auch die sexualisierte, körperliche und psychische Partnerschaftsgewalt zu, sobald die positiven Narzissmusmerkmale verblassen. Narzisstische Männer üben dabei deutlich mehr körperliche und Frauen deutlich mehr psychische Gewalt aus, wenn sie sowohl grandios und vulnerabel-narzisstisch sind. Wobei Frauen ebenfalls körperlich gewalttätig agieren, wenn sie lediglich männliche Narzissmusmerkmale tragen. Derart Betroffene stehen den Männern in nichts nach, so neueste Daten.

Der nur großartige männliche Narzisst übt bevorzugt psychische Gewalt aus, während der lediglich verletzliche männliche Narzisst seine Opfer schlägt und sexuell missbraucht.[48]

Frauen sind weiterhin führend, wenn es darum geht, verdeckt narzisstisch zu wirken, um ihr Anerkennungsmotiv zu befriedigen.

Studien lassen vermuten, dass grandiose Narzissten bald Sexualkontakt außerhalb der Beziehung mit wechselnden Sexualpartnern suchen, und das sehr erfolgreich. Denn wenn es um kurze Abenteuer geht, bevorzugen Frauen tatsächlich narzisstische Partner.[49] In kleinen Sexbeziehungen zwischendurch sind Narzissten also tatsächlich überdurchschnittlich gut![50]

Leidenschaft ist das Spiel, und mit Spielen kennen sie sich aus. Intimität und Verpflichtung hingegen sind ernsthafter, bindender, verbindlich. Ein Mensch mit deutlich narzisstischen Wesenszügen kennt oder respektiert diesen Unterschied nicht. Trotzdem schaffen es ein paar Narzissten, langfristig treu zu bleiben, wenn sie hochzufrieden mit ihrer Beziehung sind, weil es der Partnerin gelingt, der Anspruchshaltung an beispielsweise Sexualität, Attraktivität und Status zu genügen.[51]

Ob privat, beruflich, im sozialen Miteinander, im Umgang mit der Natur und mit den Dingen, die andere geschaffen haben, ja sogar im Umgang mit Werten, Gesetzen und Moral - der vom Narzissmus betroffene Mensch *weiß a priori* nicht, wie liebevoll, intim und verpflichtend damit umzugehen ist. Er muss es also *lernen*. Anfangs handelt er automatisiert und unbewusst, wenn er auf Angriffe und Kritik narzisstisch reagiert. Im Laufe seines Lebens trainiert er, seine Unarten kontrollierter einzusetzen. Um sich zu schützen, spielt er sein Spiel. Und geht dabei über Leichen, die er durch sein zwar leidenschaftliches, aber stets oberflächliches und unverbindliches Handeln produziert.

Liebe ist das komplizierte Ding. Sex ist das einfache. Perfekt, wenn man mit einem Menschen, den man liebt, auch noch Sex haben kann. Aber das Leben ist nicht perfekt. Nicht für jeden.

Wir benutzen uns. Alle. Gegenseitig. Weil wir uns brauchen. Weil wir uns guttun. Aus Liebe? Vielleicht. Weil wir soziale Wesen sind? Mit Sicherheit.

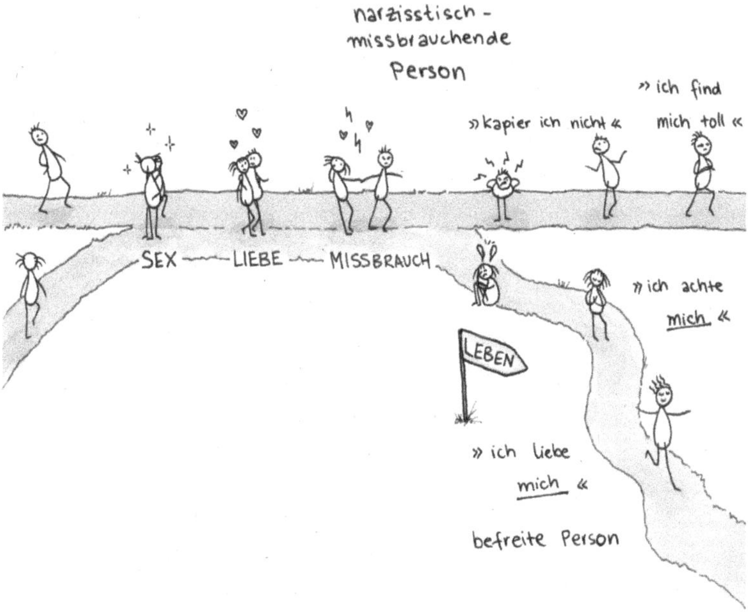

Die Begegnung mit einer narzisstisch-missbrauchenden Person: Im Leben treffen wir in romantischen Beziehungen auch auf Menschen, die uns nach ihren egoistischen Vorstellungen verformen wollen. Was zunächst wunderbar anfängt, führt für viele in eine Katastrophe. Aber der Weg ist noch lange nicht zu Ende, denn wer den narzisstischen Missbrauch erkennt und sich daraus befreit, kann ein Leben voller Selbstachtung und Selbstliebe führen. Zurück bleibt immer der ratlose, unverständige und selbstverliebte Narzisst, der kein Interesse daran hat, sich empathisch in den anderen hineinzuversetzen. Denn es ist ein gehöriger Unterschied, sich selbst nur toll zu finden oder sich mit den eigenen Schwächen und Stärken anzunehmen und zu lieben. Insofern kann die Begegnung mit einem narzisstisch-missbräuchlichen Menschen dazu beitragen, ein bewussteres und gesünderes Leben zu leben und nicht daran kaputtzugehen.

Danksagung

Mein Dank geht an meine Kollegen Anja Oswald, Jan Gysi, Andreas Schneeberger, Barbara Köhne und Johannes B. Schmidt. An Layla Tammeleo für ihre Recherche, an Gin Wiedemann für die Illustrationen, an meine lieben Freunde Filipp Goldscheider, Hans Sigl und Rainer Jund, an die großartigen Damen von Eden Books, allen voran Jennifer Kroll, an Drehbuchautorin Christiane Rousseau, an die tollen Gesprächspartner Thorsten Otto, Thorsten Havener, Thomas Darchinger, an die klare Fachkompetenz von Rainer Sachse und Robert Mestel, an Doc Falk Stirkat, an Franziska Saletzki für ihre tolle Unterstützung, an meine psychotherapeutische Kollegin Ursula Bauernschmid-Kainz und unsere DBT-Gruppe, an die lieben Kollegen des Qualitätszirkels, an die Beratungsstelle Netz gegen sexualisierte Gewalt Weilheim e. V. und an meine Klient:innen und alle Personen, die sich mir anvertrauten und mir ihre Geschichten erzählten.

Besonderer Dank gilt meiner lieben Frau Carlota, meinen beiden lieben Kindern, lieben Dank auch an meine Eltern, meine Schwester und meinen Schwager. Großer Dank an die konstruktiven, kritischen Stimmen, denn nur der Diskurs schärft den Blick.

Wer noch mehr über Manipulation vertiefen möchte, muss bei meinem Freund Thorsten Havener nachlesen in seinem neuen Buch *Mach doch, was ich will: Die Kunst der Manipulation.*

Anmerkungen und Quellenverzeichnis

1 Originalzitate aus den sozialen Medien.

2 https://www.quarks.de/gesellschaft/psychologie/was-du-ueber-narzissmus-wissen-musst/ (zuletzt besucht am 02.02.2021, hier sind wichtige wissenschaftliche Quellen hinterlegt).

3 Fan, Y.; Wonneberger, C.; Enzi, B.; Greck, M. de; Ulrich, C.; Tempelmann, C. et al. (2011): The Narcissistic Self and Its Psychological and Neural Correlates. An Exploratory fMRI Study. In: *Psychological Medicine* 41 (8), S. 1641–1650.

4 Lammers, C.H.; Doering, S. (2018): Narzissmus und die narzisstische Persönlichkeitsstörung. In: *Psych up2date* 12 (4), S. 331–345.

5 Sachse, R. (2019): Persönlichkeitsstörungen. Leitfaden für die Psychologische Psychotherapie. 3., aktualisierte und erweiterte Aufl. Göttingen: Hogrefe.

6 Miller, J.D.; Lynam, D.R.; Hyatt, C.S.; Campbell, W.K. (2017): Controversies in Narcissism. In: *Annual Review of Clinical Psychology* 13, S. 291–315.

7 »Hoovering« bezeichnet eine Methode, die jemand anwendet, um den Ex-Partner nach einer Trennung wieder einzulullen und ihn zu einem Neuanfang zu überreden. Der Begriff kommt aus dem Englischen und ist von der Firma Hoover, die Staubsauger herstellt, abgeleitet und meint im übertragenen Sinn, dass man den Ex-Partner »aufsaugt«. Der Narzisst setzt diese Methode ein, um seine Ex-Partnerin nach der Trennung weiterhin in seinem Wirkungsfeld gefangen zu halten und sie energetisch an sich zu binden. Quelle: https://umgang-mit-narzissten.de/hoovering/, zuletzt besucht am 21.01.2021.

8 Der Begriff der »Flying Monkeys« stammt von L. Frank Baum im Kinderbuch »The Wonderful Wizard of Oz«. Dort benutzt die Wicked Witch of the West fliegende Affen, um ihre teuflischen Taten auszuführen.

9 Bozoyan, C.; Schmiedeberg, C. (2020): Zufriedenheit in der Partnerschaft und Untreue. Ein Zusammenhang, zwei Richtungen. In: *Kölner Zeitschrift für Soziologie und Sozialpsychologie* 72, 1–31.

10 Buss, D.M. (2004): Evolutionäre Psychologie. 2., aktualisierte Aufl. München: Pearson Studium, S. 191.

11 Arbeitskreis OPD (2014): Operationalisierte Psychodynamische Diagnostik OPD-2. Das Manual für Diagnostik und Therapieplanung. 3., überarbeitete Aufl. Bern: Verlag Hans Huber.

12 Hirigoyen, M.-F. (2020): Die Masken der Niedertracht. Seelische Gewalt im Alltag und wie man sich dagegen wehren kann. 20. Aufl. München: dtv.

13 Oswald, A.; Hagemeyer, P.; Gysi, J. (2021): Toxic Leaders faszinieren und vernichten (Sneek Peek II). Online verfügbar unter https://www.neurodoctor.de/_files/200000150-cda3ccda3e/SPII_Toxic_Leaders_Web_Copyright.pdf, zuletzt besucht am 02.03.2021.

14 Gysi, J. (2021): Diagnostik von Traumafolgestörungen. Multiaxiales Trauma-Dissoziations-Modell nach ICD-11. 1. Aufl. Bern: Hogrefe.

15 Sachse, R.; Franqué, F. von (2019): Interaktionsspiele bei Psychopathie. Antisoziale Manipulation erkennen und konstruktiv bewältigen. Berlin: Springer.

16 Haller, R. (2013): Die Narzissmusfalle. Anleitung zur Menschen- und Selbstkenntnis. Salzburg: Ecowin Verlag.

17 Fisher, J. (2018): Die Arbeit mit Selbstanteilen in der Traumatherapie. Paderborn: Junfermann Verlag.

18 Bründl, P.; Scheidt C.E. (Hg.) (2020): Psychosomatik – Sadomasochismus – Trauma. Frankfurt am Main: Brandes & Apsel (Jahrbuch der Kinder- und Jugendlichen-Psychoanalyse), S. 72.

19 van der Kolk, B.; Roth, S.; Pelcovitz, D.; Sunday, S.; Spinazzola, J. (2005): Disorders of Extreme Stress. The Empirical Foundation of a Complex Adaptation to Trauma. In: *Journal of Traumatic Stress* 18 (5), S. 389–399.

20 van der Kolk, Bessel (2015): Verkörperter Schrecken. Traumaspuren in Gehirn, Geist und Körper und wie man sie heilen kann. 5. Aufl. Lichtenau: G.P. Probst Verlag.

21 Diesen Tipp in leicht abgewandelter Form erzählte Otto B. Kernberg in einer seiner Vorlesungen, die ich 2003 hörte. Dabei sanktionierte er das Zuspätkommen seiner Klienten mit Terminsperren. Eine Minute zu spät bedeutete, eine Woche kein Termin. Zwei Minuten zu spät, ein Monat kein Termin. Drei Minuten zu spät, zwei Monate, usw. Das Experiment ging nicht immer gut aus. Einmal schnitt eine Patientin die Blumen in seinem Garten ab, aus Rache. Sie kam dann aber immer pünktlich.

22 Campbell, W. Keith; Miller, Joshua D. (Hg.) (2011): The Handbook of Narcissism and Narcissistic Personality Disorder. Theoretical Approaches, Empirical Findings, and Treatments. Hoboken (New Jersey): John Wiley & Sons, S. 476–484.

23 Webb, A. (1996): Zwölf goldene Fäden. Die Lebensweisheiten einer wundervollen Großmutter. Bergisch Gladbach: Gustav Lübbe.

24 Wirth, H.-J. (2002): Narzissmus und Macht. Zur Psychoanalyse seelischer Störungen in der Politik. Gießen: Psychosozial-Verlag.

25 Lehmann, P.; Schwarz, T. (2011): Photodermatoses: Diagnosis and Treatment. In: *Deutsches Ärzteblatt international* 108 (9), S. 135–141.

26 Twenge, J., Campbell, W. K. (2008): Increases in Positive Self-Views Among High School Students: Birth-Cohort Changes in Anticipated Performance, Self-Satisfaction, Self-Liking, and Self-Competence.

27 Gess, N. (2021): Halbwahrheiten. Zur Manipulation von Wirklichkeit. Berlin: Matthes & Seitz Berlin.

28 Enzyklopädie der Wertvorstellungen. Online verfügbar unter https://www.wertesysteme.de/alle-werte-definitionen/, zuletzt besucht am 03.02.2021.

29 Babiak, P.; Hare, R. D. (2019): Snakes in Suits. Understanding and Surviving the Psychopaths in Your Office. New York City: HarperBusiness.

30 Dulz, B.; Briken, P.; Kernberg, O. F.; Rauchfleisch, U. (Hg.) (2016): Handbuch der antisozialen Persönlichkeitsstörung. 1. Aufl. Stuttgart: Schattauer Verlag, S. 358.

31 Oswald, A.; Hagemeyer, P.; Gysi, J. (2021): Toxic Leaders faszinieren und vernichten (Sneek Peek II). Online verfügbar unter https://www.neurodoctor.de/_files/200000150-cda3ccda3e/SPII_Toxic_Leaders_Web_Copyright.pdf, zuletzt besucht am 02.03.2021.

32 Harvard Business Manager: ich, Single Issue Magazin 05/2021

33 Dies ist eine vereinfachte Beschreibung einer Persönlichkeitsstörung. Zur Vertiefung findet sich die umfassende Definition in: American Psychiatric Association (2013): Diagnostic and Statistical Manual of Mental Disorders (DSM-5). 5. Aufl. Washington, D.C.: American Psychiatric Association Publishing.

34 Tyrer, P., Reed, G. M., Crawford, M. J. (2015): Classification, Assessment, Prevalence, and Effect of Personality Disorder. In: *The Lancet* 385 (9969), S. 717–726.

35 Babiak, P.; Hare, R. D. (2019): Snakes in Suits. Understanding and Surviving the Psychopaths in Your Office. New York City: HarperBusiness.

36 Volkert, J.; Gablonski, T.-C.; Rabung, S. (2018): Prevalence of Personality Disorders in the General Adult Population in Western Countries. Systematic Review and Meta-Analysis. In: *British Journal of Psychiatry* 213 (6), S. 709–715.

37 Stern, R. (2007): The Gaslight Effect. How to Spot and Survive the Hidden Manipulation Others Use to Control Your Life. New York City: Harmony Books.

38 Ich dachte, der Gag sei von Eckart von Hirschhausen, ist er aber nicht.

39 Wurmser, L. (2019): Scham und der böse Blick. Verstehen der negativen therapeutischen Reaktion. 3. Aufl. Stuttgart: Kohlhammer Verlag.

40 Maaz, H.-J. (2014): Die narzisstische Gesellschaft. Ein Psychogramm. München: dtv.

41 Schmidt, J.B. (2019): Das Transzendente in der Psychotherapie. Über Spiritualität und Präsenz im therapeutischen Wirken. München: Kösel.
42 Schmidt, J.B. (2013): Der Körper kennt den Weg. Trauma-Heilung und persönliche Transformation. 3. Aufl. München: Kösel, S. 24.
43 Havener, Thorsten (2020): Ich sehe das, was du nicht sagst. Körpersprache verstehen – Menschen lesen. 1. Aufl. München: Yes Publishing, S. 136.
44 Wittwer, T.-L. (2021): Du bist Gift für mich. Wie du lernst, aus toxischen Beziehungsmustern auszubrechen und dich wieder selbst zu lieben. 2. Aufl. München: mvg Verlag.
45 Gysi, J. (2021): Diagnostik von Traumafolgestörungen. Multiaxiales Trauma-Dissoziations-Modell nach ICD-11. 1. Aufl. Bern: Hogrefe.
46 Kubany, E.S., McCaig, M.A., Laconsay, J.R. (2015): Das Trauma häuslicher Gewalt überwinden. Ein Selbsthilfebuch für Frauen. Göttingen: Hogrefe.
47 Gerrig, R.J. (Hg.) (2018): Psychologie. 21., aktualisierte und erweiterte Aufl. Hallbergmoos: Pearson, S. 686.
48 Green, A.; MacLean, R.; Charles, K. (2020): Unmasking Gender Differences in Narcissism Within Intimate Partner Violence. In: *Personality and Individual Differences* 167, S. 110247.
49 Smith, C.V., Hadden, B.W., Webster, G.D., Jonason, P.K., Gesselman, A.N., Crysel, L.C. (2016): An Actor-Partner Interdependence Model of the Dark Triad and Aggression in Couples. Relationship Duration Moderates the Link Between Psychopathy and Argumentativeness. In: *Personality and Individual Differences* 101, S. 196–207.
50 Hermann, A., Brunell, A.B., Foster, J.D. (Hg.) (2018): Handbook of Trait Narcissism. Key Advances, Research Methods, and Controversies. Cham: Springer International Publishing.
51 Foster, J.D., Brunell, A.B. (2018): Narcissism and Romantic Relationships. In: Hermann, A., Brunell, A.B., Foster, J.D. (Hg.): Handbook of Trait Narcissism. Key Advances, Research Methods, and Controversies. Cham: Springer International Publishing, S. 317–326.

Eden Books
Ein Verlag der Edel Verlagsgruppe GmbH

www.edenbooks.de | www.edel.com
5. Auflage 2024

Einige der Personen im Text sind aus Gründen des Persönlichkeitsschutzes anonymisiert.

Lektorat: Friederike Haller
Umschlaggestaltung: Buchgut, Berlin
Covermotiv und Autorenporträt: © Christian Stadler
Illustrationen: Gin Wiedemann
Layout und Satz: Datagrafix GSP GmbH, Berlin | www.datagrafix.com
Druck und Bindung: GGP Media GmbH, Pößneck
ISBN 978-3-95910-329-9

Printed in Germany

Eden Books unterstützt bei der Produktion dieses Buches das Projekt »Junge Riesen für die nächsten 100 Jahre«. Damit wird ein Anteil der unvermeidbaren CO_2-Emissionen im direkten Umfeld des Produktionsstandortes kompensiert.

MIX
Papier | Fördert gute Waldnutzung
FSC® C014496